POSTO DE OBSERVAÇÃO

Blucher

POSTO DE OBSERVAÇÃO

Reverberações psicanalíticas sobre cotidiano, arte e literatura

Sérgio Telles

Posto de observação: reverberações psicanalíticas sobre cotidiano, arte e literatura
© 2017 Sérgio Telles
Editora Edgard Blücher Ltda.

Imagem de capa: iStockphoto

Blucher

Rua Pedroso Alvarenga, 1245, 4º andar
04531-934 – São Paulo – SP – Brasil
Tel.: 55 11 3078-5366
contato@blucher.com.br
www.blucher.com.br

Segundo o Novo Acordo Ortográfico,
conforme 5. ed. do *Vocabulário
Ortográfico da Língua Portuguesa,*
Academia Brasileira de Letras,
março de 2009.

É proibida a reprodução total ou parcial
por quaisquer meios sem autorização
escrita da editora.

Todos os direitos reservados pela Editora
Edgard Blücher Ltda.

Dados Internacionais de Catalogação
na Publicação (CIP)
Angélica Ilacqua CRB-8/7057

Telles, Sérgio
    Posto de observação: reverberações
psicanalíticas sobre cotidiano, arte e
literatura / Sérgio Telles. – São Paulo:
Blucher, 2017.
    380 p. : il.

Bibliografia
ISBN 978-85-212-1235-5

1. Psicanálise 2. Psicanálise e arte
3. Psicanálise e cultura 4. Psicanálise
e literatura I. Título.

17-1156   CDD 150.195

Índice para catálogo sistemático:
1. Psicanálise

Apresentação

Em "Um estudo autobiográfico" (1935), Freud diz:

No próprio clímax do meu trabalho psicanalítico, em 1912, já tentara em Totem e Tabu *fazer uso dos achados recém-descobertos da análise a fim de investigar as origens da religião e da moralidade. Levei então esse trabalho mais um passo à frente em dois ensaios ulteriores,* O futuro de uma ilusão *(1927) e* O mal-estar na cultura *(1930). Percebi ainda mais claramente que os fatos da história, as interações entre a natureza humana, o desenvolvimento cultural e os precipitados das experiências primitivas (cujo exemplo mais proeminente é a religião) não passam de reflexos dos conflitos dinâmicos entre o ego, o id e o superego que a psicanálise estuda nos indivíduos – são os mesmíssimos processos repetidos numa escala mais ampla.*

Em outras palavras, Freud afirma que a dimensão inconsciente do psiquismo está presente tanto no recôndito silencioso da intimidade de cada um como no rumoroso tumulto da vida da sociedade e seus produtos.

Esse é o pano de fundo dos artigos deste livro, publicados em diversos periódicos, especialmente no Caderno 2 do jornal *O Estado de S. Paulo*, onde mantive uma coluna quinzenal entre 2011 e 2013. Neles, procurei, sempre que possível, levar ao público a força, a profundeza e a atualidade do pensamento psicanalítico.

Os textos versam sobre temas de interesse geral (sexualidade, moral, costumes, televisão, cinema, política, consumo, linguagem, ideologia), com comentários a respeito de livros, escritores e literatura (Kafka, Dostoiévski, Hesse, Proust, Shakespeare, Hilda Doolittle, Caetano Veloso, Anna Maria Martins, David Foster Wallace, Jacques Derrida, Robert Walser, Nabokov, Jack London, Hannah Arendt, Philip Roth, Peter Sloterdijk), observações sobre pintores e quadros (Vuillard, Sargent, Bruegel, Courbet, Orlan, Caravaggio, Klimt, Degas) e algumas crônicas e memórias.

Boa leitura!

O autor

Conteúdo

1. *A mãe e a irmã do artista*, de Édouard Vuillard   11

2. *As filhas de Edward Darley Boit*, de John Singer Sargent   17

3. *A queda de Ícaro*, de Pieter Bruegel   25

4. Em torno das diferenças anatômicas sexuais   33

5. Sobre "Um artista da fome", de Franz Kafka   37

6. Confissão involuntária – sobre o caso Durst   47

7. Manipulações ideológicas da linguagem   51

8. Facetas do mal   57

9. Fiódor Dostoiévski, o terapeuta   61

10. Sobre a tortura   65

11. *Hannah Arendt*, um filme de aventura   69

12. Massa *versus* cidadania   73

13. *Martin Eden*, de Jack London   77

14. *A origem do mundo*, de Gustave Courbet 83

15. Heranças 89

16. O nome do pai 93

17. Psicoterapia e mercado 97

18. Conversa / Tradução / Humor 103

19. Bispo na Bienal 109

20. Política e mentiras 113

21. Mandar ou obedecer 119

22. Ficção e realidade em Philip Roth 123

23. *Cabeça de Medusa*, de Caravaggio 127

24. Delírios e ideologia na Noruega 133

25. Comprando roupas 137

26. Lembrando Hermann Hesse 141

27. Mensalão, assunto incontornável / Pedido
de socorro 143

28. Tons do desejo feminino 149

29. Marcel Proust e sua mãe 153

30. Hilda Doolittle e os relatos de sua temporada
no divã 159

31. Corpos despedaçados / Ivan Lessa 163

32. Gustav Klimt / Nazismo / Tipos de árvore 169

33. Difícil diagnóstico 175

34. Antropofagia e um pouco de Pina Bausch 179

35. Canibalismo 185

36. Tipos de violência / Assexualidade 189

37. Semáforos / Farmácias / Máscaras 193

38. Morte, um tema tabu 197

39. *Luto e melancolia* direto do alemão 203

40. De quem é a culpa? 207

41. Fugacidade / Daniel Piza 211

42. Religião e ética 215

43. Natal 221

44. Sobre roubo de sêmen e pênis 223

45. Acaso 227

46. Trotando no Ibirapuera 231

47. Garota na chuva / Steve Jobs 235

48. O menino suicida 239

49. Rui Barbosa / 11 de setembro 243

50. Resenha de *Katmandu e outros contos*,
    de Anna Maria Martins 247

51. Uma fila para ver o vazio 249

52. Christian Dunker e uma arqueologia da psicanálise 255

53. Franz Kafka, Jacques Derrida e a lei 259

54. W. G. Sebald e as lembranças de guerra 263

55. Renato Mezan e os desvãos da psicopatologia social 267

56. Jakob von Gunten, o estranho serviçal de Robert
    Walser 271

57. Colaboracionismo, um assunto espinhoso 287

58. Osama bin Laden, vilão ou herói	291
59. Livros póstumos	295
60. Alô, alô, Realengo, um triste abraço	299
61. Olhos para ver a pequena macaca, de Edgar Degas	305
62. Tartamudos, retóricos, oradores e escritores	309
63. Oscar / Godard / Carnaval	313
64. O divã e a bolha financeira	317
65. O pai no Édipo e na horda primitiva	321
66. *A psicanálise e o religioso*, de Philippe Julien	325
67. *Represálias selvagens*, de Peter Gay	327
68. Freud e Sauerwald, uma surpreendente aliança	331
69. Freud como no original	335
70. Freud em domínio público	339
71. *Derrida, um egípcio*, de Peter Sloterdijk	343
72. A psicanálise hoje	347
73. Dois relatos pessoais de desestruturação psíquica	351
74. "Cocô, volte aqui!"	357
75. William Shakespeare na atualidade	361
76. A literatura como o *Doppelgänger* da psicanálise – a relação de Freud com Schnitzler	367
77. Psicanálise, uma anticonfissão	375

1. *A mãe e a irmã do artista,* de Édouard Vuillard[1]

Perambulando pelo Museum of Modern Art (MoMA) de Nova York, fui fisgado por uma pequena tela exposta em um lugar de pouca visibilidade. Era *A mãe e a irmã do artista*, quadro de 1893, assinado por Édouard Vuillard, um pintor que até então não conhecia.

Meu interesse fora despertado pela forma com a qual o artista dispusera no espaço as figuras de sua irmã e de sua mãe, deixando patente a grande dificuldade existente no relacionamento das duas. O quadro é o sofrido depoimento de um conflito familiar do qual ele mesmo, Vuillard, não estava isento, já que é seu cronista e historiador.

A mãe do pintor, com sua figura maciça vestida de preto, possui uma grande força gravitacional. Sua face severa e seu gestual

---

1 Publicado em *Psychiatry on line Brasil*, v. 11, n. 5, maio 2006.

decidido, quase masculino – as pernas abertas muito afastadas, as mãos nos joelhos e um dos ombros desafiadoramente mais elevado –, dão a sua figura a aura de um inquestionável poder. Ali está ela: impositiva e inquisitorial, exercendo a ferro e fogo sua inflexível tirania. Um denso retângulo negro de onde emergem as manchas brancas das mãos e da face, tão concreta e robusta quanto a cômoda marrom logo atrás.

A mãe e a irmã do artista (1893), Édouard Vuillard,
Museum of Modern Art.

A seu lado está a irmã do pintor, uma mulher jovem, frágil, que se inclina diante desse monólito negro. Para ela, não é possível ficar ereta, de pé, nem ocupar um lugar confortável na sala. Naquele recinto, sua única posição possível é curvada, em reverência à mãe, que parece exigir tais mesuras e as recebe de modo impassível, indiferente, como sequer as notasse, mas deixando claro que não toleraria nenhuma negligência na prestação dessas homenagens.

A imagem da irmã é muito evocativa. Lembra um bambu dobrado pelo forte vento centrípeto, convergindo para o poder materno, ou uma árvore impedida de crescer por falta de espaço. Ali, definitivamente, o espaço não é dela, mas sim da mãe, que nele reina inconteste.

À primeira vista, a irmã parece inclinar-se em reverência à mãe, prestando homenagens a sua soberania. Observando melhor, vê-se o medo no olhar assustado em seu rosto ensombrecido. Temerosa, ela resvala a parede, como se estivesse na presença de uma fera, para a qual não se ousa dar as costas por receio do bote fatal.

A irmã orbita calada em torno do terrível colosso negro, afundando maciamente na parede e fundindo-se com o papel colorido que a reveste, cujos matizes se concentram nos grandes quadrados de seu vestido elegante. É como se fosse uma extensão do próprio papel de parede, ou um utensílio doméstico, um móvel a mais na casa. Sua figura carece de consistência e solidez; ela parece atravessar as paredes, fluindo de um aposento para o outro como um débil fantasma sem poder de assombrar qualquer um, muito menos a inabalável mãe.

Pode-se dizer que a irmã não tem existência própria, vive em função da mãe, que a ignora, desprezando sua solicitude e sua vontade de agradá-la e de servi-la. A mãe só tem olhos para o filho pintor, a quem olha de frente, com exclusividade.

No quadro, Vuillard demonstra ter plena consciência da tensão quase mortífera que existe entre a irmã e a mãe. Ao preferir não registrar sua própria figura em cena, estaria tentando afastar-se desse conflito, afirmando que dele não participa? Se esse fora seu intento, não teve sucesso, dado que sua presença se faz evidente por ser aquele que registra na tela o acontecimento e, mais importante, por ser o inequívoco objeto do olhar materno. Assim, Vuillard é o terceiro personagem do drama familiar – o irmão, o filho –, que, apesar de ausente da cena, está nela inescapavelmente incluído, já que é quem a retrata e sobre quem repousa o olhar da mãe.

Posteriormente, conheci um pouco mais da vida e da obra de Vuillard. Soube, então, de sua longa ligação com a mãe, com quem viveu a vida inteira, sem constituir família própria. A mãe era costureira e tinha um *atelier* em sua residência. Daí viria o grande interesse do pintor por tecidos, texturas e interiores decorados, tantas vezes tomados como motivos em suas ricas obras.

Observando outros quadros de Vuillard, penso ter descoberto uma obra, chamada *A conversa* (1891), pintada dois anos antes de *A mãe e a irmã do artista*, na qual a tensão entre mãe e filha é esboçada de maneira mais contida.

A conversa (1891), Édouard Vuillard, National Gallery of Art.

Pelo que se vê na tela, a conversa evocada pelo título da obra não poderia ser muito amistosa. As duas mulheres estão em campos opostos do espaço, distantes uma da outra, tendo entre si uma mesa e uma cadeira. A posição da filha segurando a cadeira evoca o uso que dela fazem os domadores no picadeiro de um circo, onde a usam para espicaçar as feras e delas se defender.

Nesse quadro, a irmã parece um pouco mais forte, tem mais energia, consegue ficar de pé sem se curvar, pode se defender, manter a mãe (a fera) a distância; ao contrário do outro, em que se esgueira camuflada pelas paredes, tentando passar despercebida, aprisionada em um espaço claustrofóbico. Como se quisesse deixar clara a ligação entre os dois quadros, Vuillard mostra, pendurado em um cabide ao fundo de *A conversa*, o mesmo vestido xadrez que a irmã usa posteriormente em *A mãe e a irmã do artista*.

Fica patente nesses dois quadros que o drama da irmã era percebido dolorosamente por Vuillard. No entanto, ele não se contentou com a mera denúncia ou registro da situação. Ativamente, o artista tentou ajudar a irmã, tirando-a da órbita da mãe: providenciou que ela se casasse com Kerr-Xavier Roussel, seu melhor amigo. A relação dos dois namorados é registrada por Vuillard no belo quadro *Interior com mesa de trabalho*, que os retrata no *atelier* de costura da família.

Interior com mesa de trabalho (1893), Édouard Vuillard,
Smith College Museum of Art.

Infelizmente, sua tentativa fracassou. Roussel estava afetivamente envolvido com outra mulher e manteve a ligação durante todo o casamento com a irmã do pintor. Pode-se ver a desventura desse matrimônio arranjado no quadro *A família depois do jantar*, especialmente na postura estranha e pouco convencional da irmã.

A família depois do jantar (1891), Édouard Vuillard, coleção particular.

O que Vuillard teria efetivamente feito para solucionar o conflito familiar está perdido para sempre e só interessava a sua família. Porém, o pintor usou essa dolorosa experiência emocional para produzir obras de arte que continuam vivas e em interlocução com os que as veem hoje. A infelicidade e a tristeza que via ante seus olhos enquanto pintava A mãe e a irmã do artista, bem como sua compaixão com o sofrimento de seus entes queridos, continuam tocando profundamente aqueles que observam seus quadros, proporcionando-lhes mais conhecimento sobre si mesmos e seus semelhantes.

2. As filhas de Edward Darley Boit, de John Singer Sargent[1]

Em "O Moisés de Michelangelo", Sigmund Freud embarca em uma discussão de conhecedores da obra do gênio da Renascença, que especulavam sobre os motivos que teriam levado o artista a representar Moisés como o fez: sentado, segurando a exuberante barba de determinada maneira, com o rosto virado para a esquerda, as Tábuas da Lei a ponto de cair sob o braço direito, o tronco levemente voltado para a frente, a perna esquerda para trás, o pé esquerdo quase na vertical, indicando movimento de levantar-se.

A opinião dominante entre os conhecedores da obra de Michelangelo defende que ele teria representado Moisés no momento que antecede a explosão de ira que o levou a quebrar as Tábuas da Lei, jogando-as no chão. Tal ira foi suscitada porque, ao descer do Monte Sinai, Moisés constatou que seus infiéis seguidores haviam se rendido aos deuses pagãos e dançavam em torno do Bezerro de

---

1 Publicado em *Psychiatry on line Brasil*, v. 15, n. 11, nov. 2010.

Ouro. Freud alinha-se à corrente minoritária que afirma o contrário. Para essa corrente, Michelangelo pretendia mostrar o momento em que Moisés consegue conter seus sentimentos, controla o impulso de se levantar e quebrar as tábuas, evitando dar vazão à ira que o acomete.

Moisés (1545), Michelangelo, San Pietro in Vincoli.

Ao representar Moisés dessa forma, Michelangelo mostra grande liberdade em relação ao texto bíblico, criando uma cena que nele não existe e modificando a conduta de Moisés num episódio central. Para Freud, o Moisés de Michelangelo representaria o triunfo da vontade, a vitória do controle racional sobre a explosão emocional, tendo em vista a consecução de objetivos maiores. Diz Freud:

> *Dessa maneira, [Michelangelo] acrescentou algo de novo e mais humano à figura de Moisés; de modo que a estrutura gigantesca, com a sua tremenda força física, torna-se apenas a expressão concreta da mais alta realização mental que é possível a um homem, ou seja,*

combater com êxito uma paixão interior pelo amor de uma causa a que se devotou.[2]

Ao fazer essa escolha na criação de seu Moisés, Michelangelo teria colocado em sua obra a resolução de um problema que lhe dizia respeito. Homem de temperamento difícil, acredita-se que muitas vezes tenha passado pela contingência de dever conter-se. É possível que um forte embate tenha ocorrido entre o artista e o papa Júlio II. Ambos eram homens excepcionais, com visões grandiosas de si mesmos e do papel que exerciam no mundo. O papa contratara Michelangelo para a realização de várias obras, entre as quais seu monumento funerário, do qual "Moisés" faria parte.

Podemos acrescentar que Freud, ao fazer tal interpretação das motivações secretas de Michelangelo, estava duplamente identificado com o artista e com o tema de sua obra, Moisés. Assim como essas duas figuras, também Freud tinha noção de sua própria grandeza e sabia da necessidade de conter a ira e a impaciência, diante da incompreensão e da hostilidade com as quais o mundo recebia a psicanálise, que era sua obra.

Em "O Moisés de Michelangelo", Freud inaugura uma nova forma de observar a obra de arte. Mostra como, na escolha do tema e na composição da obra, incluindo os mínimos detalhes, é possível detectar as determinações conscientes e inconscientes do artista. Nada está ali por acaso. A acuidade psicológica do artista, evidenciada primordialmente por Freud no trabalho sobre uma obra de Michelangelo, foi enfatizada posteriormente por ele e por

---

2 Sigmund Freud. O Moisés de Michelangelo (1914). Rio de Janeiro: Imago, 1974. (*Standard Edition*). p. 275.

muitos outros psicanalistas em diversos textos abordando criações estéticas, especialmente as literárias.

O quadro *As filhas de Edward Darley Boit*, de John Singer Sargent, artista norte-americano que conquistou a Europa no final do século XIX, ilustra muito bem a sensibilidade do pintor, que capta e expressa uma realidade psíquica complexa e delicada.

As filhas de Edward Darley Boit (1882), John Singer Sargent,
Boston Museum of Fine Arts.

Nesse quadro de grandes dimensões (2,21 m × 2,22 m), vemos quatro meninas dispostas de forma muito peculiar num ambiente sombrio, que evoca, ao mesmo tempo, um salão de visitas e um quarto de despejos. Duas das meninas estão em primeiro plano, distantes uma da outra. A menor, sentada num tapete, brinca com uma boneca. A outra olha diretamente para o espectador. Num sombrio segundo plano, estão outras duas meninas. Uma delas olha o espectador de frente. A outra, sobre a qual a luz mal incide, é vista de perfil, encostada num grande vaso de porcelana. Esse vaso faz par com outro, como que guardando a entrada deste outro espaço.

Todas as meninas vestem um branco e engomado avental que cobre seus vestidos. As crianças parecem não interagir, não se relacionar umas com as outras. Não compõem propriamente um grupo. Cada uma está por si, sozinha. Não há adultos que delas cuidem, o ambiente parece desolado, frio e pouco acolhedor. As crianças parecem infelizes e abandonadas à própria sorte.

Quando inicialmente exposto em 1883, o quadro de Sargent causou grande impacto e celeuma.

Os retratos de grupos familiares seguiam uma fórmula bem estabelecida, inseridos nos rituais da alta burguesia que deles se utilizavam para demonstrar poder econômico e social. As figuras deveriam aparecer claras e bem delimitadas, em ambientes condizentes com o *status* social daquele que encomendara o quadro, no caso, o pai de família. Nada disso era mostrado por Sargent em sua obra. A dispersão do grupo retratado era tamanha que alguns críticos disseram que o quadro se resumia a "quatro retratos e uma pintura". O clima de desolação prevalente no quadro impressionou um deles, que cunhou uma frase de efeito que logo passou a ser repetida por todos: "quatro cantos e um vazio".[3]

---

3   Erica E. Hirshler. *Sargent's Daughters*: Biography of a Painting. New York: MFA Publications, 2009.

As meninas (1656), Diego Velázquez, Museo del Prado.

Ao ser interpelado, Sargent disse que seu quadro tinha como modelo *As meninas*, de Diego Velázquez. De fato, as grandes dimensões, o formato quadrado pouco habitual e a maneira como o espaço é tratado – com grande profundidade, em planos que se sucedem até a luz no final – lembram o famoso quadro de Velázquez. Entretanto, ao contrário de *As meninas*, em que vemos a infanta Margarita cercada de damas de companhia, cuidadoras, anões, guarda-costas, cães, o que reflete o cuidado da monarquia espanhola com sua linha sucessória, as meninas do quadro de Sargent estão mergulhadas em uma escura solidão.

Os Darley Boit faziam parte da comunidade norte-americana que vivia na Europa, da qual também eram integrantes o próprio Sargent e o escritor Henry James. Eram milionários, viviam entre

Boston, Roma e Paris, numa vida social intensa, que talvez deixasse pouco tempo para os filhos, como Sargent captou tão bem ao retratar as meninas. Em vez de mostrar o fausto, a riqueza, o luxo, o pintor expõe o abandono, o isolamento, a tristeza, a melancolia.

É justamente nessa caracterização que se revela a genialidade de Sargent, pois evidencia a captação da realidade psíquica da família que retratava. Sua intuição adquire aspectos premonitórios, quando ficamos sabendo do futuro das filhas de Darley Boit.

Elas eram Mary Louisa (1874-1945), de pé à esquerda do observador, com 8 anos ao ser pintada; Florence (1868-1919), encostada no jarro, aos 14 anos; Jane (1870-1955), ao fundo, tinha 12 anos; Julia (1878-1969), retratada sentada, estava com 4 anos. Nenhuma das meninas se casou. Florence e Jane, aquelas que estão em segundo plano, apresentaram perturbações psíquicas graves no correr da vida. Mary Louisa e Julia, em primeiro plano, permaneceram próximas; Julia tornou-se uma conhecida pintora de aquarelas.

Os vasos, de Hirabayashi, e *As filhas de Edward Darley Boit* (1882), de John Singer Sargent, Boston Museum of Fine Arts.

Uma curiosidade: os jarrões de porcelana imperial japonesa, produzidos por Hirabayashi em sua fábrica em Arita (Japão), atravessaram o oceano Atlântico dezesseis vezes, acompanhando a família em suas andanças entre Estados Unidos e Europa. Recentemente, foram doados pelos descendentes ao Museum of Fine Arts, de Boston, onde estão expostos junto ao quadro.

3. *A queda de Ícaro*, de Pieter Bruegel[1]

Paisagem com a queda de Ícaro (1565), Pieter Bruegel,
Musée des Beaux Arts de Tournai.

O belo quadro de Pieter Bruegel, intitulado *Paisagem com a queda de Ícaro*, surpreende quem o vê pela primeira vez.

---

1 Publicado em *Psychiatry on line Brasil*, v. 11, n. 3, mar. 2006.

Em clima primaveril, algumas árvores enfeitam a vista da grande paisagem, na qual se descortina uma pequena baía vista do alto. Em primeiro plano, vemos um lavrador de costas, dirigindo-se da direita para a esquerda, segurando o arado que é puxado por um cavalo. Num segundo plano do terreno acidentado que desce até o mar, vemos, num nível mais baixo do terreno arado e um tanto distante dele, um pastor com suas ovelhas, que, olhando para o alto, apoia-se pensativamente em seu bastão. Como o lavrador, ele também está de costas para o lado direito. No terceiro plano, lá embaixo, vê-se o mar com algumas ilhotas, no qual navegam alguns navios, dois deles distantes à esquerda e um mais próximo da praia, à direita. Ainda à esquerda, depois de blocos de rochas claras e montanhas, avista-se uma cidade que se espraia à beira-mar.

Tudo parece calmo, tranquilo, o mundo girando em seus eixos, os homens trabalhando em suas humildes tarefas de subsistência. É uma cena de grande beleza estética, como era de se esperar de um importante mestre flamengo, talvez o maior deles. Porém, trata-se também de uma cena definitivamente prosaica e terrena: o dia a dia da humanidade da época de Bruegel. Nada mais distante de grandes e trágicos personagens mitológicos como Ícaro.

O novel observador da obra fica na dúvida: terá mesmo lido de forma correta o título? Afinal, ele conhece a lenda de Ícaro. Era ele o filho de Dédalo, o construtor do labirinto que aprisionara o Minotauro e que, por desobedecer ao rei Minos, fora ali confinado com o filho.

Engenhoso como sempre, Dédalo constrói, para si e para Ícaro, asas com penas de aves fixadas com cera. Seu objetivo é fugir voando de Creta. Ao partirem, Dédalo adverte ao filho para não voar muito baixo, pois suas asas podem molhar-se no mar, nem alto demais, porque o sol pode derreter a cera que cola as asas às costas. Durante o voo, encantado com a liberdade, Ícaro alça grande altura, aproximando-se do sol. O calor dele emanado derrete a cera, fazendo as asas de Ícaro se desprenderem. Ele precipita-se para a morte no fundo do mar, sob o olhar aterrorizado do pai, que, após resgatar o corpo do filho e enterrá-lo, continua sua fuga voando para a Sicília, onde encontra asilo.

Ao lembrar da queda de Ícaro no mar, o observador, que já se dispunha a achar que havia algo errado no título do quadro, resolve prestar mais atenção na cena que se expõe a sua frente. Vê, então, no canto direito, entre a praia e o navio maior, duas pernas brancas que afundam no mar, sobre as quais esvoaçam algumas pequenas penas. Sim, ali está Ícaro afundando nas águas marinhas.

Detalhe de *Paisagem com a queda de Ícaro* (1565), Pieter Bruegel, Musée des Beaux Arts de Tournai.

Por que teria Bruegel elaborado seu quadro com uma perspectiva tão descentrada, a ponto de provocar confusão no observador? Se apelarmos para a história da arte, lembramos que o pintor foi um dos maiores mestres flamengos e, entre eles, aquele mais próximo dos costumes populares, usando-os como tema de suas pinturas, nas quais os registrou minuciosamente. Seu apego e sua valorização da realidade humana decorriam não apenas de um pendor pessoal como também do pensamento próprio do Renascimento, então em vigor. Assim, Bruegel, ao colocar a queda de Ícaro num canto do quadro, ficando quase despercebido, talvez quisesse reafirmar tal posição, dizendo que não mais se interessava pelos grandes temas mitológicos gregos, mas sim pela imediata condição humana. É ela que domina a cena: o lavrador, o pastor, os navios, a dura faina pela vida, a beleza da paisagem, a primavera. É isso o que interessa a ele.

Em outra visão, alguns conhecedores salientam que a perspectiva usada por Bruegel, ou seja, a cena avistada de cima, poderia ser a visão de Dédalo, que continuava voando, observando impotente a queda do filho, seu mergulho fatal. Tal proposição acrescenta outra possível interpretação do quadro: seria a imagem do desespero de um pai diante da arrogância do filho, que recusa as admoestações paternas e paga sua desobediência com a vida.

Ainda com relação à perspectiva, sabemos que justamente na época em que Bruegel pintou seu quadro apareceram as primeiras representações pictóricas em anamorfose, que são curiosas pinturas nas quais alguns objetos são distorcidos de tal forma que se tornam irreconhecíveis, a não ser que sejam observados de determinado ângulo. Um exemplo é a tela *Os embaixadores*, de Hans Holbein, contemporâneo de Bruegel. Jacques Lacan[2] utilizou essa imagem ao discorrer sobre o olhar como objeto.

Muitas vezes, Ícaro é associado à condição do poeta, a suas ambições de glória literária que o distanciam das exigências da realidade e o levam a empreender voos que o expõem a graves riscos. O quadro de Bruegel mostra a distância incomensurável entre as humildes tarefas do dia a dia do homem comum – que ara

---

2   Jacques Lacan. *O seminário*. Livro 11: os quatro conceitos fundamentais da psicanálise. Rio de Janeiro: Zahar, 1979. p. 85.

a terra, cuida das ovelhas, navega pelo mar – e as preocupações de criação literária próprias do poeta e do escritor, representadas pelo voo de Ícaro. Compreensivelmente, a tela motivou belos textos de dois grandes poetas da língua inglesa: Wystan Hugh Auden e William Carlos Williams.

Os embaixadores (1533), Hans Holbein, The National Gallery of London.

Auden julga ver no quadro de Bruegel grande sabedoria ao mostrar a indiferença do mundo diante do sofrimento individual, especialmente aquele próprio do artista criador. Todos dão as costas para Ícaro, ninguém nota sua queda, sua morte, sua tragédia.

Williams, de forma mais sucinta, aborda o mesmo tema.

A meu ver, a tela de Bruegel ilustra ainda outras coisas: a forma como os conteúdos inconscientes aparecem na associação livre

30   A QUEDA DE ÍCARO, DE PIETER BRUEGEL

do analisando e como são captados pela escuta descentrada do analista, tal como preconizado por Freud.

Bruegel expõe uma grande cena, na qual o lavrador e seu arado ocupam a posição central. Essa disposição levaria o observador a considerá-lo o protagonista da pintura. Sabemos ser errônea essa conclusão. O personagem mais importante não é o lavrador, mas sim Ícaro, que mal aparece por ser representado de forma incompleta, pois vislumbramos apenas suas duas pernas que rapidamente afundam no mar. De forma idêntica porta-se o analisando. Em sua fala, expõe uma grande cena para o analista, conta uma série de episódios e fatos, sonhos e acontecimentos. É um discurso, muitas vezes, emocionado, mas regido pela razão consciente. O ouvido treinado do analista não despreza tal fala, mas sabe que não é necessariamente o que mais importa.

Freud ensinou que, contrastando com os assuntos sobre os quais o paciente discorre longa e minuciosamente, o tema que mais importa para ele, aquilo que mais o angustia, a fonte de suas maiores preocupações e sofrimentos, grande parte das vezes é vivido por ele mesmo como algo casual, pouco importante, cercado de dúvidas e esquecimentos, algo do que não está seguro de ser fiel ao contar, uma "bobagem". Esse conteúdo aparece em seu discurso, no dizer de Freud, "como um príncipe disfarçado de mendigo, como ocorre na ópera".[3] É o que está escondido, deslocado, obscurecido e desprezado, exatamente como o Ícaro de Bruegel.

Tal situação ocorre não por vontade deliberada do analisando de enganar e mentir para o analista, mas por mecanismos psíquicos dos quais não tem conhecimento e que reprimem o acesso direto à consciência dos conteúdos inconscientes conflitantes. Esse acesso

---

3   Sigmund Freud. Estudos sobre histeria. Rio de Janeiro: Imago, 1974. (*Obras Psicológicas Completas*, v. 2). p. 336.

acontece de forma distorcida, deslocada, condensada. Assim, o analista vê cada sessão como um renovado quadro de Bruegel, em que vai procurar o escondido Ícaro, o representante do conflito inconsciente.

Isso não é diferente do que diz Walter Benjamin, ao afirmar que os movimentos de câmera do cinema são equivalentes a interpretações psicanalíticas. Quando a câmera mostra uma grande panorâmica e, paulatinamente, foca um detalhe até então despercebido, está agindo como o analista que discrimina da fala consciente do analisando o "príncipe disfarçado", resgatando-o daquele lugar humilde e dando-lhe a devida importância. Ou se porta como o novel observador da tela de Bruegel ao encontrar as pernas do desafortunado Ícaro.

4. Em torno das diferenças anatômicas sexuais[1]

Nas últimas semanas, têm circulado nas redes sociais *selfies* em que homens de aparência viril aparecem despidos, sozinhos ou em grupos, escondendo seus pênis e testículos entre as coxas, de modo a simular um púbis feminino. O enigma das imagens é elucidado pelo fato de esses homens as intitularem *manginas*, termo que é um neologismo norte-americano resultante da fusão das palavras *man* e *vagina* (pronuncia-se "mendjáina"), significando algo como "vagina de homem" ou "homem vagina".

O site Urban Dictionary,[2] que recebe mensalmente 72 milhões de consultas, lista cerca de 145 entradas para esse vocábulo, a maioria referente a homens que não fazem uso da masculinidade

---

1 Publicado no caderno "Aliás", do jornal *O Estado de S. Paulo*, em 16 de maio de 2015, com o título "Adivinhe o que está faltando...".

2 Dicionário online de gírias na língua inglesa dos Estados Unidos. (Disponível em: <http://www.urbandictionary.com>. Acesso em: 1 mar. 2017.)

tal como convencionalmente esperado, bem como a práticas homossexuais e manobras realizadas por travestis para ocultar os órgãos genitais. Entre os significados mais importantes de *mangina* está a caracterização irônica e derrisória do homem heterossexual que, de tanto enaltecer as mulheres e defender seus direitos, esquece os próprios, terminando por adotar uma atitude de passiva submissão diante delas.

Nas *selfies*, os homens que escondem o pênis ridicularizam os *manginas*, mostrando-os como castrados que abdicam de seus dotes masculinos por sujeição ao poder feminino. O *mangina* é o oposto do machista. Enquanto o machista desvaloriza a mulher por considerá-la um ser inferior que deve ser submetido e dominado, o *mangina* a idealiza, celebrando-a como um ser superior ao homem. Apesar de estarem em polos opostos, *manginas* e machistas se perdem nos labirintos das diferenças entre os sexos.

Ao contrário dos outros animais, para os quais a diferença entre sexos é fator de inequívoca atração, nos seres humanos, por termos deixado o reino da natureza e ingressado no da cultura, essa diferença, além da atração, provoca-nos também estranhamento e desconforto. Isso se deve à persistência no inconsciente da forma como a mente infantil lida com as diferenças sexuais. Para a criança, a diferença entre os sexos não é um dado natural, mas sim o resultado de uma mutilação, de uma castração, evento ocorrido no contexto narrativo da tragédia.

O machismo tem raízes em teorias sexuais infantis sobre as diferenças entre os sexos: os homens se veem como portadores do falo e, por isso, desprezam as mulheres, que dele estão privadas. As mulheres, também presas às teorias sexuais infantis, sentem-se diminuídas e invejosas do pênis que os homens possuem.

Inicialmente, essa clássica formulação freudiana recebeu muitas críticas do movimento feminista, mas, no momento, há maior compreensão e aceitação dela. Isso se deu porque ficou mais claro que o falo é o representante de uma completude narcísica inalcançável, da qual somos todos – homens e mulheres – obrigados a desistir.

Além do mais, a atitude arrogante e violenta do machista contra a mulher está ligada a arcaicas vivências com a mãe. Esconde o primitivo temor que ela – a mãe – lhe inspira, decorrente do desamparo diante dela, uma figura onipotente de quem dependia completamente para sobreviver. A isso se acrescenta o medo que o genital dela lhe desperta por evocar a temida castração e o ódio por ter ela preferido seu rival, o pai. No âmbito individual, há o ressentimento do menino contra a mãe que o "abandonou" pelo pai; no âmbito social, existe o machismo, isto é, o homem pondo em prática uma vingança odiosa contra as mulheres, representantes da mãe que outrora detinha todo o poder.

A truculência do machismo, vigente por tantos séculos, deve ser combatida com todas as forças. Porém, para tanto, como afirmaram os desinibidos e debochados que posaram para as *selfies*, os homens não precisam abdicar da masculinidade. E pode-se acrescentar que as mulheres tampouco devem abdicar de sua feminilidade.

A luta do feminismo contra o machismo é um processo em andamento e tem produzido formas invertidas, como casais constituídos de mulheres fálicas, mandonas, impositivas, masculinizadas, e homens castrados, passivos, submissos. Estes são justamente os *manginas*, avacalhados nas *selfies*. Ao exibir, jocosamente, uma inequívoca compleição física masculina com um inesperado púbis feminino, tais homens brincam com as diferenças anatômicas entre os sexos e com os vários níveis de angústia da castração, transitando desde o heterossexual "feminista" até o homossexual, o travesti e o transexual.

Algo semelhante faz o austríaco Tom Neuwirth, que criou um personagem, a cantora Conchita Wurst. Travestido de mulher, mantém uma cerrada barba negra, discrepante com o restante da figura. Na mesma linha, apresentava-se o grupo Dzi Croquettes, nos anos 1970, aqui no Brasil.

Enquanto o travesti e o transexual abdicam, transitória ou definitivamente, de um dos sexos – aquele que eles tinham originalmente – e adotam por completo o outro, nesses dois casos o sexo original não é deixado de todo, pois restam elementos que são expostos de forma ostensiva.

As questões ligadas ao gênero estão na ordem do dia, são conhecidas e cada vez mais estudadas. A novidade trazida por essas *selfies* dos *manginas* consiste no fato de se apresentarem tais questões de forma explícita e jocosa, o que só é possível em função da mudança nos padrões dos costumes e dos avanços tecnológicos que permitem sua difusão instantânea e maciça.

5. Sobre "Um artista da fome", de Franz Kafka[1]

Tempos atrás, "artistas da fome" eram comuns na Europa e na América, onde se exibiam para um público pagante, o qual se divertia seguindo o jejum que se dispunham a fazer e que se estendia por longos períodos. O fenômeno teve início no século XVII e atingiu o auge por volta de 1880. Os "artistas da fome" eram habitualmente homens, costumavam se apresentar em turnês amplamente divulgadas em muitas cidades e faziam jejuns de quarenta dias. Muitos foram considerados farsantes por fraudarem o jejum e se alimentarem às escondidas.[2]

Um "artista da fome" é o protagonista do conto de Franz Kafka. Ele se mostra insatisfeito por não lhe permitirem jejuar o tanto que gostaria. É obrigado a interromper o jejum depois de quarenta

---

1   Uma versão compacta deste texto foi publicada no caderno "Aliás", do jornal *O Estado de S. Paulo*, em 19 de abril de 2015.

2   Mais informações em: <en.wikipedia.org/wiki/Hunger_artist>. Acesso em: 1 mar. 2017.

dias, prazo máximo para manter a atenção do público, na opinião de seu empresário. O artista da fome se sente incompreendido e não gosta quando o público se sensibiliza com o que julga ser seu grande sofrimento, pois, para ele, jejuar não é um sacrifício penoso. Por essa razão, fica ofendido quando pensam que ele ludibria a todos e come escondido. Os vigias, por exemplo, de forma cúmplice, afastam-se da jaula porque pensam que, dessa forma, estão dando oportunidade de ele se alimentar. Ninguém compreende que, se ele parece triste e acabrunhado, não é por conta do jejum. Na verdade, é o contrário: ele jejua porque está triste. E ninguém nunca percebe isso. Assim, ao final das apresentações, em vez de regozijar-se por ter conseguido cumprir o prometido e aceitar as homenagens de todos, incluindo a delicadeza das moças que o amparam e o encaminham para a supostamente desejada refeição, rejeita tudo e só sai a contragosto da jaula que o abrigara durante o período de jejum.

Com o tempo, esse tipo de espetáculo saiu de moda. Não podendo trabalhar em outra coisa, o artista da fome foi para o circo, onde, não sendo a atração central, ocupou um lugar fora do picadeiro, perto dos estábulos e das jaulas. No intervalo do espetáculo, as pessoas iam apreciar os animais selvagens, vizinhos do artista da fome, e, no meio do caminho, eventualmente olhavam para ele. Humilhado com o descaso do público, sofria ainda mais quando o destratavam, acusando-o de trapacear e de alimentar-se de forma dissimulada.

Com o passar do tempo, o artista da fome foi sendo esquecido. A tabuleta que registrava os dias de jejum não era mais atualizada pelos funcionários do circo.

Um dia, um inspetor, vendo aquele espaço contendo apenas um monte de palha apodrecida no seu interior, pergunta aos donos do circo por que não aproveitam melhor o lugar. Os funcionários abrem a jaula e, ao mexer na palha com seus ancinhos, encontram ali o artista da fome. Ao se ver descoberto em seus estertores finais, ele pede desculpas ao inspetor, que o ouvia divertido e de forma condescendente, como se o artista da fome fosse um louco, um demente. Em seu pedido de desculpa, o artista da fome dizia que jejuar nunca havia sido um sacrifício, explicava que fazia jejum com grande facilidade e que isso acontecia porque, ao longo de sua vida, nunca encontrara um alimento que o satisfizesse. Se tivesse encontrado algum alimento do qual gostasse, jamais teria sido um jejuador, pois teria se fartado ininterruptamente com tal iguaria, como faziam todas as pessoas com suas comidas favoritas.

Dito isso, o artista da fome morre. Algum tempo depois, em seu lugar foi colocada uma jaula com uma imponente pantera, que exibia uma estuante vitalidade. Sua alegria de viver era intensa, a ponto de incomodar os espectadores, que não conseguiam se afastar dali um minuto sequer.

No início do conto, o jejum do artista da fome é um espetáculo que suscita grande interesse e curiosidade. Alguns o admiram, elogiando sua força de vontade; outros especulam se ele vai conseguir realizar a façanha pretendida, empenhando-se em descobrir alguma fraude, falcatrua ou prova de que ele, incapaz de se controlar, come escondido.

O jejuador se sente profundamente incompreendido, pois o elogiam equivocadamente. Pensa que mereceria os cumprimentos se, de fato, sentisse falta da comida. Entretanto, o jejum não lhe custava nada, porque decorria de uma inapetência essencial que lhe era inerente. Não tinha vontade alguma de comer. Ninguém notava que "a insatisfação o roía por dentro"[3] e que, no término do período de jejum, ele sempre saía a contragosto da jaula, porque gostaria de continuar ali. Mesmo fora, "internamente continuava em jejum, fazia parte de sua pessoa".[4]

Sua secreta insatisfação se devia ao fato de nunca ter encontrado um alimento que o agradasse. "Eu preciso jejuar, não posso evitá-lo. Porque eu não pude encontrar o alimento que me agrada. Se eu o tivesse encontrado, pode acreditar, não teria feito nenhum alarde e me empanturrado como você e todo mundo",[5] diz ele.

O artista da fome passava a vida expressando ressentimento por nunca ter encontrado um alimento que o apetecesse. Como não entendiam isso, as pessoas, em vez de ajudá-lo a encontrar o alimento desejado, admiravam-no pela capacidade de jejuar e incentivavam-no, acreditando que sua abstenção de alimentos era uma conquista grande e sacrificada. Ele se irrita com o tempo de duração dos espetáculos, pois queria deixar claro que "não sentia limites para a sua capacidade de passar fome".[6] Na verdade, o artista da fome desprezava o alimento.

Vê-se, então, que a suspeita de que o artista da fome ludibriava o público não estava de todo errada, porque o pressuposto básico que sustentava o espetáculo estava comprometido. O artista não enganava o público alimentando-se às escondidas, mas sim por não ter fome nem desejar se alimentar. Se controlava ou continha algo, não era a vontade de comer, mas o ódio despertado pela frustração de não ter encontrado o alimento desejado.

---

3   Franz Kafka. *Um artista da fome*: a construção. Tradução de Modesto Carone. São Paulo: Brasiliense, 1994. p. 13.

4   Idem, p. 14.

5   Idem, p. 19.

6   Idem, p. 19.

Do ponto de vista psicanalítico, parece evidente que o conto gira em torno da pulsão oral. O artista da fome dedica sua vida a afirmar, de forma onipotente, seu desprezo pelo alimento. Acredita poder prescindir dele e ser capaz de jejuar sem nenhum limite, como se não colocasse sua vida em risco com isso. Sua arrogância oculta a infelicidade de nunca ter encontrado o alimento ideal. É possível supor que esse alimento jamais encontrado tenha alguma ligação com o seio materno – o primeiro alimento –, em uma representação da relação constituinte com a mãe. Ao dizer que "nunca encontrou" esse alimento, o artista da fome sinaliza como foi insatisfatória sua relação com o seio, seja por dificuldades da mãe, que não pôde dar-lhe de forma adequada e prazerosa o "alimento", seja por dificuldades dele mesmo, pela forma invejosa e voraz, como diria Melanie Klein, com que teria recebido a oferenda materna. De uma forma ou de outra, o resultado foi uma grande frustração, desencadeadora de ódios e culpas, condição agravada com o posterior aparecimento do pai.

O artista da fome é como uma criança magoada que recusa a alimentação porque "nunca encontrou"[7] a comida que mais desejava (entenda-se: nunca lhe deram, deram e depois negaram, impediram-no de alcançá-la). Ele se mostra incapaz de elaborar a perda do seio e substituí-lo por seus derivados. A persistência desse aspecto regredido e infantil do artista da fome fica explícita no relato do final de um espetáculo, quando, em meio a fanfarras, discursos, moças que se dispõem a ajudá-lo a chegar até a supostamente desejada refeição, reluta em abandonar a jaula. A descrição de seu corpo débil, com cabeça, tronco e membros desconjuntados ("corpo pequeno", "pequeno feixe de ossos", "cabeça que pende"), levado nos braços pelo empresário e amparado por uma

---

7   Pode-se entender que ele acredita que nunca lhe deram o suficiente, que deram e depois negaram ou que o impediram de alcançar o alimento.

das moças ("tão amáveis na aparência, mas na verdade tão cruéis"), evoca a imagem de uma criança pequena ressentida com a "crueldade" da mãe.[8]

O jejum do artista da fome veicula vários e contraditórios sentimentos. Podem ser citados: insatisfação com o alimento oferecido, que é desprezado por estar aquém daquele idealizado e inacessível; expressão de onipotência e afirmação de prescindir do alimento (do objeto, da mãe); formação reativa contra a voracidade despertada pela falta do alimento desejado; inversão do desejo canibalesco de devorar de forma vingativa tudo a seu redor, especialmente aqueles que julga serem responsáveis por sua fome insaciável.

Tais elementos de agressividade oral são representados pela pantera que o substitui na jaula, após sua morte. A pantera jamais esconde seu apetite e seu prazer em comer. Alimenta-se muito bem e tem "escondida em suas mandíbulas" a liberdade, e "de sua garganta brotava uma grande alegria de viver",[9] razão de seu irresistível encanto para o público.

A relação do artista da fome com os animais antecede o aparecimento da pantera. Significativamente, desde o início do conto, o lugar que ocupa durante o espetáculo da fome é chamado "jaula". Com o declínio de sua arte, que o leva a se apresentar como atração circense, sua "jaula" é colocada longe do picadeiro, próximo dos animais, das bestas, das feras. Vemos então que, enquanto ele tem de inibir completamente seu prazer com relação à comida, as feras podem satisfazê-lo plenamente, pois, como a pantera, comem "pedaços de carne crua" e fazem "rugidos durante a alimentação".[10]

---

8   Idem, p. 14.

9   Idem, p. 19.

10 Idem, p. 19.

Essa significativa proximidade com os animais denuncia o real motivo de seu jejum: uma forma de conter a destrutividade voraz e canibalesca desencadeada pela ausência do alimento ideal, não encontrado ou perdido. Tomado por um ódio ressentido que o "rói por dentro"[11] e contamina completamente seus desejos de comer, resta-lhe apenas a alternativa de jejuar.

Entende-se que o artista da fome não pode satisfazer suas pulsões orais, por temer que elas descambem numa voracidade animalesca, tendo consequentemente de ser inibida. A melancolia provocada pela introjeção da destrutividade desvitaliza-o e transforma-o num amontoado de "palha apodrecida",[12] o que inicialmente afasta o público e termina por lhe roubar a vida.

Possivelmente, o que atrai o público para um espetáculo tão peculiar como o proporcionado pelo artista da fome é sua dimensão sadomasoquista. O público tem um prazer sádico diante da exibição masoquista do jejuador. Não se pode esquecer que o jejum é uma prática importante em várias religiões, que quase sempre visa a purificação e a elevação espiritual contra as demandas da carne. Na Igreja católica, sua prescrição mais difundida está ligada à morte de Cristo, relembrada na Semana Santa. Seguindo essa linha de pensamento, o artista da fome ofereceria os mesmos quarenta dias da quaresma, apresentando uma versão leiga e anódina das penitências a serem cumpridas na Paixão de Cristo, com a qual o público se identifica e assim se isenta de cumprir tais obrigações religiosas.

O progressivo ostracismo que se abate sobre a arte da fome é prenunciado no limite estabelecido pelo empresário: o público não

---

11 Idem, p. 13.

12 Idem, p. 18.

a tolera mais de quarenta dias. Numa racionalização do gozo sadomasoquista, inicialmente o público vê o espetáculo como um embate que, apesar de levar ao enfraquecimento e à emaciação física do artista, demonstra sua força espiritual, seu vigor moral, sua disposição de vencer os impulsos mais elementares da natureza humana e transcendê-los por meio da espiritualidade.

Em determinado ponto, as coisas se invertem, surgindo uma repulsa ao espetáculo, pois aquilo que antes parecia ser uma manifestação de vitalidade passa a ser visto como uma manifestação mórbida de descaso com a vida e a subsistência. Dizendo de outro modo, o sadomasoquismo se expressa livremente por algum tempo, para, em seguida, cair sob repressão.

Tomado pela pulsão de morte, o artista da fome oscila entre a melancolia, o masoquismo, a anorexia.

Para estabelecer essas interpretações, não foi necessário apelar para nada além dos elementos internos do conto – sua estrutura narrativa, seus personagens e as situações descritas. É claro que o conhecimento dos dados biográficos de Kafka enriquece a compreensão, pois mostra episódios da vida do autor que teriam fornecido material para a construção de sua obra. Entretanto, essa é uma questão ampla e complexa.

Se é possível atribuir às vivências e à sensibilidade do escritor o que ele escreve, isso não deve ser confundido com a transposição direta e documental de experiências biográficas, apesar de nada impedir que o artista possa usá-las de maneira crua e sem disfarces. Com frequência, o artista remodela tais experiências por meio de condensações, deslocamentos, considerações sobre a figurabilidade e elaborações secundárias.

Propositadamente, podem ser citados os mecanismos próprios do sonho, pois acredita-se que a criação de uma obra de arte se assemelha muito aos processos de produção do sonho, só que nesse caso, em parte, são submetidas a um controle consciente. O artista não usa apenas suas vivências e experiências pessoais como matéria-prima na construção de sua obra. Muitas vezes, utiliza histórias das quais toma conhecimento por infinitas vias e as submete aos mesmos processos citados. Porém, é importante salientar que tais histórias só mobilizam o artista por tocarem em importantes aspectos de sua subjetividade.

No caso de "Um artista da fome", tudo indica que Kafka aproveitou determinados acontecimentos biográficos na criação de seu conto. O autor passava por sua última internação hospitalar por causa de sua tuberculose, falecendo antes de o livro ser publicado. A tuberculose atingiu a faringe, e ele não conseguia engolir. Além do mais, sabe-se que Kafka tornara-se vegetariano e que a ingestão de carne era uma das características de seu pai tão ambiguamente amado e odiado. Seu avô paterno era um *shochet*, o responsável pelo abate de animais no ritual judaico. Sabe-se ainda que Kafka tinha grandes dúvidas relacionadas a sua imagem corporal: achava-se feio e desconjuntado, passível de suscitar rejeição e repugnância nas pessoas.

Esses dados em nada invalidam as hipóteses interpretativas anteriormente estabelecidas, mas podem ampliá-las. O fato de Kafka ter escrito o conto em condições físicas tão precárias, estando a morte tão perto, autoriza a ideia de que poderia ser uma elaboração de suas fantasias em relação a seu fim iminente. Nessa elaboração, não falta ironia, pois a real impossibilidade de ingerir alimentos passa a ser a deliberação voluntária de não comer do "artista da fome".

A questão da comida evoca, ainda, o vegetarianismo de Kafka e o hábito carnívoro paterno, bem como a oposição total entre seu universo, o vivido pelo pai e a herança do avô açougueiro. O ostracismo da "arte da fome" pode estar ligado à insatisfação com a recepção de sua obra, isto é, a indiferença do público. O exibicionismo do artista da fome, que expõe seu corpo em crescente definhamento, se contrapõe à inibição relacionada à preocupação do autor com a aparência, seus sintomas dismórficos.

Ao entender que o conto revela uma problemática primária com a mãe, o anseio pelo alimento idealizado, pode-se pensar que a iminência da morte desperta em Kafka desejos arcaicos de fusão com uma mãe idealizada, que não mais lhe negaria o alimento desejado. Nesse sentido, o autor evocaria o Freud de "O tema dos três escrínios" (de 1913),[13] em que são descritas as três formas em que o homem enxerga a mulher: a mãe, a amante e a morte, que vai mais uma vez receber em seu regaço seu corpo morto.

Referências

Patrick Mahony. Um artista da fome, de Kafka, e o princípio nuclear simbólico. In: *Psicanálise e Discurso*. Rio de Janeiro: Imago, 1990. pp. 218-228.

Joan M. Wolk. *Franz Kafka's Ein Hungerkünstler*: metaphor of conflict. 21 jun. 2009. Disponível em: <http://www.kafka.org/index.php?aid=334>. Acesso em: 11 dez. 2014.

---

13 Sigmund Freud. O tema dos três escrínios (1913). Rio de Janeiro: Imago, 1980. (*Standard Edition*).

6. Confissão involuntária – sobre o caso Durst[1]

Robert Durst, 71 anos, é o filho mais velho de um bilionário dos negócios imobiliários de New York. Aos 7 anos, presenciou o suicídio da mãe, que se atirou do teto da mansão onde moravam. Tornou-se um rapaz solitário e de temperamento difícil. Posteriormente, Robert foi preterido pelo pai, que escolheu seu irmão Douglas para sucedê-lo na direção dos negócios, fato que o fez manter uma luta ininterrupta com seus familiares, por meio de processos judiciais e ameaças de agressões físicas e de morte.

Em 1982, sua esposa Kathleen McCormack desapareceu após nove anos de um casamento tempestuoso. A polícia levantou suspeitas de que Robert tivesse assassinado a esposa, mas não pôde provar, pois o corpo de Kathleen nunca foi encontrado. Em 2000, as investigações desse assassinato foram reabertas, e Susan Berman, melhor amiga de Robert, foi assassinada em Los Angeles

---

1 Publicado no jornal *O Estado de S. Paulo*, em 21 de março de 2015.

pouco antes de testemunhar sobre o caso. Mais uma vez, as suspeitas do crime recaíram sobre Robert. Porém, como não havia evidências que o incriminassem diretamente e por Susan ser filha de mafiosos, levantou-se a hipótese de que ela poderia ter sido vítima de uma vendeta entre gangues.

Assediado pela polícia e pela imprensa, Robert escapou de New York e estabeleceu-se em Galveston, no estado norte-americano do Texas. Lá, de forma bizarra, ele se fez passar por mulher e muda. Nessa cidade, em 2001, Robert matou e esquartejou um vizinho, Moris Black, colocando seus restos em sacos de lixo que, depois, jogou no mar. Em seu julgamento, disse que havia matado acidentalmente o amigo e que tentara se livrar do corpo por temer que não acreditassem em sua versão dos acontecimentos. Seus advogados alegaram legítima defesa e o júri o absolveu.

Nos Estados Unidos, a história de Robert Durst é bem conhecida e, nos últimos 30 anos, tem sido vasculhada pela imprensa, por policiais, advogados e detetives amadores. Recentemente, deu origem a dois episódios do seriado de televisão *Law and Order* e ao filme *Entre segredos e mentiras* (*All Good Things*, 2010), do cineasta Andrew Jarecki, autor do premiado documentário *Na captura dos Friedmans* (*Capturing the Friedmans*, 2003), que registra os infortúnios da família de um pedófilo.

Durst emocionou-se e foi às lágrimas ao ver o filme de Jarecki. Ele procurou o cineasta em 2012, dispondo-se a dar-lhe uma entrevista aberta, na qual apresentaria sua versão dos fatos. Esse encontro deu origem ao seriado *The Jinx: The Life and Deaths of Robert Durst*, produzido pela HBO. As filmagens terminaram em 2013, mas foi lançado agora, dois anos depois. O último dos seis capítulos foi ao ar nos Estados Unidos na semana passada, menos de 24 horas depois da prisão de Durst em New Orleans.

A prisão possivelmente ocorreu em função de dados novos trazidos pelas investigações do cineasta e de um acontecimento inesperado. Numa das últimas entrevistas, Durst, que tem o hábito de falar sozinho, foi ao banheiro com o microfone ligado e disse claramente: "Que diabos eu fiz? Matei a todos, é claro". Jarecki descobriu a gravação acidentalmente meses depois de realizada, ao repassar o áudio do seriado. O cineasta a entregou à polícia, que a reteve por um longo tempo, tomando providências apenas na vigência do final do seriado. A coincidência levantou suspeitas de manipulação para fins publicitários, hipótese negada por Jarecki.

Chama a atenção que Durst tenha de moto próprio se oferecido para dar uma entrevista sem restrições para Jarecki. Provavelmente, ficara tocado pela forma sensível com que ele havia ficcionalizado alguns aspectos de sua vida em *Entre segredos e mentiras*. Sentira-se compreendido, tratado como um ser humano com graves problemas, e não como uma aberração repugnante. De fato, Jarecki declarou que procurou mostrar Durst tal como fizera com os Friedmans, não os tratando como a encarnação do mal, e sim como pessoas que se viram encurraladas em circunstâncias adversas muito peculiares.

Como cada um de nós agiria se estivesse no lugar dele? A atitude do cineasta deve ter baixado as defesas de Durst, dando lugar ao desejo secreto de confessar aquilo que negara sistematicamente por tantos anos. Nessa situação, aconteceu um espetacular ato falho: no meio da entrevista foi ao banheiro, "esqueceu" o microfone ligado e, em solilóquio, confessou os crimes.

Trata-se de uma demonstração da teoria psicanalítica que estabelece a existência da dimensão inconsciente do psiquismo, em permanente conflito com valores racionais e conscientes. Coerente com o objetivo de escapar da prisão, Durst negou os assassinatos e se disse inocente. Inconscientemente, desejou confessar seus crimes e receber a punição. Enquanto o senso comum afirma que a culpa se instala *depois* da realização do crime, Freud indica que, muitas vezes, a culpa *antecede* a realização do crime. O indivíduo o pratica para ser punido e, assim, aliviar uma culpa inconsciente preexistente.

Mentir ou dizer a verdade. Esse é um dilema que aflige a todos nós, não apenas a Durst. É por isso que Derrida afirma que a fé não diz respeito ao divino, mas sim ao humano. É preciso ter fé na palavra do outro, acreditar que possa falar a verdade em vez de mentir e enganar, possibilidades sempre presentes. Daí a transcendental importância do testemunho, condição em que a palavra dada equivale a provas materiais.

7. Manipulações ideológicas da linguagem[1]

Uma das coisas que mais me surpreenderam quando me mudei de Fortaleza para São Paulo, décadas atrás, foi ver que as pessoas não varriam as calçadas das ruas, mas, sim, as lavavam, gastando grande quantidade de água. Sendo do Nordeste, onde a seca é uma presença forte no imaginário coletivo e na realidade cotidiana, considerava a água um bem valioso e ficava chocado ao vê-la desperdiçada com tanto descaso. Essa lembrança me veio à mente com as notícias sobre a iminente falta de água no estado de São Paulo, que está atravessando uma seca, ou melhor, uma "crise hídrica", como dizem os políticos.

O uso de eufemismos para se referir a realidades incômodas não é apenas uma curiosidade linguística. São técnicas de propaganda e publicidade que dominam a prática política mais recente

---

1   Publicado no caderno "Aliás", do jornal *O Estado de S. Paulo*, em 25 de janeiro de 2015, com o título "Que Deus nos proteja".

52 MANIPULAÇÕES IDEOLÓGICAS DA LINGUAGEM

e têm sombrios antecedentes. Dois excelentes registros desse recurso são muito conhecidos. Um deles é de ordem ficcional e foi realizado por George Orwell em seu romance *1984*, no qual descreve a "novilíngua" usada pelo totalitarismo soviético; o outro é documental e foi abordado em *LTI: a linguagem do Terceiro Reich*, escrito por Victor Klemperer,[2] em que estão expostas deturpações e manipulações da língua alemã realizadas pelos nazistas. Diz Klemperer:

> *A língua conduz o meu sentimento, dirige a minha mente, de forma tão mais natural quanto mais inconscientemente eu me entregar a ela. O que acontece se a língua culta tiver sido constituída ou for portadora de elementos venenosos? Palavras podem ser como minúsculas doses de arsênico: são engolidas de maneira despercebida e aparentam ser inofensivas; passado um tempo, o efeito do veneno se faz notar.[3]*

Embora longe da amplitude e da abrangência alcançadas naqueles regimes autoritários, estamos todos habituados a diversos termos com os quais o poder nos bombardeia regularmente, como "aloprados", "recursos não contabilizados", "elite", "herança maldita", "mídia golpista", "malfeitos", "contabilidade criativa", "pedaladas" e tantos outros. Todos mistificam e desinformam, dificultando qualquer transparência sobre aquilo que supostamente deveriam esclarecer. Embora condenável, é compreensível que os marqueteiros do poder usem tal terminologia; é um curioso paradoxo que a "mídia golpista" os avalize ao utilizá-los sem aspas.

---

2   Victor Klemperer. *LTI*: a linguagem do Terceiro Reich. Tradução de Miriam Bettina Oelsner. Rio de Janeiro: Contraponto, 2009.

3   Idem, p. 11.

Vê-se, então, que a forma como o poder usa a língua é bastante significativa. Um dos pilares da identidade de uma nação, manifestação cultural de magna grandeza, a língua é um bem inalienável que deve ser defendido, respeitado e ensinado. Quanto mais um povo fala corretamente sua língua, melhor expressa o pensamento, o conhecimento, a crítica, a sensibilidade, as relações afetivas.

Sobre isso, o tão comentado e ridicularizado fato de Dilma Rousseff se fazer chamar de "presidenta" deixa de ser uma idiossincrasia sem importância e adquire conotações antes pouco evidentes. Embora dicionarizada, a palavra "presidenta" foge à forma regular (não se diz "estudante" e "estudanta", por exemplo) e causa estranheza. Sua escolha enfatiza o fato de ser a presidente uma mulher e toma corretamente posição no combate a valores machistas retrógrados, ainda muito presentes em nossa sociedade, mas desconsidera importantes aspectos. Dizendo-se "presidenta", em vez de estimular o pleno conhecimento e domínio da língua via educação, de forma populista e demagógica, nivela-se a linguagem por baixo e contribui-se para que os desfavorecidos permaneçam no gueto da ignorância, incapacitados de efetivamente competir com os mais bem preparados.

Voltemos à seca de São Paulo, sua "crise hídrica", eufemismo que nos levou a um longo desvio.

São veiculadas notícias preocupantes ligadas à falta de água e ao sistema elétrico na iminência de um "apagão". Aparentemente, corremos o risco de voltar à década de 1950, vivendo novamente a situação cantada numa marchinha de carnaval daquela época e que talvez volte, merecidamente, a ser um *hit* no próximo Carnaval – "de dia falta água, de noite falta luz".

Diante de afirmações e desmentidos, não sabemos exatamente o que esperar. Estamos mesmo em vias de enfrentar uma grave situação? Até onde vai nossa "crise hídrica"? Como lidar com o "apagão"? Que podemos esperar de nossas autoridades? Estamos à beira de uma catástrofe? Como a população vai reagir a uma séria escassez de água? As pessoas estarão preparadas para exercer alguma solidariedade coletiva, em nome do bem comum? A gravidade da situação despertará o instinto de sobrevivência na população, impondo o salve-se quem puder?

Em situações emergenciais como essa, é fundamental a confiança da população em seus líderes. Entretanto, vivemos um momento em que a confiabilidade dos políticos cai ininterruptamente, o que o estelionato eleitoral praticado por nossa "presidenta" só fez agravar. Estamos cada vez mais atentos ao sinuoso discurso de muitos políticos, no qual fica evidente que o interesse que os move não é a busca da verdade no zelo pela coisa pública, mas a garantia de que sua permanência no poder seja a mais longa possível, não importa a que preço.

Grande parte das catástrofes naturais é imprevisível. As mais comuns no Brasil, a seca no Nordeste e as enchentes no Sudeste, são perfeitamente previsíveis, ocorrem regularmente e, ao acontecerem, evidenciam mais uma vez a falta de planejamento e a incúria dos poderes públicos.

Nessa quinta-feira, o ministro Eduardo Braga deu uma explícita demonstração de tudo isso. Ao ser indagado sobre os riscos de um "apagão", respondeu que "Deus é brasileiro e temos que contar que ele vai trazer um pouco de umidade e chuva".

É verdade que nas calamidades sentimo-nos desamparados, impotentes e diminutos diante das forças que nos abatem. Regredimos e queremos a proteção paterna. Voltamo-nos incongruentemente para Deus Pai, implorando sua misericórdia justamente no momento em que ele, indiferente à nossa infelicidade, nos impõe grandes agruras e nos abandona à nossa própria sorte. Diante do silêncio de Deus, arranjamos desculpas para manter inabalada nossa fé. Se Deus não escuta nem atende às nossas preces, não temos autorização para duvidar de sua existência nem de sua bondade. A culpa é nossa. Por sermos maus e pecadores, a única coisa que merecemos é o castigo.

A resposta do ministro, autoridade que deveria informar as providências tomadas pelo governo para enfrentar tamanho problema que pode atingir grande parte da população, deixa implícitas a ausência de uma estratégia e a falta de planejamento ao confessar que dependemos da ajuda divina... A resposta do ministro seria impensável se tivéssemos uma cidadania forte e atuante, que não se deixasse engodar por apelos religiosos – o que não ocorre com nosso bovino eleitorado – e que exigisse providências concretas por parte dos representantes que elegeu e sustenta com os impostos que paga.

Nessa semana, circulou nas redes sociais uma enquete que perguntou o que era pior no momento: falta de luz ou de água. Apesar de reconhecer que ambas provocam imensos transtornos, penso que a pergunta está mal formulada. O pior, no momento, é a falta de políticos respeitáveis e a pusilanimidade dos cidadãos. Assim, no Brasil, ante os perigos de "crise hídrica" ou "apagão", só nos resta pedir a Deus que nos proteja.

8. Facetas do mal[1]

Os ingênuos dão à natureza uma conotação bucólica e pacífica, ignorando que nela vigora a implacável lei do mais forte, que coloca os grandes predadores no topo da cadeia alimentar.

Quando saímos da natureza e ingressamos na cultura, adquirimos consciência moral e construímos a noção do bem e do mal, que passa a nos dilacerar. As leis que tentam delimitar os dois reinos não são fortes o suficiente para impedir a prática do mal ou que seus representantes não incorram naquilo que deveriam punir.

Um *serial killer*, como Edu, personagem central da minissérie *Dupla identidade*, escrita por Glória Perez e exibida na Rede Globo, é o tipo humano que parece concentrar em si o mal em estado puro. Ele nos assusta por expressar desinibidamente as pulsões agressivas e sexuais que, em grau variado, estão reprimidas e censuradas em todos nós. Não fosse assim, a convivência social se mostraria impossível. Outra coisa nos inquieta no *serial killer*: sua

---

1   Publicado no "Caderno 2", do jornal *O Estado de S. Paulo*, em 19 de dezembro de 2014.

habilidade em mentir e dissimular. A confiança no semelhante, necessária para que a vida em comum seja estabelecida, fica seriamente abalada quando se toma conhecimento do que um *serial killer* é capaz.

A maldade humana é muito complexa e pode assumir formas mais sutis e indiretas do que a destrutividade explícita do *serial killer*. É isso que mostra Glória Perez, ao associar os crimes do homicida às transgressões de um político corrupto. A indiferença e a ausência de culpa do psicopata, tantas vezes mencionadas nos episódios da minissérie, não se revelam apenas em assassinatos bizarros, podem também aparecer no roubo de fundos públicos que lesa profunda e duradouramente a população.

No desfecho de hoje, ficamos aguardando a solução de dois problemas. O primeiro decorre da inesperada e surpreendente aparição da mãe de Edu, que pode lançar luz sobre seu passado familiar, até agora desconhecido. O outro diz respeito a um tema mais amplo: será o mal punido ou mais uma vez triunfará? Como terminará a aliança entre esses dois tipos de psicopatas, um *serial killer* e um político desonesto? Os grandes predadores humanos se deixarão agarrar pela lei ou a dobrarão segundo seus interesses?

Talvez não por acaso, calha de a questão ficcional ter certa equivalência na realidade política do momento, em que homens públicos e empresários estão sendo investigados e a sociedade também se faz essa mesma pergunta, tendo em mente o conhecido dito de Lorde Acton: "O poder tende a corromper e o poder absoluto corrompe absolutamente, *de modo que os grandes homens são quase sempre homens maus*".[2]

---

2 Disponível em: <https://en.wikipedia.org/wiki/John_Dalberg-Acton,_1st_Baron_Acton>. Acesso em: 25 maio 2017.

Uma nota sobre alguns aspectos de *Dupla identidade*. A excelente criação da Rede Globo nada fica a dever às recentes minisséries sobre *serial killers* disponíveis na Netflix. O único reparo a fazer seria a excessiva proximidade àqueles seriados, como o exemplar *The fall*, produzido pela BBC, escrito e dirigido por Allan Cubitt. A ambientação e o modo de ser dos personagens, especialmente a caracterização das delegacias, dos policiais e dos procedimentos investigativos, são muito mais compatíveis com a realidade dos países desenvolvidos que com a nossa. Isso rouba a verossimilhança, se é que era uma preocupação dos realizadores.

9. Fiódor Dostoiévski, o terapeuta[1]

É decisivo o papel do inconsciente na construção dos personagens de Fiódor Dostoiévski. É isso que o torna um autor em cuja obra as relações entre psicanálise e literatura são particularmente claras.

Ciente disso, Heitor O'Dwyer de Macedo, psicanalista brasileiro radicado há muitos anos na França, examina em seu livro[2] três obras do mestre russo: *Memórias do subsolo*, *Crime e castigo* e *O duplo*. Ao estudá-las, sublinha a importância do trauma e salienta a compreensão de Dostoiévski sobre a dinâmica psíquica, que somente décadas depois seria descrita por Sigmund Freud. Macedo mostra como alguns de seus personagens, possuídos pela paixão, distanciam-se da realidade e enlouquecem, enquanto outros

---

1   Publicado no "Caderno 2", do jornal *O Estado de S. Paulo*, em 4 de julho de 2014.

2   Heitor O'Dwyer de Macedo. *Os ensinamentos da loucura*: a clínica de Dostoiévski: Memórias do subsolo, Crime e castigo e O duplo. São Paulo: Perspectiva, 2014.

cuidam deles de forma terapêutica tão apropriada que mereceriam poucos reparos de um psicanalista.

O sugestivo título *Memórias do subsolo* evoca a "outra cena" descrita por Freud. É de lá que o "homem do subsolo", pois não tem outro nome, diz coisas hediondas sobre si mesmo e sobre os valores convencionalmente estabelecidos. No primeiro capítulo, "O subsolo", o personagem se desmerece e se autoflagela sem cessar. O segundo capítulo, "A propósito da neve molhada", descreve episódios ocorridos vinte anos antes, nos quais age de forma destrutiva consigo mesmo e com o próximo, especialmente com a prostituta Liza. Alternando desprezo e consideração, faz que ela acredite que poderia ajudá-la. Quando Liza se entrega e revela seu segredo mais doloroso – ter sido vendida pelo pai para uma cafetina – ele a rejeita, deixando-a aniquilada. O ter sido, como ela, uma criança abandonada é a fonte do ódio que consome o personagem. Presa da compulsão à repetição, não se dá conta de que recria permanentemente a situação traumática de abandono e rejeição. Macedo mostra que o homem do subsolo faz com Liza o que, na infância, seus pais haviam feito com ele. De certa forma, Liza entende que é por esse motivo que ele a trata de maneira tão ignominiosa.

Na longa análise que faz de *Crime e castigo*, Macedo também atribui a situações traumáticas de abandono na infância o assassinato cometido por Raskólnikov. Os descuidos de uma mãe perversa e a ausência do pai o levam a construir defesas onipotentes megalomaníacas que o permitem sobreviver. Isso fica patente em sua tese sobre os "homens extraordinários", que, por terem uma condição especial, estariam autorizados a fazer o que bem entendessem, sem ter de acatar os impedimentos impostos pela lei.

Aqui, segundo Macedo, a habilidade terapêutica de Dostoiévski transparece na forma como Razumíkhin, Porfiri e Sônia lidam com Raskólnikov. Razumíkhin é o amigo, o "outro" bondoso não persecutório que lhe possibilita romper com o enclausuramento narcísico. Entretanto, é na forma como Porfiri leva Raskólnikov a confessar o crime que a "técnica terapêutica" de Dostoiévski aparece de modo mais evidente. Sônia, agindo como continente da agressão e desagregação de Raskólnikov, consegue retirá-lo da perniciosa influência de Svidrigáilov, o "verdadeiro" assassino da história. Ao fazê-lo entregar-se à polícia e cumprir sua pena, Sônia reintegra Raskólnikov na ordem simbólica, salvando-o da perversão e da loucura. Pela mediação de Sônia, o contato com o mundo não fica tão ameaçador a ele, a vida deixa de ser uma perpétua reatualização do trauma vivido quando criança nas mãos de pais incompetentes, doentes. Quando Raskólnikov finalmente admite para Sônia a autoria do assassinato, em vez de rejeitá-lo, ela o abraça e diz que o ama, pois entende que a confissão é a evidência de que uma profunda mudança se processara nele – a disposição de não mais fugir da entrega amorosa por medo do abandono.

Em *O duplo*, o frágil Goliádkin tem vergonha de si mesmo, sentimento que Macedo aproxima dos adolescentes que têm de se acomodar a um novo corpo e às exigências da sexualidade. Goliádkin cria, então, um duplo de si mesmo, que termina por tomar seu lugar, completando a cisão de forma trágica.

Os turbilhões psíquicos desses personagens de Dostoiévski levam Macedo a citar por duas vezes uma intrigante afirmação do psicanalista inglês Donald Woods Winnicott: a psicose está mais próxima da saúde psíquica do que os ideais de normalidade. Se lembrarmos que a saúde mental decorre de um bom contato com desejos e fantasias inconscientes, em virtude da flexibilização e da porosidade da censura imposta pelos sistemas repressivos e punitivos internos, de fato ela está mais próxima da loucura quando o inconsciente está a céu aberto e sem nenhuma censura do que da normalidade, na qual os conteúdos inconscientes estão rigorosamente censurados, reprimidos, negados, manifestando-se tortuosamente por penosos sintomas. O aparente disparate de Winnicott fica esclarecido e se chega a uma conclusão consequente: os perturbados personagens de Dostoiévski estão, sim, longe da normalidade, mas próximos da saúde mental.

O livro de Macedo supõe prévio conhecimento dos textos do autor russo e da teoria psicanalítica. Visa, portanto, um público específico, que vai tirar bom proveito de sua leitura.

10. Sobre a tortura[1]

Nesse momento em que a Comissão da Verdade trabalha para trazer à tona os crimes da ditadura, chamaram a atenção as declarações do cantor Amado Batista dadas em entrevista a Marília Gabriela. Preso e torturado pelo regime militar, ele surpreendeu a entrevistadora ao dizer que compreendia e justificava o tratamento dispensado a ele.

Como se sabe, a tortura é o eficaz instrumento usado pelo Estado para extrair informações que julga necessárias e que lhe são negadas por aqueles que suspeita serem delas conhecedores. Nunca formalmente admitida, os regimes autoritários usam a tortura rotineiramente contra aqueles que consideram seus inimigos. Os países democráticos, defensores dos direitos humanos, apesar de condenarem a tortura, não se abstêm dela em situações consideradas excepcionais. Um exemplo são as denúncias contra o governo dos Estados Unidos, que teria usado técnicas de tortura em Guan-

---

1 Publicado no jornal *O Estado de S. Paulo*, em 1º de junho de 2013, sob o título "Amor e dor de Batista".

tánamo e em suas guerras arábicas, elemento importante do filme *A hora mais escura* (2012), de Kathryn Bigelow, cuja produção, por isso mesmo, chegou a ser investigada pelo Departamento de Defesa daquele país. E não devemos deixar de mencionar o feijão com arroz das delegacias policiais do mundo inteiro, que arrancam confissões de ladrões pés de chinelo na porrada, fato para o qual ninguém dá muita importância.

A tortura não é uma abstrata parte do aparato clandestino do Estado, ela se concretiza no agônico corpo a corpo entre torturado e torturador. O torturado se encontra em posição de desamparo ante o torturador, que ocupa o papel de senhor absoluto, dono da vida e da morte. A consciência de ter a vida por um fio, à mercê dos humores do torturador, tem efeitos desestruturantes sobre a personalidade do torturado, que pode regredir a funcionamentos psíquicos muito arcaicos.

A situação estrutural da tortura pode remeter a imagos inconscientes muito primárias, como a relação primordial do bebê em total desamparo diante de uma mãe má e todo-poderosa, de quem ele depende completamente para não morrer. É uma experiência essencialmente traumática.

Como acontece em toda experiência traumática, o torturado vai reagir usando os mecanismos psíquicos à sua disposição. Isso implica altos custos em termos de rendimento, sofrimento mental e formação de sintomas (fixação no trauma, negações, evitamentos fóbicos, angústias, depressões, persecutoriedades, culpas etc.).

Um dos sintomas é a "identificação com o agressor", mecanismo de defesa descrito por Anna Freud, em 1936, e popularizado como "síndrome de Estocolmo", nos anos 1970. Isso se deu em função de um episódio de sequestro ocorrido naquela cidade em que os sequestrados, ao serem libertados, se posicionaram em defesa dos sequestradores, para surpresa geral. Trata-se de uma resposta a uma situação extrema de risco de vida. Para sobreviver, o sujeito nega estar sendo objeto de violência, abdica de suas convicções e adota o ponto de vista do agressor, seja ele qual for. Dessa forma, tenta ganhar suas boas graças, ao mesmo tempo que deixa de se ver como uma vítima impotente e procura assumir a força do poderoso agressor.

As declarações de Amado Batista poderiam ser entendidas por meio desse modelo, seriam uma forma de resposta típica ao trauma, o que, obviamente, mereceria todo o respeito, algo que não poderia ser censurado nem questionado. Entretanto, é óbvio que não podemos saber os reais motivos de Amado Batista, sendo essa apenas uma hipótese interpretativa construída em cima do que foi publicamente exposto.

Na tortura é encenada uma arcaica relação dual, na qual o torturado fica no papel do indefeso bebê e o torturador ocupa o lugar complementar de mãe má todo-poderosa. É o que se depreende do filme *A morte e a donzela*, de Roman Polanski, baseado em peça de Ariel Dorfman. O torturador Miranda, ao ser desmascarado, confessa o gozo que o dominava durante a tortura, advindo do sentimento de onipotência decorrente do absoluto domínio sobre o outro, algo completamente desvinculado de questões político-ideológicas que sustentavam o procedimento. Assim, pode-se dizer que fica claro que a motivação do Estado (obtenção de informação) se dissocia da motivação inconsciente do torturador (gozo em virtude do controle onipotente do outro). Isso permite especular até que ponto o Estado manipula a doença mental do torturador, seu sadismo, para atingir seus objetivos.

Exercício da maior violência que o Estado pode exercer contra o cidadão, a tortura desencadeia revolta e oposição justas. Porém, também provoca profundas ressonâncias inconscientes, na medida em que evoca, como vimos, a relação primária com a mãe má, bem como figuras de sadomasoquismo, importante expressão erótica. O infligir dor e o sofrer dor podem ser fontes de um extremado prazer. Elementos de sadismo e masoquismo estão presentes na maioria das práticas eróticas, pois colocam em jogo princípios básicos de atividade e passividade, domínio e submissão, controle e entrega. Além disso, o sadomasoquismo e a tortura se prestam com facilidade ao imaginário em torno da chamada "cena primária", que é a forma como a criança fantasia o coito entre os pais, supostamente realizado em meio a violências e agressões.

O fascínio horrorizado que a tortura nos suscita decorre da indignação ética consciente e de escuras ressonâncias inconscientes.

A ameaça global do terrorismo, de variada proveniência, faz que o uso da tortura para a obtenção urgente de informações concernentes à segurança seja um dos problemas éticos mais candentes de nossos tempos.

11. *Hannah Arendt*, um filme de aventura[1]

O filme de Margareth von Trotta sobre Hannah Arendt está centrado nas violentas reações, especialmente por parte do *establishment* judeu norte-americano e israelense, desencadeadas por suas reflexões sobre o julgamento de Adolf Eichmann, em Jerusalém, ao qual assistiu como enviada especial da revista *The New Yorker*, cargo para o qual ela se ofereceu ao editor Bernard Shawn.

A aguda inteligência de Arendt entendeu que o que estava em jogo no julgamento de Eichmann transcendia a condenação de um nazista criminoso de guerra. Seria impossível julgá-lo sem compreender um complexo contexto que envolvia questões como a instituição da justiça, a soberania de Estado e seu aparato legal, a relação do cidadão com as leis de seu país, o papel das ideologias e – o que é mais importante – uma profunda reflexão sobre a natureza do mal.

---

1 Publicado no "Caderno 2", do jornal *O Estado de S. Paulo*, em 24 de agosto de 2013.

Os advogados de Eichmann afirmavam que, perante as leis do Estado nazista, às quais era obrigado a obedecer e sobre as quais não teria jurisdição nenhum outro Estado, ele era inocente. O que cometera não seriam crimes, mas sim "atos de Estado". O réu seguiu um caminho diferente do adotado por sua defesa, alegando que não lesou pessoalmente nenhum judeu e que obedeceu a ordens superiores, o que era seu dever como funcionário público.

Para Arendt, ao impor leis desumanas e exigir do cidadão obediência cega e acrítica, o Estado totalitário leva à desumanização, instalando o medo de pensar, a impossibilidade de pensamento. Eichmann ilustraria bem o que ela chamou "banalidade do mal". Com essa formulação, o mal perde sua conotação transcendente e religiosa, despoja-se de suas vestimentas satânicas e fica reduzido à expressão humana, o que em nada diminui sua concreta potência maligna e destrutiva.

Sem negar os crimes de Eichmann, mas também sem avalizar a visão simplista da opinião pública que o singularizava e demonizava como um "monstro", Arendt o devolvia a sua real dimensão como peça insignificante de um Estado enlouquecido. Devemos lembrar que a loucura da Alemanha havia contaminado outros Estados europeus "amigos", como a França, cujo colaboracionismo com o nazismo fora, posteriormente e com muito esforço, enterrado sob o mito da Resistência francesa.

Como se não fossem suficientemente escandalosas tais ideias, Arendt foi além, afirmando que os autos do processo de Eichmann mostravam que a colaboração das autoridades judaicas que formavam o *Juddenrat* havia facilitado a execução do projeto de extermínio empreendido pelos nazistas. Diz: "Para um judeu, o papel dos líderes judeus na destruição de seu próprio povo é indubitavelmente o capítulo mais negro desta história tenebrosa".[2] Arendt suscitou grande indignação entre os judeus, que a acusaram de defender Eichmann e trair seu povo, adotando a política antissemita da culpabilização da vítima. Até mesmo o serviço secreto de Israel a ameaçou.

A oposição a Arendt é explicada, por um lado, por seu aspecto psicológico, pois, ao divulgar fatos que supostamente deveriam ficar reprimidos, ameaçava a imagem de respeitadas instituições judaicas, e, por outro lado, pelas razões políticas recentemente mencionadas por Claude Lanzmann, em entrevista dada em 14 de maio último ao jornal londrino *The Guardian*. O autor de *Shoah* disse: "O julgamento de Eichmann foi um julgamento sujo, tocado por ignorantes. A acusação errou até na citação de nomes de lugares e pessoas. O julgamento foi um espetáculo político organizado por Ben Gurion como ato fundador para a criação do Estado de Israel".[3] Pode-se entender que o que estava em jogo não era a apuração da efetiva responsabilidade de Eichmann em crimes dantescos, mas a exposição, com fins políticos, do sofrimento dos judeus no Holocausto. Além do mais, Arendt acreditava, com razão, que Eichmann estava condenado de antemão, caso contrário, jamais teria sido sequestrado na Argentina para ser julgado em Jerusalém, ato que era uma ilegalidade e violava leis internacionais.

Em vez de emocionalmente tomar partido contra Eichmann, Arendt optou por continuar pensando de forma racional, mostrando as incongruências e inconsistências do próprio julgamento.

---

2   Disponível em: <https://www.neh.gov/humanities/2014/marchapril/feature/the-trial-hannah-arendt>. Acesso em: 25 maio 2017.

3   Disponível em: <https://www.theguardian.com/film/2013/may/14/claude-lanzmann-last-unjust>. Acesso em: 25 maio 2017.

Diante do assustador desvario do nazismo, entendia que, mais do que nunca, era necessário usar a capacidade de pensar, raciocinar, refletir. A questão do pensamento, de usar a racionalidade para combater a irracionalidade, é central em seu posicionamento. Ao dizer que o maior pecado de Eichmann fora "não pensar", ela possivelmente tinha em mente Martin Heidegger, o grande filósofo de quem fora discípula e amante, pois também ele se deixara seduzir pelo nazismo.

Trata-se de um fato que não pode ser escamoteado. A sereia nazista seduziu não apenas pessoas medianas como Eichmann como também grandes inteligências beirando a genialidade, como Heidegger. É uma questão que espera explicações mais aprofundadas, ainda mais porque transcende o nazismo e pode ser aplicada a todas as ideologias. Tais sistemas de crenças arrebatam o poder de pensar dos cidadãos, transformando-os em massa de manobra facilmente manipulável pelos detentores do poder.

A psicanálise tem muito a dizer sobre esse assunto, com seus estudos sobre a psicologia de grupo e o papel das crenças ideológicas e políticas como esteio para portadores de identidade deficitária.

Enfrentando a tempestade e sem ceder a fortes pressões, Hannah Arendt e seu editor Bernard Shawn demonstraram grande coragem intelectual ao publicarem o texto em cinco capítulos semanais na revista *The New Yorker* e, posteriormente, em livro.

Hannah Arendt de Von Trotta é um filme de aventura, a maior das aventuras: a intelectual. Mostra os riscos e as peripécias que enfrentam aqueles que ousam pensar e que, com bravura, não abrem mão da capacidade de refletir e analisar, únicos instrumentos contra a barbárie que se esconde nos recônditos mais escuros de todos nós.

12. Massa *versus* cidadania[1]

Multidões arregimentadas dispostas em grandes espaços. Imensos e coreografados desfiles militares, nos quais os soldados se esmeram em exibir passos sincronizados e gestos enfáticos. Estamos vendo imagens da Alemanha nazista, da União Soviética stalinista ou da Guerra Fria, da China de Mao? Não, são imagens atuais da Coreia do Norte. O equívoco é justificável, pois, apesar de expressarem convicções ideológicas e realidades socioeconômicas diferentes, esses rituais têm em comum o fato de serem manifestações típicas da forma totalitária de exercício do poder, que tem na manipulação das massas um de seus maiores trunfos.

A massa é um tipo especial de agrupamento humano, que se constitui quando uma multidão se agrega, fortuita ou deliberadamente, em torno de um líder, para realizar uma atividade ou um empreendimento comum. Ao se diluir no meio da massa, o indivíduo tem seu comportamento habitual modificado, pois ocorre uma regressão em sua organização psíquica, decorrente da perda

---

1 Publicado no jornal *O Estado de S. Paulo*, em 13 abril de 2013.

transitória de sua identidade. Com isso, fica privado dos parâmetros internos que estabelecem a forma como vê a si mesmo, os outros e a realidade externa. Dizendo de outra maneira, o indivíduo abdica de seu ideal de ego e de seu superego, que são projetados no líder, e se identifica com os demais participantes da massa. Dessa forma, ele se isenta da responsabilidade pessoal, delegando as decisões ao grupo ou a seu líder, um representante da figura paterna a quem segue sem restrições.

Nesse estado regressivo, podem ser liberados impulsos agressivos e sexuais que jamais seriam veiculados se o sujeito estivesse sozinho. De tudo isso, como mostraram Sigmund Freud e Elias Canetti, advém a inebriante sensação de poder e liberdade que sente o indivíduo no meio da multidão. Esses fenômenos psicológicos próprios da massa mostram a plasticidade e a fluidez do aparelho psíquico, que é capaz de transitar do funcionamento mais estruturado e organizado, que possibilita o exercício do pensamento racional e objetivo, a posições comandadas por uma afetividade mais arcaica.

Por darem vazão a incontornáveis desejos humanos, as massas tendem a se formar espontaneamente e estão presentes tanto nos regimes totalitários como nos democráticos, que as encaram de forma diferente. Nos primeiros, o poder as incentiva, pois facilitam a doutrinação ideológica e o controle social. Nos segundos, em termos ideais, são substituídas por grupos atuantes e conscientes em prol da cidadania.

Entretanto, os meios de comunicação tornam mais complexa essa equação, porque, para que se instalem os pressupostos da psicologia das massas, com seus movimentos de submissão acrítica a um líder, não é necessária a presença física de participantes em uma grande multidão, como nas manifestações políticas totalitárias.

Os meios de comunicação, especialmente a televisão, organizam multidões virtuais muito maiores que as reais, possibilitando sub-repticiamente a instalação dos fenômenos regressivos típicos dessa condição.

Assistindo à televisão na privacidade de seu lar, o espectador não tem plena consciência de fazer parte, naquele exato momento, de uma grande massa e, como parte dela, reagir sem crítica aos ditames que lhe são impostos. Nos países autoritários, ele recebe passiva e diretamente sua quota de doutrinação. Nos países democráticos, é fornecido a ele o "entretenimento", essa proteica produção que, sem cessar, veicula conteúdos ideológicos, igualmente visando tornar desnecessário o esforço de pensar e discriminar.

Os modelos de comportamento oferecidos pelos meios de comunicação, voltados prioritariamente para o consumo, são seguidos da mesma forma como o é o líder totalitário da multidão real, presencial.

Fazer essa constatação não significa ignorar as diferenças nem confundir autoritarismo totalitário com democracia. O que está em jogo é o reconhecimento da importância dos elementos psicológicos no comportamento das massas, a compreensão de que elas inconscientemente desejam o controle autoritário, a obediência a pais poderosos que as isentem do peso inerente da independência, da liberdade e da responsabilidade.

Isso significa que, para se fortalecer, a democracia teria de batalhar em duas frentes. A mais óbvia seria lutando contra os que querem se apossar do poder para exercê-lo ditatorialmente; outra, mais insidiosa e difícil, seria criando defesas contra o anseio regressivo das massas por um líder autoritário.

Poder-se-ia perguntar: se há um líder autoritário que quer o poder e massas infantis que desejam ser por ele comandadas, por que não deixar que isso aconteça? A experiência do nazismo talvez seja a resposta mais cabal a essa questão. Atender a esses anseios regressivos de ambas as partes é dar livre curso à irracionalidade psicótica mais destrutiva.

Para prevenir esses perigos, a democracia deveria evitar as circunstâncias que proporcionam a formação de massas, quer seja na prática política, quer seja como efeito dos meios de comunicação. As massas dependentes deveriam ser substituídas por coletividades formadas por cidadãos autônomos e críticos, que não abram mão de seus direitos e responsabilidades e que exijam isso de seus representantes.

No que diz respeito aos meios de comunicação, o exercício da crítica permitiria a necessária discriminação entre os apelos da ideologia do consumo e o inestimável valor da liberdade de circulação de ideias e notícias.

Talvez não haja novidade nesse programa. Seria apenas uma versão atualizada do clássico embate entre demagogia e democracia.

Há muito tempo se sabe da infantilização das populações mais carentes, sempre à mercê de espertalhões e populistas. O que vemos agora é que a situação é mais grave. A regressão das massas, que as deixam vulneráveis às manipulações de líderes inescrupulosos, não depende de fatores econômicos, sociais, educacionais. É algo mais profundo, que atende a fantasias inconscientes que se manifestam na psicologia dos grupos. Trata-se de uma questão que não pode ser ignorada no aprimoramento dos dispositivos da democracia.

13. *Martin Eden*, de Jack London[1]

De Jack London, eu conhecia apenas algumas versões publicadas na série Edição Maravilhosa, da Ebal. Imagino que algum tempo atrás essa afirmação permaneceria críptica, compreensível apenas para algumas pessoas com mais de 60 anos. Hoje, com os buscadores da internet, em segundos, curiosos de qualquer idade podem acessar dados sobre Ebal e Edição Maravilhosa, como sobre qualquer outra coisa. Parece não haver mais questões sem respostas. Basta perguntar ao Google, que tudo sabe. Essa onisciência ainda nos deixa um tanto desarvorados. Talvez porque confundimos acesso instantâneo à informação com produção de saber, processos interligados mas diversos, sendo que o último é necessariamente lento, reflexivo, fruto de longos anos de estudos e introspecção.

Pois bem, Jack London, que só conhecia por meio das revistas em quadrinhos, estava no valhala onde repousam os autores

---

1 Publicado no "Caderno 2", do jornal *O Estado de S. Paulo*, em 16 de março de 2013.

queridos que iluminaram minha infância. Cada vez que lembrava o encantamento que um dia me proporcionaram, constatava que, discretamente, esses livros e autores me acompanharam e estiveram sempre comigo, já que faziam parte de um todo que se constituiu como minha visão de mundo. Ao falar de suas intrépidas aventuras desbravando o desconhecido, eles me deram coragem para enfrentar o perigoso mundo que se iniciava imediatamente além da soleira da casa paterna. Sua influência persistiu mesmo quando, tempos depois, descobri que a ousadia e a disposição aventureira não eram suficientes para enfrentar os desafios propostos pelo mundo. A força física tinha de ser substituída pela capacidade intelectual; o inimigo deixava de ser o flamejante dragão e podia aparecer sob disfarces tão prosaicos quanto a mera rotina, o suceder tedioso de dias imutáveis, aos quais, ainda assim, não era possível dar-se ao luxo de menosprezar.

Tudo isso me veio confusamente à cabeça quando Marcos, meu filho, me disse que estava gostando de *Martin Eden*, um livro de Jack London, com o qual me presenteou em seguida. A obra o fizera recordar de que, quando criança, me via escrevendo, mandando originais para editoras e aguardando suas respostas – a áspera faina testemunhada por familiares e amigos próximos daqueles que escrevem. De fato, em *Martin Eden*, Jack London deixa de lado o mundo exótico e selvagem das aventuras juvenis e, apoiando-se em elementos autobiográficos, se embrenha em território igualmente hostil e inóspito, aquele que cerca um postulante ao título de escritor.

Trabalhando como marinheiro, em uma briga, Martin Eden defende um abastado rapaz e este, em agradecimento, recebe-o em sua casa e apresenta-lhe um mundo que lhe era até então desconhecido. Ali, Martin conhece Ruth, irmã do anfitrião, e entra em contato com arte e literatura, apaixonando-se perdidamente pelas três. Desenvolve uma grande idealização do mundo burguês, acreditando ser ele constituído de seres refinados, infinitamente superiores a seus familiares e amigos, pertencentes ao proletariado. Resolve abandonar sua profissão e se dedicar ao oficio de escrever, o que desencadeia generalizada desaprovação de todos a sua volta. Padecendo com a miséria econômica e a incompreensão de todos, Martin sofre ainda mais com a indiferença e o desprezo dos editores, que recusam sistematicamente seus originais.

Quando, finalmente, chegam o reconhecimento e o sucesso financeiro, Martin tem uma reação inesperada e incompreensível. Em vez de se congratular com o triunfo longamente esperado, ele o rejeita. Não permite que aqueles que antes desprezavam sua obra agora a elogiem irrestritamente e denuncia-lhes a inidoneidade moral e cegueira crítica.

Sente-se, assim, desiludido com o dinheiro e a glória literária. A antes idealizada burguesia agora lhe parece sem nenhum valor, muito aquém de sua própria inteligência, criatividade e cultura. Sente-se deslocado na vida burguesa e não se adapta mais a seu meio de origem, ao qual tenta voltar. Sexo, amor, mulheres, prestígio, poder, nada mais interessa a ele ou lhe dá prazer. Planeja uma viagem para os mares do sul, mas não se anima a realizá-la.

Não há uma explicação lógica para a reação de Martin Eden. Ele deveria estar exultante, pois finalmente tinha provado seu valor àqueles que o haviam desprezado. Poderia agora dar o troco pelas humilhações e rejeições que tivera de suportar por tanto tempo. Porém, não consegue. O pleno usufruir da vitória lhe é negado.

Martin Eden é daqueles que fracassam com o êxito, um dos que não suportam o sucesso. Essa configuração, que parece tão improvável para o senso comum, é, no entanto, bastante frequente na clínica psicanalítica. Deve-se à culpa inconsciente e aos correlatos desejos de punição que acompanham muitas pessoas pela vida afora.

No caso de Martin Eden, podemos imaginar que o longo período de humilhações sofridas pela incompreensão de seu talento e pela recusa de sua obra lhe tenha provocado intensos sentimentos de ódio e desejos vingativos contra quem via como responsáveis por essa situação, sentimentos que teve de reprimir para continuar vivendo.

A percepção interna desse ódio aumenta a culpa e a necessidade de punição. Quando a situação muda, não pode usufruir o triunfo por ter sido mau e desejado destruir os inimigos. O superego exige uma punição por sua maldade, e ele mesmo se aplica o castigo ao impedir o gozo das benesses trazidas pelo sucesso. Nesse contexto, o próprio triunfo é vivido como extremamente perigoso, pois com ele o ódio pode sair do controle, eliminando seus rivais ou neles desencadeando retaliações invejosas que poderiam aniquilá-lo. Nessas circunstâncias, pode parecer que o único e desesperado recurso para conter o ódio seja voltá-lo contra si mesmo.

Em *Martin Eden,* Jack London enfatiza o difícil relacionamento do escritor com os editores e a crítica, responsáveis pelo reconhecimento da obra. Frágil e inseguro quanto a sua produção, o escritor deseja receber o apoio e o amparo de que tanto necessita. Mas logo descobre que pouco ou nada pode esperar dessas pessoas, pois são escritores frustrados que invejam profundamente os que conseguem produzir. Maior a originalidade do autor, maior o desejo de destruí-lo. Num trecho especialmente contundente, diz:

A principal qualidade de noventa e nove por cento de todos os editores é o fracasso. Fracassaram como escritores. Não julgue que à alegria de escrever preferem a escravidão da escrivaninha e a submissão à tiragem e ao gerente comercial. Tentaram escrever, mas falharam. E é aqui que está o maldito paradoxo da questão. Cada porta de acesso ao êxito literário encontra-se vigiada por esses cães de guarda – os fracassados da literatura. Os editores, os subeditores, os editores associados, assim como os revisores de manuscritos para revistas e livreiros são, em sua maior parte – em sua quase totalidade –, homens que quiseram escrever e que fracassaram. E, no entanto, não obstante serem as mais incompetentes das criaturas, é precisamente a eles que cabe decidir o que deve e o que não deve ser publicado. São eles que provaram carecer de originalidade, que demonstraram não possuir a centelha divina, que vão julgar a originalidade e o gênio. E, após eles, vêm os revisores: outros fracassados. Não me venha dizer que não tiveram seus sonhos e não tentaram escrever poesia ou ficção, pois afirmo que tentaram. Tentaram e falharam. Em média, a produção crítica causa mais náusea que o óleo de fígado de bacalhau. Mas você já conhece minha opinião sobre os censores e as críticas. Há grandes críticos, mas estes são raros como os cometas. Se eu falhar, como escritor, provarei estar apto para a carreira editorial. É muito fácil![2]

---

2   Jack London. *Martin Eden*. São Paulo: Nova Alexandria, 2003. p. 245.

Martin Eden é um retrato desiludido e amargo das agruras próprias da vida de um escritor. Ao caracterizar o artista como "águias solitárias que pairam, isoladas, no azul dos céus muito acima da Terra e do formigar do fardo gregário da vida",[3] Jack London estaria sendo romântico ou realista?

---

3 Idem, p. 226.

14. *A origem do mundo*, de Gustave Courbet[1]

O quadro *A origem do mundo* tem uma história curiosa, à qual foi acrescentado um novo capítulo semana passada.

A tela foi pintada em 1866 por Gustave Courbet, a pedido de Khalil Bey, diplomata turco-egípcio e colecionador de quadros eróticos. Foi dono da obra até o momento em que, arruinado pelo jogo, teve sua coleção leiloada. Em 1889, o quadro foi encontrado em um antiquário pelo escritor francês Edmond de Goncourt e, posteriormente, comprado por um nobre húngaro que o levou para Budapeste, onde escapou da pilhagem realizada pelas tropas russas no final da Segunda Guerra Mundial. Levado de volta a Paris, o quadro foi comprado por Jacques Lacan, que o manteve em sua casa de campo em Guitrancourt, onde o exibia ritualisticamente a seus convidados. Após a morte de Lacan, sua

---

1 Versão ampliada de artigo publicado no "Caderno 2", do jornal *O Estado de S. Paulo*, em 16 de fevereiro de 2013.

família cedeu o quadro ao Museu d'Orsay, em Paris, como parte do pagamento ao Estado francês de impostos referentes à transmissão da herança.

A origem do mundo mostra o genital feminino da maneira mais crua possível. Vê-se um torso de mulher, os seios, o ventre, as pernas afastadas, a frondosa cobertura pubiana e a vagina entreaberta. A novidade recente envolvendo o quadro é que teria sido encontrada sua parte superior, que exibe os ombros e a face da modelo, confirmando hipóteses anteriores que afirmavam ser a irlandesa Joanna Hiffernan, que também posava para o grande pintor James Abbott McNeill Whistler, de quem fora companheira. Acredita-se que ela estaria envolvida afetivamente com Courbet na ocasião em que o quadro foi pintado.

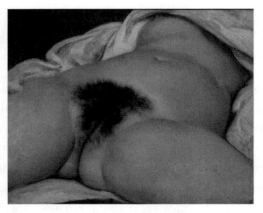

A origem do mundo (1866), Gustave Courbet, Museu d'Orsay.

Supondo a veracidade da descoberta, que ainda está em discussão entre os especialistas, podemos conjecturar quem teria seccionado a pintura e por qual motivo. O quadro era tido como pornográfico e, até muito recentemente, mantinha essa conotação. Assim, não é difícil imaginar que o próprio pintor tenha resolvido mutilar sua obra, com o intuito de proteger a modelo. Em

2009, livros cujas capas reproduziam a tela foram confiscados pela polícia em Portugal; em 2011, páginas do Facebook que o exibiam foram retiradas do ar. Não deixa de ser surpreendente que, em função do noticiário, sua imagem tenha aparecido abertamente em todos os jornais.

Capa da revista *Paris Match*, com a manchete sobre a descoberta da parte superior do quadro de Courbet.

A trajetória do quadro, vindo dos porões da pornografia para a consagração definitiva nos salões do Museu d'Orsay, mostra como a apreciação de uma obra está inevitavelmente atrelada aos valores vigentes no tempo e no lugar de seu surgimento.

Contrariando a representação idealizada do nu feminino, Courbet o apresenta de forma realista. Sabe-se que o grande crítico de arte e ensaísta vitoriano John Ruskin, reverenciado por Marcel Proust, jamais superou o choque ocorrido no leito nupcial, ao deparar com as características hirsutas do genital de sua mulher, tão distante da lisa e glabra estatuária clássica que lhe era familiar; tal acontecimento teve consequências desastrosas para esse casamento, nunca consumado fisicamente. Recentemente, no final dos anos 1960, Bob Guccione, editor da *Penthouse*, causou furor ao mostrar esse detalhe da anatomia feminina, até então pudicamente evitado inclusive por sua rival, a revista *Playboy*, de Hugh Hefner. No momento, a forma de dispor o velo pubiano parece estar em outro estágio, evidenciando que, a cada época, o erotismo desenvolve novas estratégias de sedução e formas de acicatar o desejo. Se Courbet, fiel aos costumes de seu tempo, mostra o genital feminino envolto em sua pilosidade natural, constata-se como a moda atual é diferente, já que depilação é regra para as mulheres e até para os homens. Nos dias de hoje, Ruskin não teria tido problemas em sua lua de mel.

As transformações na maneira como a sociedade acolheu *A origem do mundo* mostram como a arte, enfrentando a censura e os preconceitos da época, luta para representar e expor o que é considerado inaceitável, proibido, não representável. Assim, está permanentemente ampliando os limites e as fronteiras daquilo que é permitido pela moral e pelos costumes. Trata-se de um serviço inestimável que a arte presta ao conhecimento. Na medida em que simboliza, representa e põe em circulação conteúdos até então excluídos, torna possível o pensar e o refletir sobre eles. Com isso, os aspectos mistificadores, idealizadores, ideológicos – ou seja, a dimensão fantasiosa que acompanha esses conteúdos quando forçados a medrar no escuro – são expostos à luz do dia, retirando-lhes a conotação assustadora e devolvendo-lhes a real dimensão e a possibilidade de um tratamento objetivo adequado.

No fundo, estamos falando de liberdade de expressão. O Estado tem o dever de proteger os cidadãos e, nesse sentido, exercer a censura (aqui entendida *lato sensu*, como o poder de reprimir e punir), para limitar os impulsos agressivos e sexuais que nos são próprios e precisam ser coibidos para garantir a vida em sociedade. Entretanto, o exercício da censura é complicado, pois o Estado tem seus próprios interesses, que nem sempre coincidem com os da sociedade que deve representar. Por isso, o cidadão precisa estar sempre atento ao poder do Estado, especialmente no que diz respeito às tentativas de reprimir a livre manifestação de opinião.

Pornografia ou arte, o quadro de Courbet mostra como a representação explícita dos genitais mantém inalterado o efeito perturbador sobre nós, como algo arcaico de tempos imemoriais que nos atinge profundamente, sem que possamos evitar. Evoca, sim, a "origem do mundo", o mistério da vida, o enigma da diferença sexual, cujo impacto determinante ocorrido na infância continua para sempre repercutindo em nossas existências.

A propósito da diferença sexual, em 1989, a artista francesa Orlan, conhecida por suas incursões na *body art* e em outras vertentes da vanguarda, criou sua versão do quadro de Courbet, em que mostra um torso masculino com o falo em ereção, e o intitulou, significativamente, de *A origem da guerra*.

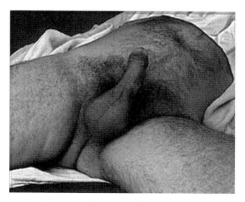

A origem da guerra (1989), Orlan.

Como tudo o que Orlan faz, o quadro e o título convidam à polêmica. Mais uma vez, traz-se à tona a questão do que deve ser exposto e do que deve ser ocultado. Ao atribuir às mulheres o poder criativo e delegar aos homens a carga da destrutividade, invertendo o significado convencional do falo como símbolo de fertilidade, a artista toma uma posição política de denúncia contra a violência machista ainda vigente, inclusive, nas sociedades mais evoluídas, mas peca pela radicalização. A criatividade e a destrutividade não são apanágio de um único sexo, ambos dispõem delas, embora a forma como as usem seja diferente.

15. Heranças[1]

A transmissão de bens materiais e valores imateriais entre a geração mais velha e a mais nova não acontece automaticamente e pode sofrer entraves. Para que a herança seja levada adiante a bom termo, é necessário que os mais velhos, imbuídos da consciência da finitude, cedam o centro do palco para os mais novos. Não é uma decisão fácil. Alguns não conseguem concretizá-la; outros, tomados pela ambivalência, fazem-no pela metade ou de forma inadequada, criando inúmeras complicações.

Esse é o tema central de *Rei Lear*, de William Shakespeare. Embora, à primeira vista, a peça trate da ingratidão das filhas diante da generosidade de Lear, que lhes doou o reino e foi por elas abandonado na mais terrível miséria, uma leitura psicanalítica mostra outra visão.

A doação pretendida por Lear tem efeitos catastróficos em virtude da ambivalência com a qual foi realizada. Ele quer abdicar do

---

1   Publicado no jornal *O Estado de S. Paulo*, em 28 de fevereiro de 2013.

reino sem abrir mão do poder e de suas insígnias. Dominado pelo desejo infantil de receber provas de amor incondicional, manipula as filhas de forma regressiva, instigando-lhes a cobiça e a rivalidade fraterna. Visando obter vantagens, Goneril e Regan submetem-se às demandas loucas do pai, o que não acontece com Cordélia, a única a expressar um amor genuíno e realístico, pelo que é punida e deserdada. Mesmo assim, é legítima a reivindicação que as duas primeiras fazem com relação à posse da herança que o pai lhes deu, mas resiste em realizar de forma definitiva.

Como mostram Goneril, Regan e Cordélia, também para os filhos a transmissão da herança é um processo difícil. Para que ocorra, é necessário que abandonem a irresponsabilidade infantil ou a revolta adolescente e assumam suas próprias vidas adultas, deixando de lado a proteção até então fornecida pelos pais. Precisam conhecer o que lhes foi dado. Na eventualidade de ser um legado pernicioso, devem descartá-lo, neutralizá-lo, esquecê-lo. Se for o contrário, impõem-se reconhecimento, gratidão e compromisso de preservar o recebido para entregá-lo às gerações seguintes.

Na transmissão da herança, é necessário que o doador (o pai) efetivamente se desligue daquilo que doa e que o herdeiro (o filho) se sinta autorizado a receber a doação e usá-la como lhe aprouver, reconhecendo seu posicionamento na ordem geracional. Pais e filhos precisam lidar com seus narcisismos: os pais por abdicarem de funções e posses de que dispunham até então; os filhos por terem de reconhecer a dádiva e a dívida.

Questões narcísicas são especialmente agudas no campo da política. Os poderosos são propensos àquilo que os antigos gregos chamavam húbris, condição na qual os homens, levados pela soberba, negam os limites e rompem a fronteira entre potência e onipotência, mergulhando em desastrosos delírios de grandeza.

A luta política e a alternância de poder próprias da democracia acrescentam aspectos específicos às questões psicológicas ligadas à herança. É frequente os governantes desmerecerem o legado das gestões anteriores, como tem feito o PT ao atacar a herança recebida do PSDB. Em uma atitude ambígua, dela se apropriou e, a sua maneira, deu-lhe prosseguimento. Ao mesmo tempo, nega que aja assim e a desvaloriza sistematicamente, dizendo-a "maldita".

Recentemente, Fernando Henrique Cardoso disse que a insistência de Luiz Inácio Lula da Silva e do PT em fazer comparações com o PSDB e sua pessoa envolveria uma "questão de psicanálise", algo como uma fixação na figura paterna a ser superada, ou seria manifestação de franca ingratidão, um "cuspir no prato em que comeu". A observação de FHC é pertinente, pois Sigmund Freud mostrou que os pressupostos da psicologia individual são os mesmos que regem a vida social. A questão do pai, da herança, do transgeracional, central para a constituição do sujeito, é igualmente importante em organizações e instituições sociais.

As dificuldades inerentes aos dois momentos da transmissão da herança – o recebimento dos antecessores e a doação para os sucessores – teriam uma boa ilustração na atuação de Lula. Quanto ao recebimento, como vimos, não há um reconhecimento da dívida com a herança, que, apesar de ter sido apropriada, é denegrida, em uma atitude arrogante, narcísica, que nega a realidade. Seria o equivalente à fantasia de um filho de ter gerado a si mesmo, desfazendo o imprescindível concurso dos pais para sua existência. Na outra ponta do processo, na transferência do legado para o sucessor, aparece a resistência em fazê-la plenamente, não deixando que seus delfins exerçam de fato o poder, ocupando um lugar inusitado que FHC ironicamente chamou "presidente adjunto". O constrangimento de Fernando Haddad, prefeito de São Paulo, patente na foto de uma reunião com Lula, quando este fez uma visita à prefeitura de São Paulo, fala mais do que qualquer palavra.

Ainda assim, a coisa não é tão simples, pois, se Lula reluta em abrir mão do poder, talvez seus prepostos não desgostem de todo, já que reconheceriam que foram alçados à atual posição não por méritos próprios. Seriam como filhos que não podem abrir mão da proteção paterna e que, consequentemente, não se empenham em receber uma herança que lhes é hesitantemente oferecida.

A transmissão da herança é um aspecto das relações entre pais idosos e filhos adultos. O filme *Amor*, de Michael Haneke, tem como tema central o relacionamento de um casal e a forma como lida com a doença grave que se abate sobre um de seus membros. Porém, o fato de existir uma filha torna a situação mais complexa, abrindo novas questões que ali são apenas insinuadas. Os velhos de Haneke compartilham com Lear algumas características. Não abrem mão do lugar de cuidador ou protetor, tentando manter a autonomia e o poder decisório que tinham no vigor de suas forças. Com isso, ignoram a maturidade da filha, mantendo-a em uma posição infantil, desconsideram suas opiniões e não confiam em sua capacidade de cuidar e proteger. Ao contrário de Lear, não exigem dela provas de amor e recusam-nas quando ela espontaneamente lhes oferece. São mostras da diversidade de configurações do relacionamento familiar nessa etapa da vida que nos cabe reconhecer e analisar, sem lhes atribuir juízo de valor.

16. O nome do pai[1]

Quando eu era menino em Fortaleza, a reação das pessoas ao nome de meu pai me deixava encafifado. Anajarino. Ninguém tinha esse nome, nenhum pai de amigos ou colegas.

Cada vez que, por algum motivo, eu tinha de dizer o nome, ficava nervoso, na expectativa das inevitáveis perguntas e gozações; era um incômodo ter de explicar seu significado. E a explicação era bastante simples. Meus avós haviam saído do Ceará para cuidar de um pequeno negócio localizado no interior do Pará, na cidade de Anajás, centro do complexo hidrográfico de Marajó, onde passaram a morar. Anajarino, portanto, refere-se a alguém proveniente de Anajás, tal como Amazonino indica o mesmo em relação a Amazonas. Ambos são antropônimos, variantes de amazonense e anajaense. Anajás ainda designa o grupo indígena que habitara a ilha de Marajó. De modo geral, o conhecimento do significado do nome esvaziava sua estranheza, eliminava sua ressonância bizarra e revestia-o de certo prosaísmo.

---

1 Publicado no "Caderno 2", do jornal *O Estado de S. Paulo*, em 22 de dezembro de 2012.

Para mim, essas explicações eram desnecessárias. Era como se meu pai preenchesse de tal forma seu nome que eu o tomava como uma extensão de sua imagem, e não como a palavra que os demais achavam esquisita, uma série de letras, um agrupamento de sílabas, um vocábulo do léxico, que, como todos os outros, tem uma origem e uma significação. Esses elementos, que passei a convocar no interesse daqueles a quem eu tinha de ensinar o significado do nome, no fundo, pouco me interessavam, pois eram tornados insignificantes pela presença concreta de meu pai.

Com sua morte e o correr dos anos, aos poucos sua pessoa se desprendeu do nome, deixando-o esvaziado, o que me permitiu finalmente enxergá-lo como tal e dar mais atenção a sua etimologia. Levando-a em conta, pareceu-me provável que muitas outras pessoas daquela região usassem o nome, sem me preocupar em averiguar a veracidade dessa hipótese.

Essa antiga história veio à tona recentemente de forma inesperada. Estava procurando algo no Google – instrumento cuja amplitude e acurácia não cessam de me espantar –, quando me ocorreu colocar minha hipótese sobre o nome de pai à prova, pesquisando os homônimos. Comprovei, então, mais uma vez, o incrível poder do buscador e o quão correta estava minha suposição, pois encontrei vários outros Anajarinos.

Essa descoberta teve um efeito curioso. Senti como se perdesse meu pai de novo em uma segunda morte, pois ela banalizava o nome dele, fazendo com que deixasse de ser seu emblema privado e restrito, seu inusitado galardão, sua marca registrada, por mais embaraçosa que me tivesse parecido ser durante certo período. Passada essa primeira impressão, vi que a exclusividade do nome de meu pai, que o Google anulava de forma definitiva ao mostrar que muitos outros o compartilhavam, não colocava em risco o que realmente importava: sua posição única e especial, que, afinal, não residia em seu nome, mas sim no fato de ser meu pai, traço indelével em mim mesmo, em que ele de certa forma sobrevivia e jamais perderia seu significado e importância fundamentais.

Lembrando aquela época, quando tinha uns 10 anos e o nome de meu pai me constrangia, pensei que, se, naquela ocasião, alguém me dissesse que anos depois eu estaria calmamente dizendo para todos, como estou fazendo agora, que Anajarino era o nome de meu pai, eu não acreditaria. Seria algo impensável, impossível de acontecer, a não ser pela intervenção de forças que rompessem com a ordem natural das coisas, alguma mágica ou um milagre.

Talvez tenha pensado tudo isso porque, nesta época de Natal, ficamos nostálgicos e saudosos do tempo em que acreditávamos em milagres, acontecimentos extraordinários, como o nascimento de um messias, cuja importância passa despercebida aos circunstantes, mas é pressentida por reis de lugares distantes que, guiados por uma estrela, vão a seu encontro para lhe render homenagens.

É frequente que a crença em magníficos milagres, própria da infância, desapareça com ela. A partir de determinado momento, somos forçados a nos contentar com milagres bem mais modestos, embora não menos espantosos. São milagres advindos não da emergência do sobrenatural na realidade humana, mas dos próprios movimentos da vida, que, em sua perseverante luta contra a destruição e a morte e com seus ininterruptos processos de transformação, tomam rumos e desdobramentos imprevisíveis, impondo mudanças e criando o novo. Movimentos e transformações como os que me distanciam, hoje, daquele menino que tanto se afligia em dizer que o pai se chamava Anajarino.

17. Psicoterapia e mercado[1]

Em 23 de novembro último, o *The New York Times* publicou o artigo "What brand is your therapist?", no qual a escritora e terapeuta iniciante Lori Gottlieb conta as dificuldades no exercício de sua profissão.

Após seis anos de estudos e treinamento, Gottlieb acreditava que, ao se estabelecer profissionalmente, logo estaria auferindo a satisfação esperada na aplicação de seus conhecimentos e recebendo a merecida remuneração que compensaria os investimentos em tempo e dinheiro despendidos nos estudos. No entanto, suas expectativas esbarraram em uma acabrunhante falta de clientes, que logo soube ser um problema que afligia não só a ela como também a muitos colegas, até mesmo os mais antigos e renomados. Isso se devia, em grande parte, à política dos planos de saúde, que deixaram de reembolsar os gastos com esse tipo de tratamento ou restringiram ao mínimo o número de sessões cobertas, o que não

---

1   Publicado no "Caderno 2", do jornal *O Estado de S. Paulo*, em 10 de dezembro de 2012.

ocorria com o tratamento medicamentoso. Só no ano de 2005, a indústria farmacêutica gastou 4,2 bilhões de dólares em publicidade direta ao consumidor e 7,2 bilhões de dólares em promoções para a classe médica – o dobro do que é gasto em pesquisa e desenvolvimento de novos produtos.

Gottlieb tomou conhecimento de que, para manter o trabalho, muitos colegas recorriam ao auxílio de marqueteiros e publicitários, cuja estratégia maior residia na criação de apelos (marcas ou *brands*). Tais estratégias dotavam o terapeuta de um diferencial que o distinguia da massa de colegas, tornando-o mais visível para o grande público.

Na opinião dos marqueteiros, as pessoas se interessariam menos pelo enfoque tradicional da psicoterapia, desejariam soluções rápidas e fáceis para seus problemas e estariam susceptíveis a propostas mais atraentes. Por exemplo, um profissional não mais deveria se apresentar como "terapeuta familiar", o que pareceria "genérico e superado", mas sim usar algo como "perito em ajudar famílias modernas a navegar na mídia digital", alguém capaz de lidar com o *cyberbullying* e o *sexting* (palavra criada a partir de *sex* e *texting*, que designa a mania recente de adolescentes postarem textos e fotos eróticas suas na internet). Mais ainda, para não ser considerado "frio e distante", o terapeuta precisaria se mostrar o mais aberto possível, falando de sua própria vida. Deveria, por exemplo, expor nas redes sociais, onde seus anúncios seriam veiculados, se tem filhos, se é homossexual, se sofre de uma doença crônica, se provém de uma família de pais divorciados, se perdeu recentemente um ente querido, se tem ou teve problemas alimentares etc. Tais revelações proporcionariam a aproximação de pacientes com problemas semelhantes.

Gottlieb ficou escandalizada, pois todas essas orientações iam diretamente contra tudo aquilo que aprendera na escola e nas supervisões clínicas. Isso porque tal abertura cria uma atitude sedutora de falsa intimidade do terapeuta para com o cliente e dificulta o estabelecimento dos movimentos transferenciais essenciais para o desenvolvimento do processo terapêutico.

O relato tragicômico de Gottlieb não difere muito do que acontece no Brasil e mostra algo que é próprio do começo da vida de qualquer profissional liberal. Mas aponta ainda para fatores antes inexistentes, como a mudança radical introduzida no mercado pelos planos de saúde, que reduziram ao mínimo a prática privada da medicina e da psicologia, ressaltando que, no campo da psiquiatria, os planos de saúde dão prioridade ao tratamento medicamentoso, muito menos custoso do que o psicoterápico. No entanto, o que é chamativo no relato é a aplicação direta de apelos comerciais característicos de produtos de consumo a uma prática médico-psicológica, com o objetivo de melhorar a posição do profissional no mercado de trabalho.

O espírito da publicidade é negar as limitações, as dificuldades, as impossibilidades que são inerentes à vida, vendendo a ideia de que tudo é possível – desde que se consuma os produtos por ela anunciados, é claro. O objeto de consumo é um fetiche que, supostamente, garante bem-estar imediato e definitivo àquele que o possui, protegendo-o de toda e qualquer percepção de infelicidade, incompletude e vazio. Tal ilusão não se sustenta por muito tempo, gerando frustrações que são, muitas vezes, confundidas com "depressões" a serem medicadas. Assim, tratar a psicoterapia como um item de consumo não só fere a ética, que estabelece parâmetros estritos sobre como o profissional deve divulgar seus serviços, como também é desastroso, pois reforça distorções da realidade que a psicoterapia tem por ofício analisar.

Seria ótimo se houvesse soluções fáceis e imediatas para os problemas que nos acometem. Porém, as coisas não são simples. É por esse motivo que, em vez de oferecer soluções mágicas ao paciente, o psicoterapeuta dispõe-se a ajudá-lo a entender a complexidade de seu próprio psiquismo, sua dimensão inconsciente que abriga fantasias infantis ainda vigentes na atualidade, cujos padrões anacrônicos de funcionamento continuam a influenciar seu comportamento, seus relacionamentos pessoais e suas decisões, sem que ele mesmo se dê conta disso. A terapia pode dar ao paciente condições de lidar melhor com os impedimentos e as perdas inevitáveis que a vida impõe a todos, bem como libertá-lo de inibições e medos imaginários que dificultam o exercício de suas potencialidades. Tudo isso demanda tempo e perseverança no trabalho conjunto realizado pela dupla terapeuta e paciente, mas o alívio almejado pelo paciente ao procurar a terapia não precisa esperar pelo término do processo para se fazer sentir. O poder expressar suas dificuldades e a paulatina compreensão de seus conflitos internos proporcionam um progressivo domínio do sofrimento e da angústia.

Se a psicoterapia e os hábitos de consumo são como mundos inconciliáveis, há uma incômoda proximidade entre as leis do consumo e o tratamento medicamentoso. Produto da poderosa indústria farmacêutica, o medicamento disputa o mercado usando agressivamente os recursos da publicidade, com o objetivo de induzir a um consumo cada vez maior, como a pequena mostra de números citada anteriormente evidencia. Mais ainda, da forma como muitas vezes é apresentada, a medicação em si, o comprimido, aproxima-se perigosamente do objeto fetiche, do talismã, cuja posse (ingestão) garante a resolução de todos os problemas.

Essas observações não implicam uma negação da grande importância da medicação psicotrópica para os distúrbios mentais. Antes, se opõem aos excessos no uso desse recurso, que diversas vezes levam a uma equivocada depreciação da psicoterapia, ignorando que ela é um inestimável e insubstituível instrumento para o autoconhecimento e um bálsamo para o sofrimento do paciente.

18. Conversa / Tradução / Humor[1]

Conversa

Chegando tarde a uma grande festa de casamento, vimo-nos obrigados a compartilhar uma mesa com um casal idoso desconhecido. Seguindo as regras de civilidade, logo tentamos "entabular uma conversação", expressão que bem poderia fazer parte do glossário de chavões ou clichês listado por Bouvard e Pécuchet,[2] mas que não me privo de usar sempre que me dá na telha (outra expressão cabível naquela lista), sem me deixar intimidar pelos guardas de trânsito da língua, que querem tirar de circulação termos ou locuções tidas como lugares-comuns ou fora de moda, como se seu uso pudesse provocar engarrafamentos ou congestionamentos inconvenientes em discursos e relatos de variado gênero e teor. Não entendem que a vitalidade da linguagem está justa-

---

1 Publicado no "Caderno 2", do jornal *O Estado de S. Paulo*, em 24 de novembro de 2012.

2 Personagens do romance *Bouvard e Pécuchet*, de Gustave Flaubert, publicado em 1881.

mente nessa mistura de velhas palavras e expressões caindo aos pedaços, saturadas de sentido, com as reluzentemente novas, que passam chispando na tentativa de estabelecer seus próprios valores e trajetos.

Dado o ensurdecedor volume da música, a conversa não progredia sem dificuldades, pois o velho senhor falava baixo e talvez não ouvisse bem. No que me dizia respeito, de vez em quando percebia que estava falando aos gritos. De longe, observávamos a beleza da juventude, que dançava com entusiasmo. Previsivelmente, falamos sobre a passagem do tempo e o choque de gerações, trocando as platitudes apropriadas ao tema e às circunstâncias. Era grande o barulho, e eu não seguia bem as palavras do velho senhor. Lá pelas tantas, se entendi bem, ele afirmava que a maioria das pessoas se enganava ao pensar que não havia mais nada a aprender na velhice, que nessa quadra da vida não existia mais nada a ser descoberto, que tudo se repetia e só restava usufruir a experiência decorrente dos anos vividos. Nada mais equivocado, dizia ele. Na velhice, descobrimos, por exemplo, um novo corpo, o corpo velho, com novas exigências, novas rotinas, mudanças e adaptações.

O esforço de manter a conversa já começava a pesar, e eu não estava disposto a acompanhar o tom grave que nela poderia eventualmente se instalar. O champanhe, a alegria pulsante da música e o tumulto animado da festa agudizavam em mim a consciência de que estar vivo naquele exato momento era um privilégio, e isso exigia uma celebração imediata. De forma inopinada, levantei-me e despedi-me efusivamente do velho senhor e de sua companheira, que ficaram a me olhar surpresos enquanto os deixava, rebocando minha mulher para a pista de dança e planejando procurar os amigos que deviam estar por ali, dispersos na multidão.

Tradução

Ficando longe do fato de já estar meio que longe de tudo, de David Foster Wallace, foi lançado agora pela Companhia das Letras. Enfeixa seis textos encomendados por publicações como a revista *Harper's* e o jornal *The New York Times*. O talento e a aguda percepção de Wallace subvertem os temas propostos, fazendo que as reportagens se transformem em alentados ensaios, em que expõe de forma patética a comédia humana.

Estava lendo o texto que dá título ao livro, quando tropecei em um parágrafo que dizia "os rostos dos cavalos são compridos e por algum motivo lembram caixões".[3] Como assim, "caixões"? Seria um propositado *nonsense*, uma provocação por parte do autor? Haveria alguma significação que me escapava? Estaria ele se referindo a "caixão de defuntos"? Se assim fosse, o sentido logo se evidenciava, pois, de fato – e eu nunca me apercebera disso até então (não sei se você, caro leitor, já havia percebido) –, vista de frente, a cara do cavalo lembra, sim, e muito, um caixão de defunto. Procurei na internet e logo confirmei minhas suspeitas ao ler: *"the horses' faces are long and somehow suggestive of coffins"*.[4] *"Coffin"*: esquife, ataúde, féretro, caixão de defunto.

A rigor, a tradução não está errada, mas não facilita a compreensão da original imagem criada por Wallace, na qual a morte se insinua em um lugar tão inesperado como a cara de um cavalo, animal habitualmente visto como símbolo de força vital. Além do mais, parece não reconhecer nesse fragmento a emergência de um elemento que se tornaria cada vez mais importante na obra do

---

3 Disponível em: <http://www.gq.com/story/david-foster-wallace-essays--end-of-the-tour>. Acesso em: 5 maio 2017.

4 Idem.

autor, especialmente quando se leva em conta seu suicídio aos 46 anos, em 2008. É claro que esse pequeno lapso não compromete o trabalho, e a escolha de escritores como Daniel Galera e Daniel Pellizzari para traduzir o livro de Wallace é a decisão correta, nem sempre seguida por nossas editoras ao traduzir textos literários de alto nível.

Agora mesmo, chamou a minha atenção o cuidado tomado pela Bellevue Literary Press (Nova York) e pela Pushkin Press (Londres) com a tradução para o inglês do livro *El boxeador polaco* (*O boxeador polaco*), do escritor guatemalteco Eduardo Halfon, que vive entre seu país e os Estados Unidos, autor de vários outros livros e vencedor da prestigiada bolsa Guggenheim. Com cerca de 180 páginas, a versão em inglês, *The Polish boxer*, foi realizada conjuntamente por uma equipe de cinco tradutores.

Com um narrador que usa o mesmo nome do autor, Halfon deliberadamente confunde memória e ficção, contando poucas histórias: a descoberta do talento poético de um aluno de parcos recursos coloca o narrador em contato com a cultura e a língua dos povos nativos de sua terra, excluídos dos padrões eurocêntricos dominantes; sua lamentável participação como único professor do "Terceiro Mundo" em um colóquio norte-americano sobre Mark Twain; o resgate da história de seu avô sobrevivente de Auschwitz; o relato, em um registro menos ficcional, de uma palestra no festival literário Correntes d'Escritas, em Portugal, no qual, com o carioca João Paulo Cuenca, discorreu sobre o tema "a literatura rasga a realidade".

Em seu texto mais longo, desmembrado em vários contos e no qual seguimos o narrador em sua obcecada busca por um amigo pianista sérvio desaparecido em Bucareste, para onde fora com o intuito de procurar sua remota e fugidia identidade cigana, talvez possamos encontrar o grande tema do livro: a condição nômade, apátrida, exilada, "estrangeira" não do judeu – como se costuma pensar –, mas sim do artista, um ser desterrado, que vive desde sempre um involuntário exílio em um mundo regido por outras prioridades que não as suas e cujo desamparo obriga-o, muitas vezes, a mendigar a custosa proteção de poderosos mecenas.

Humor

Castigat ridendo mores – É impagável o "Diário de Dilma", na sempre ótima *Piauí*. São sem rivais a ironia e a comicidade do texto de Renato Terra.

19. Bispo na Bienal[1]

Talvez se confunda a excentricidade do gênio e do artista com as irracionalidades do louco, porque nenhum deles segue à risca as convenções sociais compartilhadas pela maioria. Porém, a loucura supostamente impede a criatividade, pois a mente do psicótico está comprometida por mecanismos defensivos que impedem seu livre funcionamento, restringindo-o a padrões rígidos e estereotipados, dos quais o modelo maior é o delírio, crença inabalável e impermeável a críticas e considerações racionais. À liberdade e à flexibilidade criativa do artista, seria contraposta a rigidez imutável do delírio. Mesmo assim, constatou-se que os loucos também criam.

No início do século XX, a produção de doentes mentais internados em grandes asilos e instituições psiquiátricas europeias começou a ser notada e valorizada por críticos e conhecedores de arte. Haveria uma essencial diferença entre a arte produzida pelos doentes mentais e aquela realizada por criadores reconhecidos como artistas pelo grupo social ao qual pertencem?

---

1   Publicado no "Caderno 2", do jornal *O Estado de S. Paulo*, em 10 de novembro de 2012.

A questão é interessante, pois a produção dos doentes mentais nasce distante de qualquer conhecimento dos pressupostos estéticos estabelecidos, e seus autores não têm pretensão de cunho artístico, querem simplesmente expressar de forma visual seus estados mentais, as ideias e os afetos presentes em suas mentes. O curioso disso tudo é que, agindo assim, por um lado, alguns criam soluções plásticas de grande apuro formal; por outro, expressam com frequência elementos míticos dos quais eles mesmos não tinham conhecimento, o que dá provas da universalidade dos conteúdos inconscientes da mente humana. Esse tipo de produção foi inicialmente chamado "arte psicopatológica". O caráter discriminatório dessa denominação foi reconhecido nos anos 1950 pelo pintor francês Jean Dubuffet, que o substituiu por *art brut*. Mais recentemente, em 1972, o crítico inglês Roger Cardinal propôs o termo *outsider art*, de abrangência maior, pois nele se pode incluir várias outras manifestações excluídas do mercado convencional de arte.

Um bom exemplo dessa questão é a obra de Arthur Bispo do Rosário, exposta na Bienal de Artes de São Paulo. Sua visão provoca um choque no observador e remete, irrevogavelmente, à sua biografia, às condições pessoais em que a produziu, isto é, a loucura, o confinamento institucional, a limitação de recursos. Expressão direta de seu delírio, a obra tinha para ele mesmo a função utilitária de ajudá-lo no fim dos tempos, ocasião em que se encontraria com Deus e lhe prestaria contas do mundo, daí seu caráter inventariante.

É fácil rastrear na obra os vestígios da psicose. A fragilidade e a desestruturação de seu psiquismo, que se evidenciam na falência de sua identidade, reconstruída delirantemente no registro místico e megalomaníaco, estão presentes em muitas de suas criações. A compulsão a ordenar e classificar os elementos materiais a sua volta remeteria ao desejo de superar o caos interno de sua vida mental. Mais tocante é o grupo de objetos revestidos por fios, os bordados e a escritura em tecidos. Entre várias interpretações possíveis – como cobrir a "nudez" dos objetos ou protegê-los contra a destrutividade –, prefiro pensar que o revestimento representa defesa simbólica para um ego que ameaça desfazer-se, desorganizar-se, dissolver-se, e que, portanto, precisa ser protegido, contido, nem que seja por essa pobre armadura fabricada com tênues fios. Quem sabe, dotado assim de uma pele ou casca que o deixe mais firme e consistente, esse ego consiga resistir melhor às intempéries da vida.

O bordar imagens e palavras me fazem pensar em sua tentativa de fixar sentidos, sinais e signos que ameaçam escapar e desaparecer. As catalogações e descrições de objetos parecem indicar a necessidade de recolher e firmar o evanescente significado das coisas, em um incansável trabalho de tecer e bordar, para prendê-lo de forma mais concreta e confiável do que a mera escrita em papel poderia oferecer. Uma batalha sem tréguas que visa reter os restos de uma realidade assolada por grandes ondas de delírio. É como se Bispo se agarrasse com desespero aos objetos que produzia para manter-se minimamente lúcido, para não soçobrar de vez no mar da insanidade. O observador capta, na obra, a dimensão trágica dessa luta pela sobrevivência psíquica. Nela há um comprometimento total, a expressão de algo imprescindível, urgente, uma torrente que não pode ser impedida de fluir.

Confrontado com a criação de Bispo e o contexto da Bienal, fica difícil não concordar com um comentário de Dubuffet sobre a *art brut*:

> *Aqueles trabalhos criados a partir da solidão e de impulsos criativos puros e autênticos – nos quais as preocupações com a competição, o reconhecimento e a promoção social não interferem – são, justamente e por*

causa disso, mais preciosos do que a produção de profissionais. Depois de alguma familiaridade com essas manifestações de febril exaltação vivida tão completa e intensamente por seus autores, não podemos evitar o sentimento de que, em relação com estas obras, a arte cultural em sua totalidade se assemelha a um jogo de uma sociedade fútil, um falacioso desfile.[2]

De fato, percorrendo as demais dependências da Bienal, são percebidas as consonâncias da obra de Bispo com parte da produção atual, mas não se encontra com facilidade a gravidade e a intensidade impostas por ele à sua criação. Pelo contrário, há uma impressão geral de que a criação artística assume uma faceta lúdica, virou uma piada contada à exaustão. Se essa atitude desmistifica a excessiva reverência que cerca a "grande arte", levada ao exagero ela cai no erro oposto, isto é, a avacalhação generalizada de todos os referenciais, a superficialização temática, a autocomplacência e autocondescendência do artista que cria *gadgets*, bugigangas e quinquilharias, aos quais atribui valor estético e profundidade conceitual que dificilmente se justificam e não se sustentam, a não ser como sintomas de um momento cultural de completa anomia.

Para mim, a obra de Bispo propõe um enigma difícil de decifrar: quanto do forte impacto por ela causado decorre de sua conotação "psicopatológica" e quanto se deve a suas intrínsecas qualidades artísticas?

---

2 Disponível   em: <http://www.pbs.org/wgbh/roadshow/fts/tucson_200601A10.html>. Acesso em: 5 maio 2017.

20. Política e mentiras[1]

Acontecimento da maior importância para o avanço de nossas instituições republicanas e democráticas, o julgamento do mensalão pelo Supremo Tribunal Federal (STF) se encaminha para a finalização dos procedimentos.

Acostumado a governar sem entraves, o PT não contava com esse inesperado revés. Atônito, esboçou um ataque direto ao STF e recuou, concentrando esforços nas eleições. A vitória – especialmente em São Paulo – supostamente atenuaria os estragos causados pela condenação. Parece difícil que a eventual vitória nas urnas tenha esse efeito. Ganhando ou perdendo as almejadas prefeituras, o partido necessitará de uma estratégia para lidar com o devastador efeito do julgamento, sendo que não são muitas as alternativas à sua disposição. Uma delas seria o acatamento às decisões do STF, a aceitação das condenações e das devidas penas, motivo para uma ampla reflexão sobre a forma como tem conduzido o governo. Ao

---

1   Publicado no "Caderno 2", do jornal *O Estado de S. Paulo*, em 27 de outubro de 2012.

que tudo indica, tal encaminhamento é pouco provável. Persistirá a negação pura e simples do mensalão? Continuará a tentativa de substituir os fatos sobejamente apurados por artefatos fictícios, o imaginado complô engendrado pela "direita", pela "elite", pela "imprensa comprada"? Será possível manter essa postura? Por quanto tempo e a que custo?

Há pouco, Fernando Gabeira comparou neste jornal a tática usada por Luiz Inácio Lula da Silva e outros próceres do PT, que insistiam em afirmar que o mensalão nunca existiu, à moda de Paulo Maluf, que, contra todas as evidências, continua negando ter dinheiro em contas no exterior. Em ambos os casos, há um deliberado ataque à verdade e sua substituição por uma mentira mais adequada a seus propósitos.

Tal prática é de rigor nos regimes totalitários, mas não apenas neles. A mentira parece ser intrínseca à prática política e fica muito explícita na época das eleições, quando candidatos fazem promessas mirabolantes, das quais têm plena consciência que jamais teriam condições de cumprir. Atualmente, a situação fica ainda mais complicada quando lembramos que as campanhas seguem modelos advindos da publicidade comercial, que vende políticos como produtos para consumo.

Essa importante questão é examinada em toda sua complexidade por Jacques Derrida em "História da mentira: prolegômenos".[2] Antes de abordar sua incidência no campo da política, o autor deixa de lado o enfoque moralista e se estende sobre a mentira como uma contingência humana, indissociável das práticas sociais, discriminando-a do erro e da ignorância, caracterizando-a como o

---

2   Disponível em: <http://www.revistas.usp.br/eav/article/view/8934/10486>. Acesso em: 19 abr. 2017.

deliberado empenho de enganar o outro e levantando a questão de cunho psicanalítico sobre a possibilidade de mentir a si mesmo, o autoengano. Não é possível resumir a amplitude do raciocínio de Derrida, assim, atenho-me a apontar alguns itens do roteiro empreendido por ele na abordagem do tema. Partindo de um texto de Friedrich Nietzsche, que especula se existe um mundo "verdadeiro" em oposição a um mundo "de mentira", Derrida comenta as ideias de Platão, Santo Agostinho, Immanuel Kant, Benjamin Constant, Alexandre Koyré e Hannah Arendt sobre a mentira, ilustrando os argumentos com vários exemplos da história política recente.

De Hannah Arendt, Derrida examina com detalhe "Truth and politics",[3] um artigo escrito para a revista *The New Yorker*, em 1967, cujo disparador foi a controvérsia gerada por sua reportagem que deu origem ao livro *Eichmann em Jerusalém*.[4] Ali, mostra a insuperável tensão entre o poder e a verdade, da qual decorre a importância da mentira no discurso político:

> *As mentiras sempre foram consideradas instrumentos necessários e legítimos, não somente do ofício do político ou do demagogo, mas também do estadista. Por que será assim? O que isso significa quanto à natureza e dignidade do campo político por um lado, quanto à natureza e dignidade da verdade e da boa-fé por outro lado?*[5]

---

3   Em inglês, o artigo pode ser encontrado na internet. No Brasil, com o título "Verdade e política", foi publicado como capítulo do livro *Entre o passado e o futuro* (São Paulo: Perspectiva, 1972).

4   Publicado no Brasil pela Companhia das Letras, em 2008.

5   Apud Jacques Derrida. História da mentira: prolegômenos. *Estudos Avançados*, São Paulo, v. 10, n. 27, p. 7-39, 1996. p. 11.

116   POLÍTICA E MENTIRAS

Arendt acredita que, na modernidade, teria havido uma muta-
ção na história da mentira, pois esta se tornou "completa e definitiva" no campo político, tendo chegado a um extremo que transforma a própria história em mentira absoluta. Ela continua:

> *A possibilidade da mentira completa e definitiva, que*
> *era desconhecida em épocas anteriores, é o perigo que*
> *nasce da manipulação moderna dos fatos. [...] A tradi-*
> *cional mentira política, tão proeminente na história da*
> *diplomacia e dos negócios de estado, costumava dizer*
> *respeito ou a verdadeiros segredos – dados que nunca*
> *haviam sido expostos ao público – ou intenções [...] Ao*
> *contrário, as mentiras políticas modernas lidam efi-*
> *cientemente com coisas que definitivamente não são*
> *segredos e sim conhecidas praticamente por todos. Isso é*
> *óbvio no caso em que se reescreve a história contempo-*
> *rânea na frente daqueles que a testemunharam.*[6]

A relação da mentira com a política apontada por Arendt não
deve ser entendida como uma depreciação definitiva da prática
política. Para a autora, como sublinha Derrida:

> *[...] entre mentir e agir, agir em política, manifestar a*
> *própria liberdade pela ação, transformar os fatos, an-*
> *tecipar o futuro há como que uma afinidade essencial.*
> *[...] A imaginação é a raiz comum à "capacidade de*
> *mentir" e à "capacidade de agir". [...] A mentira é o*
> *futuro, podemos nos arriscar a dizer para além da le-*
> *tra, sem trair a intenção de Arendt nesse contexto. Ao*
> *contrário, dizer a verdade é dizer aquilo que é ou terá*

---

6   Idem, p. 12.

sido, seria antes dizer o passado. [...] Há uma afinida-
de inegável da mentira com a ação, com a mudança
do mundo, ou seja, com a política.[7]

Essa visão da onipresença multifacetada da mentira nas relações humanas e, especialmente, na política não retira dela a conotação perversa, muito menos anula a necessidade radical de con-
trapô-la à verdade, mostra apenas que essa não é uma tarefa de
pouca monta.

Fora de seu rico contexto e denso embasamento, as ideias de
Arendt e Derrida talvez pareçam esquemáticas e simplistas, o que
seria uma impressão equivocada. Elas apresentam formas pelas
quais o poder é exercido, o que nos ajuda a vê-lo de forma mais
adulta e realista. Quem sabe as citações sirvam de estímulo à leitura desses dois textos fundamentais.

---

7   Jacques Derrida. História da mentira: prolegômenos. *Estudos Avançados*,
São Paulo, v. 10, n. 27, p. 7-39, 1996. p. 33.

21. Mandar ou obedecer[1]

À primeira vista, pode-se pensar que chegar ao poder e usufruir de suas benesses sejam desejos universais compartilhados por todos. Sigmund Freud não pensava assim. Para ele, muitos gostam de obedecer a ordens e poucos são os que querem a posição de liderança e exercer o mando. Uma explicação possível seria o desejo de reconstituir a situação infantil, na qual pais fortes e poderosos tomam decisões, cuidam, protegem e amam os filhos em um ambiente seguro por eles construído. A maioria ocupa inconscientemente o lugar de filhos indefesos. A minoria, que gosta de mandar, está identificada com os pais poderosos e, assim, não tem medo de assumir e exercer o poder.

Além de se apoiarem, é claro, em um forte aparelho repressivo que garante pela violência a imposição de suas deliberações, os regimes totalitários e as ditaduras contam com a secreta anuência das massas alienadas nessa posição infantil, motivo pelo qual, pra-

---

1   Publicado no "Caderno 2", do jornal O *Estado de S. Paulo*, em 2 de outubro de 2012, sob o título "Eleições".

zerosamente, se deixam guiar pelo *Führer* (Hitler), pelo "Paizinho" (Stalin), por generais, aiatolás e outras figuras que ostentam de forma excessiva as insígnias paternas, ultrapassando os limites do grotesco, do caricato.

Por ter raízes inconscientes, esse desejo das massas permanece inalterado mesmo nas democracias, apenas se expressando de outra forma em virtude das fundamentais diferenças entre os regimes. Nas democracias, os "pais" não se impõem pela força bruta. Chegam ao poder por meio de um cuidadoso processo de sedução, no final do qual são "escolhidos" pela massa.

Em nossos dias, a propaganda política adota as técnicas de vendas próprias da sociedade de consumo. Nas campanhas eleitorais, as propostas de governo passam a ter um peso relativo, pois o que importa são as sondagens de opinião pública. Por meio delas, os candidatos descobrem os desejos, as expectativas e as fantasias do eleitorado e moldam suas imagens e seus projetos de modo a satisfazer tais anseios. Instala-se um circuito especular, no qual o eleitor termina por escolher uma figura fictícia criada por ele mesmo, uma construção imaginária, um ideal.

Constatamos que o processo democrático não é regido exclusivamente pela suposta e desejada racionalidade, seus procedimentos são infiltrados pela irracionalidade dos desejos inconscientes. Como vimos, a própria disposição para participar ativamente nos processos democráticos esbarra no desejo infantil de obedecer e cumprir ordens, que vai condicionar também a escolha dos que vão ocupar o poder. A isso se acrescenta os engodos criados pela imagem dos candidatos, plasmada pelas pesquisas de opinião. A fantasia inconsciente também pode comprometer a elaboração dos programas de governo e das leis a serem estabelecidas, afastando-os do razoável ou da realidade, com resultados danosos para todos.

A irracionalidade dos elementos inconscientes que permeiam os processos democráticos é um problema que não deve ser negado, tampouco deve surpreender ou assustar. Tal irracionalidade é uma característica inerente do ser humano e pode manifestar-se em todos os seus atos. É justamente tomando consciência dessa peculiaridade e analisando os fatores que a desencadeiam que podemos combatê-la com os recursos racionais dos quais também dispomos. Apenas assim teremos eleitores maduros e responsáveis, cientes de terem delegado temporariamente a seus representantes um poder do qual deverão prestar conta em determinado momento, não sendo figuras paternas que vão assumir definitivamente a gestão da coisa pública.

É por reconhecer a democracia como a forma mais avançada de organização política já alcançada que se faz necessário defendê-la, aperfeiçoá-la, procurando sanar essas e demais dificuldades que a constranjam, visando deixá-la mais forte e resistente contra seus inimigos. Entre esses inimigos, é necessário mencionar a plutocracia, que corrompe e perverte os procedimentos democráticos ao financiar representantes que defendem seus interesses, quase sempre contrários aos da sociedade como um todo.

Vejo-me pensando nas vicissitudes da democracia em meio ao processo eleitoral para a prefeitura de São Paulo, quando se arma uma espécie de batalha do Armagedom entre PT e PSDB, dois partidos que, por seu ideário, poderiam ter somado suas forças no final da ditadura, mas que, em um típico episódio de narcisismo das pequenas diferenças, voltaram as costas um para o outro e se aliaram ao mais retrógrado e arcaico do panorama político do país. A disputa pela prefeitura adquire uma dimensão simbólica em função da histórica atuação do STF na condenação de réus do mensalão. Perplexo, o PT volta-se para a conquista de São Paulo como uma forma de resgatar um pouco da autoestima.

22. Ficção e realidade em Philip Roth[1]

Coleman Silk, um professor universitário norte-americano, constatando que dois alunos faltam sistematicamente a suas aulas a ponto de jamais os ter visto, pergunta à classe quem são aqueles *spooks* (fantasmas) que nunca apareciam. Como os dois alunos eram negros, a irônica e descompromissada pergunta do professor foi entendida por outros alunos do *campus* como uma manifestação de racismo, pois a palavra *spook* tem outro significado fortemente ofensivo para os afrodescendentes. O simples incidente letivo é transformado em evento político, destruindo a vida pessoal e profissional do professor.

A história prossegue, adquirindo tinturas de tragédia grega. O professor tinha um segredo desconhecido por todos que termina por ser revelado. Filho de negros, ele se fizera passar por judeu e branco, já que a cor de sua pele permitia tal comportamento. Assim, o que até então parecia ser uma acusação injusta e despropositada,

---

1 Publicado no "Caderno 2", do jornal *O Estado de S. Paulo*, em 29 de setembro de 2012.

124   FICÇÃO E REALIDADE EM PHILIP ROTH

fruto de radicalismos políticos, transforma-se na punição do destino a um filho que renegou os pais e sua origem e assumiu uma identidade falsa. Em linhas gerais, essa é a trama de *A marca humana* (*The human stain*), de Philip Roth.[2]

Importantes críticos e resenhadores norte-americanos pensaram que a história de Coleman Silk, o personagem de Roth, teria sido inspirada na vida de Anatole Broyard, respeitado jornalista literário e figura de relevo no mundo intelectual nova-iorquino nos anos 1960 e 1970, que tinha uma história semelhante: era um negro que se fazia passar por branco.

Tais dados foram publicados pela Wikipédia na página sobre o livro. Roth solicitou a correção da informação, declarando que construíra seu personagem baseado em episódios da vida de um amigo, Melvin Tumin, que fora professor de direito em Princeton por trinta anos. Os responsáveis pela Wikipédia não aceitaram a explicação de Roth, alegando que o fato de ser ele o autor da obra não lhe dava a última palavra sobre o assunto e que deveria procurar depoimentos de terceiros que o apoiassem. Inconformado, Roth escreveu no último dia 7 uma carta aberta ao *The New York Times*, falando sobre o assunto.

À primeira vista, pode parecer que não importa se a crítica atribui tal ou qual origem para os personagens fictícios de uma obra e não se entende por que Roth se preocupa tanto com o assunto. De fato, para o leitor comum, não interessa saber se o personagem Coleman Silk foi baseado na vida de Tumin ou na de Broyard. Sua apreciação do romance não depende disso, mas sim do talento com o qual Roth construiu seu personagem. Entretanto, a especulação das fontes de um romance traz à cena importantes

---

2   Publicado pela Companhia das Letras, em 2002.

questões literárias sobre o ato da escrita, o poder do autor sobre sua obra, os processos da criação e a relação entre realidade e ficção.

Em sua longa carta, Roth diz que não poderia ter se inspirado em Broyard porque só o conhecia superficialmente, o que não acontecia em relação a Tumin, de quem era íntimo. Esse é um argumento pouco convincente, que só se sustentaria se Roth estivesse escrevendo uma biografia, na qual é imprescindível pesquisa dos dados históricos reais e objetivos. Na ficção, o que vale é a verossimilhança, não a verdade fática. Frequentemente, os personagens nascem de uma colagem de características de vários modelos reais, a que o escritor acrescenta elementos de sua imaginação, dando-lhe a feição final.

Parece-me que os responsáveis pela Wikipédia estão corretos em contestar a soberana autoridade que Roth arroga para si como autor ao falar de seu livro. O autor não pode controlar a leitura de sua obra, estabelecer o que dela pode ser depreendido, como deve ser entendida. O texto jamais será fiel aos limites por ele fixados, dirá sempre mais ou menos daquilo que seu criador pretendia, pois, para produzi-lo, lançou mão de recursos conscientes e inconscientes. Isso significa que o próprio autor não tem domínio absoluto sobre o que escreve, pode expressar inadvertidamente elementos que só serão detectados por um terceiro (criptomnésias, apropriações involuntárias de histórias, trechos, estilos de outros escritores etc.), como costuma ocorrer com conteúdos inconscientes no discurso, isto é, os atos falhos e os lapsos são percebidos pelo outro, e não por quem os comete.

É evidente que o autor sabe das fontes conscientes que o inspiraram. O problema é que vai reconhecê-las ou não publicamente em função de um complicado contexto, pois está em jogo o que talvez seja o elemento mais delicado da criação literária: a complexa

126   FICÇÃO E REALIDADE EM PHILIP ROTH

mistura de elementos da realidade com a imaginação criativa do escritor. Dessa fusão resulta algo único e novo, um texto original.

O escritor é um saqueador de histórias. Porém, ao contrário do *paparazzo* ou do colunista de fofocas de celebridades, não tem como objetivo precípuo a exposição da privacidade alheia, não faz da indiscrição maldosa sua meta. Na banalidade ou estranheza das histórias que recolhe, consegue divisar um filão secreto – o veio sagrado da vida, do sinuoso movimento do tempo, das forças maiores que se abatem sobre a fragilidade do homem – e daí cria uma peça que dá testemunho do inefável acontecimento da existência.

O fato aparentemente estranho de que Tumin e Broyard compartilhem uma história tão inusitada é fácil de entender. Naquela ocasião, não eram os únicos a se encontrar nessa difícil posição. Durante a Segunda Guerra Mundial, as forças armadas norte--americanas mantinham uma rígida divisão étnica, e muitos negros de pele clara alistaram-se como brancos, usufruindo de regalias negadas a soldados negros. No final da guerra, eles não quiseram retomar a condição social inferior à qual a segregação os relegava e mantiveram a falsa identidade. Calcula-se que cerca de 150 mil homens fizeram tal escolha, rompendo de forma completa com o passado e a família, iniciando vida nova em uma condição que, seguramente, lhes cobrava um insuportável custo emocional. Esse fato revela bem a amplitude do problema e a rigidez do racismo norte-americano no período anterior à luta por direitos civis.

A carta de Roth foi incorporada pela Wikipédia na página referente ao livro, bem como os comentários da filha de Broyard contestando a afirmação que Roth faz de nunca ter ido à casa de seu pai, pois se lembra de tê-lo visto ali, quando criança. Mesmo assim, ela reconhece a Roth o direito, enquanto autor, de ocultar suas fontes, se, por razões particulares, assim o preferir.

23. *Cabeça de Medusa,* de Caravaggio[1]

Como expor obras-primas? Como educar o grande público para a importância do inestimável acervo artístico-cultural guardado nos museus? Como transmitir para as novas gerações esse legado e fazer com que o respeitem, admirem, preservem para as que virão no futuro? Questões centrais que ocupam curadores e museólogos e que me vieram à cabeça ao ingressar na soturna montagem da exposição de Caravaggio.[2]

Seria realmente necessária aquela solenidade sombria, que evoca o temor reverencial com o qual se ingressa em lugares sagrados? Seria a melhor forma de facilitar o contato do público com as obras? Não se estaria criando uma mistificação que intimida,

---

1   Publicado no "Caderno 2", do jornal *O Estado de S. Paulo*, em 15 de setembro de 2012.

2   Exposição *Caravaggio e seus seguidores*, do Museu de Arte de São Paulo (Masp), de 1º de agosto a 30 de setembro de 2012.

afasta e inibe qualquer proximidade afetiva com o mundo mental do artista e o talento com que soube representá-lo? Seria assim a construção de uma ponte entre o gênio do barroco italiano e os adolescentes de países em desenvolvimento, que, provavelmente cumprindo obrigações escolares, vão ali para vê-lo?

Cabeça de Medusa (1597), Caravaggio, Galleria degli Uffizi.

Com seus ares funéreos, a exposição não celebra o mistério da criação presente na obra de um grande artista, que deveria ser motivo de regozijo para todos nós, na medida em que aponta para a vida e o triunfo do gênio humano sobre a destruição e a morte. É certo que obras antigas e valiosas, como as de Caravaggio, devem ser protegidas contra uma iluminação inadequada ou excessiva, mas isso não justifica o clima lúgubre da mostra. De qualquer forma, não se pode negar que é um privilégio poder ver quadros tão representativos.

Particular interesse despertou-me *Cabeça de Medusa*. Uma das três irmãs górgonas, Medusa tinha serpentes como cabelos e seu aspecto aterrador petrificava quem a olhasse. Contando com a ajuda dos deuses, Perseu a matou e decapitou. A cabeça de Medusa manteve o poder de aterrorizar e, com esse fim, foi usada por Perseu contra seus inimigos até o momento em que a ofertou à deusa Atena, que a colocou em seu escudo, deixando-o ainda mais eficaz. Foi na condição de decapitada e aposta ao escudo de Atena que Caravaggio escolheu representar Medusa, e não no vivo exercício de sua monstruosidade.

Embora conhecesse a pintura por reproduções, ao vê-la diretamente, notei algo que até então me passara despercebido: a expressão aterrorizada de Medusa, oposta à expressão aterrorizadora que deveria exibir e que era a que eu esperava. Essa considerável mudança de perspectiva me levou a pensar que Medusa não só aterrorizava os que a olhavam como também ela se horrorizava consigo mesma. Ao contrário dos seres que se comprazem com a própria maldade, exercendo-a sem conflitos nem impedimentos, Medusa teria consciência de sua monstruosidade e se assustava com ela. Assim como há grandes criminosos e psicopatas que não se abalam com seus próprios atos execráveis, existem outros que não conseguem deixar de realizar coisas que eles mesmos consideram como condenáveis, o que os joga em abismos de culpa. Medusa estaria nessa categoria. Ao pintá-la assim, Caravaggio lhe dava uma dimensão psíquica mais rica e ambígua.

No entanto, logo lembrei que a Medusa de Caravaggio é a do escudo de Atena, ou seja, morta e decapitada. Então, aquela expressão aterrorizada em seu rosto não provinha apenas da consciência da própria monstruosidade. Estava em jogo também o encontro com a morte, ao ser decepada por Perseu.

Caravaggio propôs uma Medusa aterrorizada e não aterradora, mais próxima da humanidade, com ela compartilhando o medo da morte. Como mesmo aterrorizada mantém seu poder de aterrorizar, tal poder derivaria não tanto da monstruosidade que a distancia dos homens, mas daquilo que a aproxima da humanidade, o pavor da morte, comum a todos os mortais.

Enquanto divagava sobre as razões que teriam levado Caravaggio a pintar Medusa com tais características, mantinha em mente a clássica e engenhosa interpretação de Freud sobre esse assunto. Para ele, o pavor provocado pela visão da cabeça de Medusa reside no complexo de castração.

As crianças elaboram teorias para explicar as diferenças anatômicas entre os sexos. Partem do princípio de que todos os adultos, homens e mulheres, têm um falo. Não se importam com o fato de que muitas delas – as meninas – não o exibirem, pois acreditam que, se não está visível, é porque – como os dentes, que antes não existiam em suas bocas e em determinado momento apareceram – o falo ainda não surgiu. Essa crença desmorona de forma traumática quando se deparam com o genital de uma mulher adulta, habitualmente a mãe. A constatação da ausência do falo não é entendida como algo natural, mas como efeito de uma castração, o que dá a essa visão uma conotação aterrorizante.

É justamente a visão traumática do genital "castrado" da mãe, o terror de ver a ausência do falo, o que o mito da cabeça de Medusa simboliza, usando determinados mecanismos inconscientes. Em primeiro lugar, há o chamado "deslocamento para cima" – experiências sensoriais e afetivas fortemente carregadas que ocorrem abaixo da linha da cintura, ou seja, na região sexual, são deslocadas para regiões "indiferentes" acima da cintura, como o rosto. Dessa maneira, a face passa a representar os genitais e os cabelos – no caso de Medusa, as serpentes – representam os pelos característicos daquela região do corpo. Em segundo lugar, se a visão aterradora foi a ausência do falo no corpo da mulher, a cabeça de Medusa oferece uma transformação no oposto: vê-se uma grande quantidade de falos-serpentes afirmando não ser verdade que a mulher não tem falo, pois ela os tem em quantidade. Ainda assim, o fato de ser uma cabeça decapitada faz retornar o reprimido, a temida e negada castração. A petrificação causada pela visão da cabeça tem um duplo significado. Por um lado, representa a ameaça de morte com a qual a castração é equiparada, mas também simboliza o contrário, pois evoca a ereção, temerária reafirmação do pênis em desafio à castração.

Sob esse prisma, as observações anteriores adquirem outra conotação, pois, se Medusa aterroriza os homens ao lembrar a castração, isso não impede que ela mesma, enquanto mulher, fique aterrorizada em se ver "castrada", para sempre enredada na inveja do pênis. Assim, a compreensão freudiana de *Cabeça de Medusa* é um belo exemplo da interpretação de conteúdos inconscientes presentes em mitos e obras de arte, disfarçados por processos simbólicos.

24. Delírios e ideologia na Noruega[1]

Semana passada, o extremista norueguês Anders Breivik, que em julho de 2011 praticou dois atentados sucessivos nos quais matou 77 pessoas e feriu outras 242, foi considerado "legalmente são" pela corte de Oslo e, como tal, condenado à pena máxima daquele país: confinamento por 21 anos.

A pergunta que imediatamente ocorre a qualquer um é: como se pode afirmar que não é louco alguém que comete um ato como aquele? A dúvida atinge não apenas o público leigo, pois mesmo os especialistas discordaram do diagnóstico de Breivik.

Em novembro de 2011, um grupo de peritos o diagnosticou como um caso de esquizofrenia paranoide. Mais recentemente, outro grupo afirmou que, mesmo tendo diversos transtornos e sintomas, Breivik não era um psicótico, sendo capaz de avaliar as consequências de seus próprios atos, opinião que prevaleceu no julgamento.

---

1   Publicado no "Caderno 2", do jornal *O Estado de S. Paulo*, em 1º de setembro de 2012.

Para entender a discordância entre os peritos, imaginemos duas situações. A primeira mostra Breivik tomado pela ideia de que determinadas pessoas são clones de seres humanos controlados por alienígenas, que os usam como espiões visando a uma futura invasão de nosso planeta. Convencido de que a Terra pode ser destruída pelos extraterrestres, Breivik se sente na obrigação de lutar contra essa ameaça e mata seus agentes. Na segunda situação, acreditando que a Noruega corre o perigo de perder sua identidade nacional, ameaçada pelo multiculturalismo, política alimentada por marxistas que não se importam com o crescimento da "Eurábia" (termo usado por radicais de direita ao se referir a uma temida islamização da Europa), Breivik executa uma ação "cruel, mas necessária", para alertar a todos do perigo e convocar os tíbios à luta.

Observa-se que a estrutura das duas ideias é semelhante. Há um suposto perigo a ser combatido e a disposição para exercer a punição e eventual eliminação dos que o provocaram. Porém, há uma diferença importante. No primeiro caso, configura-se um delírio, isto é, um sistema de crenças não compartilhadas coletivamente e que se afastam do que é considerado como realidade. Nessa hipótese, Breivik não poderia ser legalmente responsabilizado por seus atos. No segundo, Breivik apresenta convicções ideológicas, ou seja, sistemas de crenças que, correspondendo ou não à realidade, são compartilhados por uma considerável parcela da população da Noruega e da Europa. Dessa maneira, suas ideias não são consideradas delirantes e ele é responsabilizado pelos atos delas decorrentes.

Por serem sistemas de crenças, delírios e ideologias não são de fácil discriminação. Algumas crenças delirantes logo evidenciam uma distância da realidade e do senso comum, o que nem sempre ocorre com as ideológicas. Não poucas vezes, mostram-se tão fantasiosas e imaginárias quanto os delírios e só não são reconhecidas como tal por serem amplamente compartilhadas por um grupo social, como ilustram as ideologias políticas e religiosas.

A realidade se impõe brutalmente por meio da morte, da doença, das grandes catástrofes, do acaso, acontecimentos impossíveis de serem negados. No entanto, quando transcorre suave e corriqueira no dia a dia, a realidade pode ser negada, o que fazemos regularmente e com variada intensidade, porque a envolvemos com crenças delirantes ou ideológicas, com o objetivo de melhor satisfazer nossos desejos conscientes e inconscientes, refutando tudo aquilo que nela se opõe a eles. Por isso, o recurso de aferir a veracidade de delírios e ideologias contrastando-os com a realidade, à qual supostamente se referem, nem sempre é confiável. É difícil usar a realidade como padrão de objetividade e verdade, pois só a vemos de forma distorcida, por meio das lentes de nossos desejos.

As ideias que comandaram os atos de Breivik – a islamofobia, o racismo, o preconceito – não foram consideradas loucas por serem socialmente compartilhadas. Entretanto, persiste a dúvida: tal ideologia é "normal" ou é, de fato, um delírio socialmente compartilhado, como foi a ideologia nazista para o povo alemão? Transcendendo a decisão jurídica sobre a imputação e a sentença, um caso como o de Breivik levanta uma questão maior sobre assassinato: é "normal" um homem matar seu semelhante ou é sempre um ato "louco"?

Para vivermos em sociedade, temos de abrir mão de nosso narcisismo primordial, que nos faz crer na onipotência e na completude. É um longo caminho a ser trilhado para que se chegue a aceitar as limitações, as incapacidades, a inveja em relação ao outro, a necessidade de conter os desejos agressivos e eróticos em prol do bem de todos. Afastadas todas as racionalizações, em última instância, o assassinato decorre da persistência do narcisismo mais primitivo, da intolerância diante do outro que, pelo simples fato de existir, impõe restrições a minhas pretensões de tudo ser, ter e poder, e que, por isso, deve ser eliminado. Dessa forma, psicanaliticamente, o assassinato é sempre um ato louco, insano, psicótico, a não ser quando exercido em legítima defesa – importante e inevitável exceção.

Individual, em massa, punido pela lei ou por ela exigido (como ocorre durante guerras, quando se deve eliminar o "inimigo"), o assassinato é a evidência mais extremada de agressividade e destrutividade inerentes ao ser humano. Diante delas, só nos resta tentar domá-las, contrabalançá-las com as pulsões de vida, com criatividade, com Eros.

É imprescindível abandonarmos a fórmula projetiva "eu sou bom e ele é mau" e adotarmos outra mais realista e integradora, que aponta que a maldade, a agressão e a destrutividade estão dentro de cada um de nós e devemos controlá-las e neutralizá-las com as forças construtivas das quais também dispomos.

25. Comprando roupas[1]

Desde que se conheceram, meu amigo e sua futura esposa concordaram que não se deixariam levar pela propaganda e ignorariam datas como dia dos namorados, dia das mães, dia dos pais. Isso não significava que não gostassem de dar e receber presentes. Eram pródigos em gestos de carinho e demonstrações de amor entre eles e os amigos. Porém, obedeciam a um ritmo próprio, íntimo, específico de cada relacionamento, apartados das grandes e obrigatórias efusões impostas pelo mercado.

Esse acordo funcionou até a época em que os filhos foram para a escola. Por que os coleguinhas davam presentes de dia das mães e dos pais e eles não?, perguntavam perplexas as crianças, sem entender tal anomalia. Meu amigo e a mulher repensaram a questão e concluíram que não deveriam ser radicais em suas convicções. Eram grandes as pressões do consumo, e seus filhos não deveriam ser penalizados pelas escolhas ideológicas que fizeram. Não era um grande problema, em nada abalava seus princípios mais prezados.

---

1 Publicado no jornal *O Estado de S. Paulo*, em 18 de agosto de 2012.

Passaram, então, a comemorar o dia dos pais, das mães e outras efemérides marcadas pelo calendário escolar dos filhos.

Isso ocorreu tempos atrás. Relembro tudo isso agora, enquanto tomamos café no *shopping*, onde nos encontramos por acaso. Meu amigo está ali com a mulher para comprar as roupas que ela lhe dará de presente no dia dos pais.

O problema é que ultimamente lhe tem sido cada vez mais difícil comprar roupas. Ficava pouco à vontade com vendedores e vendedoras. Eles logo perguntavam seu nome e passavam a lhe tratar como se fossem velhos conhecidos, amigos de infância. Ficava irritado com aquela atitude artificial e forçada. Se os vendedores imaginavam que daquela forma o comprador ficaria mais relaxado e abriria com maior facilidade os cordões de sua bolsa, estavam completamente enganados. O efeito que lhe produzia era o oposto. Fazia-o sentir-se bobo, um otário sendo enrolado por espertalhões. O pior é que não adiantava ir a outra loja, pois todas usavam essa mesma técnica, o que o fazia pensar que ela devia ser muito eficaz com a maioria dos fregueses.

Se ele se sentia desconfortável na loja de roupas por esse motivo, acreditava que, por razões diversas, esse sentimento era compartilhado com muitos outros homens e mulheres. Percebia que alguns compravam a primeira coisa que lhes caía nas mãos e saíam correndo da loja. Outros passavam horas escolhendo peças, em uma interminável indecisão que enlouquecia – bem feito! – os vendedores. E tinha ainda aqueles que compravam compulsivamente suas roupas em grandes quantidades, deixando-as nos armários, sem nunca as usar.

Meu amigo tinha elaborado uma teoria sobre o assunto. Como vivemos sob a tirania da beleza, todos se veem obrigados a ter o corpo em ordem. As cirurgias estéticas consertam as evidências da pouca generosidade com que a natureza nos tratou e eliminam as marcas do envelhecimento. A televisão e as revistas mostram figuras jovens e belas a vender produtos, cuja aquisição supostamente nos deixaria tão jovens e belos quanto elas. Uma ficção na qual somos levados a acreditar e que se mantém até a ocasião em que compramos uma roupa.

Nesse momento da compra, cada um é obrigado a confrontar a ilusão de um corpo ideal, alimentada pela propaganda, com a realidade concreta de seu próprio físico. Fica, então, patente o descompasso, que pode ser grande, entre a aparência que gostaríamos de ter e aquela que temos de fato, a distância entre o ideal e o real. A anoréxica, que se recusa a comer para não engordar, dando com isso mostra da impossibilidade de reconhecer a realidade de seu corpo, perigosamente à beira da inanição, leva ao extremo essa dificuldade que, com maior ou menor intensidade, é bastante disseminada. Assim, a pessoa vê determinada peça na vitrine da loja e se dispõe a comprá-la a partir da imagem corporal que tem de si mesma. Ao provar a roupa, defronta-se com a concretude de sua compleição, que pode ou não ser compatível com a vestimenta escolhida.

A mulher de meu amigo, que até então ouvia calada a conversa, disse que naquele instante o papel do vendedor ou vendedora é fundamental. Pode reforçar a negação da realidade, dizendo ao comprador aquilo que ele quer ouvir, ou seja, que a roupa lhe cai muito bem, que ficou ótima em seu corpo, ou pode falar a verdade, ajudando-o a encontrar algo mais condizente com as características de seu físico. O problema é que os vendedores não são confiáveis, não estão prioritariamente preocupados com a adequação da roupa ao físico do comprador. Eles querem vender e ganhar a comissão. Talvez aí resida o diferencial entre uma loja que conquista fregueses fiéis e aquela que os perde – a instrução dada a seus vendedores para empurrar de qualquer jeito a mercadoria ao cliente ou ajudá-lo a encontrar uma peça adequada a sua realidade, mesmo que isso aborte a desejada venda.

Disse a meus amigos que concordava inteiramente com suas opiniões. Como estávamos discorrendo sobre a conduta dos compradores de roupas, perguntei-lhes se não havíamos esquecido um tipo oposto aos que até então examinávamos. Referia-me às pessoas "sem noção", aquelas que são vítimas da moda, que indiscriminadamente acreditam nas criações mais extravagantes dos figurinistas e saem pelas ruas sem atentarem para o ridículo com o qual se cobrem. Meu amigo respondeu que não era um caso muito diferente daqueles que havíamos discutido. Neste, seria apenas mais grave o grau de negação do próprio corpo ou a fragilidade psicológica que as levava a se curvar sem crítica à imposição dos vendedores.

A conversa já se espichara demais e eu ainda tinha de comprar minhas roupas. Despedi-me dos dois e, alertado pela conversa, saí preocupado, pensando como iria encarar a disparidade entre a secreta exigência apolínea de um corpo ideal e a dura realidade que o espelho e a numeração das roupas me obrigariam a aceitar.

26. Lembrando Hermann Hesse[1]

Tinha uns 18 anos e havia acabado de entrar na faculdade, quando encontrei, em um sebo de Fortaleza, um velho exemplar de *O lobo da estepe*. Na capa, um desenho *art déco*. Entre as páginas duras e amareladas, havia um encarte, "Só para os raros", que me fisgou.

Li fascinado e fiquei marcado por seus temas: a percepção agônica do lobo e do homem a se digladiarem no íntimo, o apelo da carne e a imposição de transcendê-lo, o desprezo pela mediocridade, o chamado para o alto, o amor à arte e à literatura, o abismo da morte, a busca da sabedoria.

Pouco tempo depois, os livros de Hermann Hesse estouravam com a contracultura dos anos 1960.

---

1 Publicado no suplemento "Sabático", do jornal *O Estado de S. Paulo*, em 8 de agosto de 2012.

Para mim, Hesse estará sempre ligado aos grandes arroubos românticos de juventude. Se o relesse agora, talvez o fizesse com o mesmo distanciamento nostálgico com que encaro velhas ilusões perdidas.

27. Mensalão, assunto incontornável / Pedido de socorro[1]

Nesta semana, o julgamento do mensalão pelo Supremo Tribunal Federal (STF) é assunto que se impõe de forma incontornável. Acontecimento que traçará rumos para nosso futuro, o que for definido ali mostrará se nossas instituições estão estabilizadas, com os três poderes agindo de forma independente, ou se continuamos um país atrasado, a encenar lamentáveis simulacros de democracia, impossibilitado de exercê-la plenamente.

Alguns não gostam quando se aponta para a divisão entre países desenvolvidos e subdesenvolvidos, preferindo esconder a disparidade com tranquilizadores eufemismos. Porém, é somente reconhecendo a diferença que podemos superá-la. Ufanismos patrióticos baratos e ingênuos são incutidos na população desinformada para proveito dos predadores que ocupam o poder.

---

1 Publicado no "Caderno 2", do jornal *O Estado de S. Paulo*, em 4 de agosto de 2012.

Os mais pessimistas – ou realistas? – acreditam que no julgamento vencerá a tese apregoada por Luiz Inácio Lula da Silva e adotada pelo PT. Como se sabe, o ex-presidente, ao defrontar-se inicialmente com as denúncias, pediu desculpas à nação e, alegando nada saber, como sempre fazia, se disse "traído". Ao constatar que a tormenta não o derrubara, esqueceu-se do que havia dito e passou a afirmar que o mensalão não acontecera, tudo não teria passado de uma maquinação golpista das "elites", difundida pela imprensa "burguesa e venal".

Para o comum dos mortais, a negação de uma realidade incômoda e sua substituição por uma versão mais conveniente é entendida como uma mentira, produto de deliberada má-fé que visa enganar o outro, ou como sintoma de determinadas patologias mentais, como a mitomania ou o delírio, que criam realidades paralelas e distantes dos acontecimentos objetivos. Entretanto, não é assim com os políticos. Para eles, essa é uma prática corriqueira, usual especialmente nos regimes totalitários. Ela se aproxima do antigo e resistente conceito de soberania, usado pelo poder sempre que quer impedir a discussão ou a crítica das indefensáveis arbitrariedades ou ilegalidades de seus atos. De certa forma, a veterana soberania é o oposto da moderna *accountability*, exigência, por parte da sociedade, de prestação de contas daqueles que foram colocados em posição de poder. Jacques Derrida diz que a soberania não deveria ser defendida nem praticada, mas sim analisada ou desconstruída, pois assim é revelado seu caráter narcísico e onipotente, que induz a danosas consequências. Ao final do julgamento do mensalão, terá sido dado um passo decisivo em nossa história. Por isso, há uma grande expectativa no ar. E um temor.

* * *

A foto em que James Eagan Holmes aparece com os cabelos tingidos em tom laranja e o olhar perdido e melancólico é a própria ilustração da loucura, da perda de identidade, da fragmentação do ego, da eclosão da psicose. Ali está exposto seu lado frágil e desamparado, contraparte de sua delirante identificação com o poderoso Coringa, arqui-inimigo de Batman, capaz de exercer um terrível morticínio em Aurora, no Colorado.

Quando ocorre um crime dessa magnitude, os especialistas esmiúçam a vida do assassino, no intuito de estabelecer hipóteses sobre as causas de seu comportamento aberrante. Muitas vezes fica patente que os assassinos são provenientes de famílias profundamente disfuncionais, nas quais sofreram marcantes traumas. A constatação de que muitos passam por privações semelhantes sem desenvolver comportamentos homicidas pode apontar para a existência de outros fatores determinantes. Mesmo assim, o regular aparecimento desses dados confirma a importância dos fatores ambientais – família, relações primárias constitutivas do sujeito –, que potencializam ou neutralizam tendências genéticas.

Ao contrário do senso comum, que atribui ao crime cometido a culpa sentida pelo criminoso, Freud mostra que a culpa *precede* o crime e *motiva* a cometê-lo. Atormentado por um inexplicável sentimento de culpa decorrente de conflitos inconscientes, o sujeito termina por praticar um crime para receber a desejada punição que, por sua vez, aliviará a pressão até então exercida por seu sádico superego. Assim como Holmes e outros grandes criminosos que ganham destaque na mídia, qualquer meliante pé de chinelo também teria seus motivos secretos para explicar seus delitos. Por esse motivo, Freud especulava se no futuro os julgamentos de criminosos não seriam substituídos por tratamentos de doentes.

A concepção psicanalítica que mostra a necessidade de punição como motivação profunda dos crimes provocaria uma verdadeira revolução nos procedimentos legais ligados a confissão, julgamento e condenação dos crimes. Sem invalidar a necessidade de punição pela infração da lei, propõe que no julgamento sejam levadas em conta as condições psíquicas inconscientes do infrator, algo até o momento inexequível.

O caso de Holmes conjuga a sua loucura pessoal com a loucura social coletiva dos Estados Unidos, que consiste na negação do perigo implícito da venda irrestrita de armas de fogo. Os *lobbies* da indústria de armas submetem toda a sociedade ao usar de modo indevido a Segunda Emenda da Constituição norte-americana, que assegura o direito do cidadão de se armar, direito esse garantido em um momento histórico em que todos deveriam estar preparados para lutar contra os ingleses, caso quisessem tomar posse novamente da colônia.

Há um fato tocante no crime de Holmes. Poucos dias antes de consumar seu gesto, ele enviou a um professor de psiquiatria da universidade onde estudava um caderno com anotações detalhadas sobre o que planejava fazer. Infelizmente, o destinatário não teve oportunidade de ler a missiva, que só foi notada após a consumação dos fatos. Tal ato pode ser entendido como um pedido de socorro. Mesmo nos quadros psicóticos mais graves, nos quais a personalidade está cindida, fracionada, dividida, dominada por delírios e alucinações, persiste um lado que mantém a crítica e o contato com a realidade, reconhece a própria insanidade, embora esteja debilitado demais para contê-la. Assistindo impotente ao cortejo da loucura, só lhe resta emitir débeis pedidos de socorro ao exterior, que podem passar despercebidos por aqueles a quem ele recorre.

O caderno de Holmes mostra que a chacina esteve presente por um longo tempo em sua mente, tomando corpo até ser concretizada na realidade. Ao enviar o caderno ao psiquiatra, possivelmente ele pedia que alguém de fora o impedisse de executar aquilo que seu lado transtornado o impelia a realizar e que, sozinho, não tinha forças para evitar.

28. Tons do desejo feminino[1]

Em breve, será lançado no Brasil pela Editora Intrínseca o livro *Cinquenta tons de cinza*, de E. L. James, pseudônimo de Erika Leonard. Trata-se de um fenômeno de vendas: 10 milhões de exemplares em seis semanas nos Estados Unidos e mais de 1 milhão de cópias eletrônicas (*e-books*) para o leitor digital Kindle. São números nunca antes atingidos. Em rápida sucessão, saíram duas sequências – *Cinquenta tons mais escuros* e *Cinquenta tons de liberdade* –, e a série já vendeu 31 milhões de exemplares para um público majoritariamente feminino de 37 países. A autora autorizou a versão cinematográfica e criou uma marca para diversos itens de consumo derivados de seu livro, como roupas íntimas, cosméticos, perfumes e artigos de *sex shops* para mulheres.

O livro chama a atenção não só pelas vendas. Nasceu como um *fan fiction*, gênero desconhecido no Brasil, mas pujante nos Estados Unidos, que consiste na criação realizada por fãs de livros

---

1 Publicado no "Caderno 2", do jornal *O Estado de S. Paulo*, em 21 de julho de 2012.

ou séries de televisão de grande sucesso de massa. A partir da trama original, os admiradores a reescrevem e a desdobram, preenchendo brechas não exploradas pelo autor, mudando o caráter dos personagens, dando-lhes destinos diversos, atribuindo-lhes uma sexualidade explícita e muitas vezes transgressiva etc. A *fan fiction* pode simplesmente dar continuidade a séries ou livros concluídos por seus autores ou escrever *prequels* (neologismo referente a episódios centrados em um tempo anterior ao abordado pelo autor original, o contrário de *sequel*, que é a sequência).

O fenômeno, que se iniciou nos anos 1960 em torno de seriados de TV, como *Star Trek*, e no Japão em torno dos *mangás*, expandiu-se extraordinariamente com a internet, abrigando-se em imensos arquivos abertos, onde qualquer um pode modificar, acrescentar capítulos ao que já foi escrito, criar novos textos, fazer resenhas, sugerir alterações e discutir diretamente com os demais participantes. A *fan fiction*, que também ocupa sites e *blogs* pessoais de autores e grupos de interessados, é uma curiosa experiência de escrita coletiva, subproduto espontâneo das grandes produções da indústria do entretenimento e de novos meios de comunicação e interatividade como a internet. Dá uma nova dimensão às sempre presentes questões sobre autoria e originalidade de uma obra, ocasionando, em alguns casos, disputas legais em torno de direitos autorais.

Cinquenta tons de cinza começou como uma *fan fiction* da série Crepúsculo. Como a forte tonalidade sexual atribuída aos personagens fugia aos padrões do original, E. L. James rebatizou sua criação com o título *Masters of the universe*, trocou os nomes dos personagens e deles retirou a condição de vampiros. A série foi, então, publicada no site da autora, que, ao perceber o sucesso, a recolheu e publicou como *e-book* e posteriormente como livro, com o estrondoso sucesso já mencionado. Em um momento em que a mídia impressa se sente tão ameaçada pela eletrônica, *Cinquenta tons de cinza*, que transita com tanta desenvoltura entre as duas, mostra a possibilidade de uma convivência produtiva entre elas e até mesmo reafirma o poder da mídia impressa.

Porém, o aspecto mais interessante dessa obra diz respeito à sexualidade feminina. A história trata, com detalhes minuciosos e estimulantes, de uma jovem estagiária que vai entrevistar um poderoso multimilionário e se entrega a seus encantos, quando descobre seus pendores para o sadomasoquismo, a que se rende com grande prazer.

O livro foi acusado de solapar conquistas feministas por mostrar o gozo feminino sob a forma de submissão e de estimular a violência contra as mulheres. Tal crítica foi rebatida com a alegação de que essas ideias, aparentemente progressistas, revelavam uma posição conservadora, baseada em uma visão normativa que confunde o sadomasoquismo enquanto prática consensual entre adultos – tal como descrita no livro – com o abuso ou a violência do homem contra a mulher. O simples fato de o livro, escrito por uma mulher e lido por mulheres, ser um grande sucesso de vendas responderia a tais acusações, pois evidencia que as mulheres estão livres para expressar sua sexualidade e gozar dela, uma clara conquista feminista.

Efetivamente, podemos pensar que o sucesso do livro entre as mulheres aponta para algumas especificidades do desejo feminino. Quem sabe, mostra que, despidas das censuras e das ideologias de poder e domínio, as práticas sexuais remetem ao gozo específico determinado pelas diferenças anatômicas sexuais. O fato de apontar que a mulher não é o objeto sexual do homem, mas sim o sujeito de seu próprio desejo, assusta e intimida o homem, mesmo quando esse desejo é o de ser submetida de forma masoquista.

Os limites entre o erotismo e a pornografia são imprecisos. Embora textos com esse teor sejam lidos por ambos os sexos, o sucesso feminino de *Cinquenta tons de cinza*, que tem sido chamado nos Estados Unidos de "pornografia para mamães", confirma a afirmação do psicanalista Robert Stoller de que os homens se interessam mais pela pornografia veiculada em imagens visuais (fotos, vídeos, filmes), ao passo que as mulheres a preferem sob a forma de novelas e romances.

A pornografia tem como objetivo imediato provocar excitação sexual, quase sempre aliviada com a masturbação. Antes de Sigmund Freud, a ignorância e a hipocrisia moralista atribuíam à masturbação males sem fim e desenvolviam contra ela grandes cruzadas. Talvez por isso, os supostos malefícios da masturbação foram estendidos à pornografia, que a ela induzia. A psicanálise mostrou como a masturbação é normal em algumas fases e circunstâncias da vida. Por definição, realiza de forma imaginária o desejo erótico do sujeito, em uma cena em que o outro não existe a não ser como fantasma. E esse é o verdadeiro problema da masturbação: proporcionar a possibilidade de fuga diante do necessário e enriquecedor contato real com o outro. Na prática solitária, o sujeito pode dar livre curso a suas fantasias eróticas, mas no momento em que o outro se apresenta, ainda que seja o outro depreciado e denegrido da prostituição, o panorama muda radicalmente e o sujeito arrisca-se a deparar com angústias, proibições, inibições e impossibilidades não percebidas ou negadas no gozo masturbatório.

29. Marcel Proust e sua mãe[1]

É conhecido o grande apego que Marcel Proust tinha por Jeanne, sua mãe. Em "Proust and his mother", publicado recentemente na *London Review of Books*,[2] Michael Wood aborda a complicada relação entre os dois, a partir de um episódio biográfico ficcionalizado por Proust em seu livro *Jean Santeuil*: em uma exaltada briga com seus pais, na qual todos gritam, o que não era comum em sua casa, Marcel sai do recinto batendo a porta com tamanha violência que seus vidros se espatifam. Não se sabe os motivos da briga, se seria sua homossexualidade, seu dispendioso estilo de vida ou sua relutância em trabalhar. Logo após o entrevero, Proust manda um bilhete para os pais pedindo desculpas, documento que se perdeu. No entanto, a resposta da mãe é conhecida:

---

1 Publicado no "Caderno 2", do jornal *O Estado de S. Paulo*, em 7 de julho de 2012.

2 Michael Wood. Proust and his mother. *London Review of Books*, London, v. 34, n. 6, p. 5-10, mar. 2012.

> *Meu pequeno querido, sua carta me fez bem – seu pai e eu havíamos ficado com uma penosa impressão. Devo dizer-lhe que em nenhum momento pensei em falar qualquer coisa na presença de Jean [um empregado] e, se isso aconteceu, foi absolutamente sem meu conhecimento. Não pensemos nem falemos mais sobre isso. O vidro quebrado será simplesmente o que é no templo – o símbolo de uma união indissolúvel. Seu pai lhe deseja boa-noite e o beija ternamente. J. P. – PS – Tenho, entretanto, de voltar ao assunto para lhe recomendar não andar descalço na sala de jantar por causa do vidro.*[3]

As sutis incongruências do bilhete sintetizam a tensa ambiguidade da relação. Salta à vista a rica metáfora do vidro quebrado e suas múltiplas implicações, a começar por sua conotação incestuosa. Os vidros quebrados da porta são transformados no copo quebrado pelo noivo no casamento judaico, de rico simbolismo. A briga como eventual tentativa de ruptura e libertação de um vínculo excessivamente fechado é rapidamente transformada na reafirmação de uma "união indissolúvel". A cortante ironia do *postscriptum*, cheia de subentendidos, com a infantilizante recomendação de não ferir os pés, expressa a desaprovação aos estragos físicos e emocionais por ele provocados.

A morte de Jeanne deixou Proust inconsolável, preso a ideias obsessivas nas quais ora se acusava de ter precipitado o falecimento da mãe com as preocupações que a saúde dele lhe causava, ora a censurava por ter desertado de seu posto de enfermeira, abandonando-o, pobre criança incapacitada de sobreviver sem ela.

---

3   Idem, tradução nossa.

Em 1907, pouco mais de um ano após a morte de Jeanne, um crime é comentado por todos em Paris. O jovem Henri van Blarenbergue, em um acesso de loucura, mata sua mãe e suicida-se em seguida. Proust escreve um longo artigo publicado na primeira página do *Le Figaro*, em que argumenta que, em última instância, é indiferente se queremos ou não matar nossas mães, pois terminamos por fazê-lo de uma maneira ou de outra. Blarenbergue teria executado com um golpe só aquilo que a maioria dos homens realiza diluído em milhares de pequenos golpes: "No final, envelhecemos, matamos todos os que amamos por meio das preocupações que lhes causamos, pela atabalhoada ternura que lhes inspiramos e pelos medos que sem cessar lhes provocamos".[4]

De forma sinuosa, Proust parece justificar Blarenbergue ao enfatizar "a atmosfera religiosa de beleza moral",[5] na qual explode sua loucura sagrada, a mesma que a antiga Grécia reverenciava nos altares consagrados a Édipo e Orestes, em Colona e Esparta. Para ele, o assassinato da mãe é simultaneamente corriqueiro e excessivamente monstruoso, não pode ser julgado por padrões habituais. Proust intui a necessidade de outra compreensão para explicar o crime, aquela que estava sendo produzida por Freud ao teorizar sobre outro ato desmesurado, o assassinato do pai, segundo e definitivo momento de um drama que se inicia sob a égide de Narciso.

No artigo do *Le Figaro*, Proust reproduz, ligeiramente modificado, um parágrafo de *Jean Santeuil*, escrito anos antes. Com isso, Wood sugere que a ideia de ser responsável pela morte da mãe ou de matá-la, indício de conflitos inconscientes, acompanhava-o de longa data, razão de seu interesse pelo crime de Blarenbergue. Tal ideia já está presente, de forma indireta, na conhecida cena inicial

---

4   Idem, tradução nossa.

5   Idem, tradução nossa.

de *Em busca do tempo perdido*, em que o menino Marcel implora o beijo de boa-noite de sua mãe, que, tendo convidados em casa, não pode demorar-se ao lado de seu leito infantil.

Os afetos contraditórios na relação entre mãe e filho apontados por Wood são comprovados em outros dados biográficos. Sabe-se, por exemplo, que Proust doou a mobília da mãe para o prostíbulo masculino que frequentava. É óbvio o objetivo ultrajante desse gesto. A agressão assume tons ainda mais extremados ao recordar que Proust tinha o hábito de levar fotografias de suas amigas da alta sociedade para aquele local e pedir aos prostitutos que cuspissem nelas. Entre essas fotos, estavam as de sua mãe.

Há outro aspecto interessante no artigo de Wood. Ele o inicia discorrendo sobre o que chama "loucura livresca", causada por textos cuja extravagância desconcerta o leitor, deixando-o na dúvida se o rejeita ou o endossa. Um bom exemplo seria o que destaca Walter Benjamin em seu estudo sobre Proust:

> *Nenhum de nós tem tempo para viver os dramas reais que a vida nos destina. É isso que nos envelhece – isso e nada mais. As rugas e vincos em nossas faces são o registro das grandes paixões, vícios e entendimentos que nos visitaram: mas nós, os donos da casa, não estávamos lá para recebê-los.*[6]

A perplexidade de Wood é compreensível, pois o que estaria dizendo a altissonante frase de Benjamin? Continuaríamos jovens para sempre se recebêssemos todas as paixões que nos procuram? Isso não seria uma completa bobagem? Na melhor das hipóteses,

---

6   Idem, tradução nossa.

seria uma licença poética, uma lamentação por termos de abdicar, em função das limitações impostas pela realidade, muitas oportunidades vislumbradas no correr da vida. Ainda que fosse isso, a passagem de Benjamin afasta-se completamente do espírito da obra de Proust, que veicula o oposto, ao afirmar que não é a omissão nem a fuga das vivências o que nos envelhece e mata, mas sim a força afetiva dessas experiências, o fato de estarmos nelas engajados e envolvendo pessoas próximas, matéria-prima de nossas infindáveis recordações.

Passado o ofuscamento inicial provocado por seu brilho, o pensamento de Benjamin não resiste a um exame mais frio. Mas não seria sempre assim com a poesia, com a literatura? Claro que não. A sabedoria de um texto de William Shakespeare não se altera quando ele despe sua opulenta roupagem retórica e exibe sua nudez conceitual.

30. Hilda Doolittle e os relatos de sua temporada no divã[1]

Hilda Doolittle (1886-1961) é uma poetisa, romancista e memorialista norte-americana praticamente desconhecida no Brasil. Participou do imagismo, movimento literário de grande impacto no mundo anglo-americano antes da Primeira Guerra Mundial e, depois, traçou uma rota própria pelos caminhos abertos pelo modernismo. Incansável viajante, ela morou muitos anos na Europa, onde se envolveu com a vanguarda artística, convivendo com gente como Ezra Pound (que foi seu mentor e batizou-a de HD, sigla com a qual passou a assinar seus livros), William Carlos Williams e D. H. Lawrence. Casou-se com o poeta Richard Aldington, com quem teve uma filha, e viveu vários relacionamentos heterossexuais e homossexuais até encontrar aquela que seria a companheira de sua vida: a herdeira Annie Winifred Ellerman (Bryher, como gostava de ser chamada).

---

1   Publicado no suplemento "Sabático", do jornal *O Estado de S. Paulo*, em 29 de junho de 2012.

No hemisfério norte, a obra de HD foi redescoberta nos anos 1970 e 1980 pelos movimentos *gay* e feminista, que nela reconheceram elementos precursores das importantes questões de gênero com as quais lidavam.

HD fez dois pequenos períodos de análise com Sigmund Freud, em 1933 e 1934, e registrou sua experiência em um par de textos: "Advento" e "Escrito na parede". Ambos estão reunidos em *Por amor a Freud: memórias de minha análise com Sigmund Freud.*[2] Em nenhum deles, o leitor encontra um relato minucioso com o qual possa satisfazer sua curiosidade sobre o andamento de uma análise ou a forma como Freud a conduzia.

"Advento" é a anotação bruta, não lapidada, feita por HD na vigência da análise. É fragmentária, alusiva, críptica, impossível de ser entendida. É o testemunho febril de alguém que está, entre assustado e fascinado, descobrindo os labirintos do sonho, das associações, das aliterações, do conteúdo latente escondido e disfarçado, isto é, a dinâmica de seu próprio funcionamento mental inconsciente. Denota o esforço e o sofrimento envolvidos no trabalho de resgatar-se dos impedimentos impostos pela neurose, bem como o renascimento da esperança de atingir a almejada meta, o "Conhece-te a ti mesmo e conhecerás os deuses e o universo", proferido pelo oráculo de Delfos na Grécia antiga.

"Escrito na parede" é a elaboração estética de "Advento", resultando em um texto poético que bem exibe os dons literários de HD na hábil recriação do discurso característico do processo analítico, o fluxo não linear das associações livres. Recheado de imagens ligadas à mitologia grega, da qual a autora era grande

---

2   Hilda Doolittle. *Por amor a Freud*: memórias de minha análise com Sigmund Freud. Rio de Janeiro: Zahar, 2012.

conhecedora, o texto quase nada explicita sobre sua turbulenta e sofrida vida mental.

Com sensibilidade, HD faz uma analogia da análise com a poesia "A canção de Mignon", de Johann Wolfgang von Goethe (parte da obra *Os anos de aprendizado de Wilhelm Meister*). Ali evoca-se um lugar ideal ("Conheces o país onde florescem os limoeiros?"), que só pode ser alcançado com ajuda de competente guia, onde o cansado viajante, após atravessar íngremes veredas e penhascos habitados por perigoso dragão, é acolhido amorosamente ("que te fizeram, minha pobre criança?").[3] Em outro ponto, HD diz que Freud "erguia dos corações mortos e das mentes fulminadas e dos corpos desajustados uma hoste de crianças vivas".[4] É uma imagem poética que sintetiza de maneira feliz o trabalho analítico. De fato, resgatar as "crianças vivas", simultaneamente vítimas e algozes, que vivem no inconsciente de cada um é uma das tarefas de libertação e superação da psicanálise.

Por amor a Freud traz, além dos dois textos mencionados, um adendo com a correspondência trocada entre Freud, Bryher e HD. Há ainda uma introdução de Elisabeth Roudinesco, que dá alguns parâmetros da teoria psicanalítica sobre a sexualidade feminina.

---

3   Idem, p. 133.

4   Idem, p. 125.

31. Corpos despedaçados / Ivan Lessa[1]

O assassinato de Marcos Matsunaga, herdeiro do Grupo Yoki, por sua mulher Elize tem vários elementos que ressoam no imaginário coletivo. O primeiro deles é o fato de ela ter sido uma prostituta "salva" pelo cliente, com quem se casa. Esse é um forte estereótipo fantasmático da vida amorosa, a ponto de Freud ter dedicado ao tema um trabalho escrito em 1910 e ainda perfeitamente atual, pois as verdades do psiquismo não caducam. Em "Um tipo especial de escolha de objeto feita pelos homens",[2] Freud mostra como as imagens da prostituta e da mãe podem fundir-se em função das vicissitudes do complexo de Édipo. Entretanto, o mais impactante no caso é o esquartejamento que Elize praticou depois de matar o marido. Para muitos, um ato mais violento do que o próprio assas-

---

1   Publicado no "Caderno 2", do jornal *O Estado de S. Paulo*, em 23 de junho de 2012.

2   Sigmund Freud. Um tipo especial de escolha de objeto feita pelos homens (1911). Rio de Janeiro: Imago, 1970. (*Standard Edition*, v. XI). p. 147.

sinato, pois evidencia a presença de um ódio desmesurado, que não se contenta em tirar a vida do desafeto e precisa ir além, destruindo seu corpo.

O comportamento de Elize dá continuidade a uma prática social comandada pela nobreza medieval europeia, que de forma semelhante punia os crimes de "alta traição", aqueles que afrontavam o rei e os símbolos de sua majestade. O criminoso era condenado à pena de enforcamento, evisceração e esquartejamento, a isso muitas vezes eram acrescentados trituração de ossos, castração e decapitação. Em algumas ocasiões, o enforcamento era interrompido antes da morte do condenado para que ele, ainda vivo, sofresse as dores da evisceração e da castração. Seu coração e suas vísceras eram imediatamente queimados em uma fogueira preparada para esse fim, pois se acreditava que ali estavam sua corrupção e maldade. A castração o privava dos símbolos de poder e da procriação. Ao decapitá-lo, expressamente puniam-se suas loucas ideias de enfrentar o rei. Os pedaços do corpo eram expostos em locais de grande afluência. Com essa execução espetacular, de máxima visibilidade pública, o poder reafirmava de forma exemplar sua força e admoestava para o risco de a ele contrapor-se.

A carga simbólica maior decorria da crença religiosa. Com mais convicção que hoje, acreditava-se que no Juízo Final a alma voltaria a habitar os corpos que ressuscitariam. Daí a importância da integridade do corpo. Ao destruí-lo, o poder eliminava física e espiritualmente o condenado – ou seja, neste e no outro mundo – e impossibilitava seu ingresso na vida eterna. Essa era a maior punição imaginável.

Em Portugal, o suplício judiciário foi usado também na Inquisição e nas colônias. Um exemplo foi o ocorrido com Tiradentes, nosso herói da Inconfidência Mineira. Não tão remotamente, procedimento semelhante foi aplicado aqui no Brasil com os corpos de Lampião e seu bando, cujas cabeças decapitadas ficaram expostas no Museu Nina Rodrigues, de Salvador, até 1969.

Algo semelhante continua acontecendo atualmente no México, em função da guerra entre os cartéis do narcotráfico, na disputa pelo mercado da droga. Em Ciudad Juárez – onde se digladiam o grupo La Línea, que tradicionalmente controlava o tráfico na região, e o cartel de Sinaloa, chefiado por Joaquín Guzmán (El Chapo) –, frequentemente são encontrados corpos esquartejados, desmembrados, decapitados, desfigurados pelo ácido. Exatamente como faziam os reis europeus. Os objetivos também são os mesmos. Os barões da droga querem, com isso, intimidar os inimigos, proclamando poder ilimitado e inquestionável, capaz de eliminar qualquer um que ouse desafiá-lo. A única diferença é que, antigamente, essas execuções ritualísticas eram acontecimentos únicos, excepcionais, realizados com muita pompa, em grandes encenações. No México de hoje, são acontecimentos rotineiros, banalizados, ante os quais a população se anestesia para conseguir sobreviver.

Jonathan Littell é autor de *As benevolentes*,[3] livro lançado em 2006 e vencedor dos prêmios da Academia Francesa e Goncourt. O título remete ao mito grego das Erínias ou Fúrias, que perseguiam Orestes por ele ter assassinado sua mãe Clitemnestra. O livro trata do nazismo por meio de seu personagem principal, um aristocrático oficial da SS. Littell publicou na *London Review of Books*[4] o texto "Lost in the void", um assustador relato sobre a situação caótica de Ciudad Juárez, totalmente controlada pelo

---

3   Publicado pela Objetiva.

4   Jonathan Litell. Lost in the Void. *London Review of Books*, London, v. 34, n. 11, jun. 2012.

narcotráfico. Ao falar dos assassinatos sistemáticos, diz que a forma pela qual os corpos sofreram mutilações revela uma semiologia conhecida por todos. Se o corpo está sem sapatos, é porque o falecido foi expulso do cartel; se está com as mãos decepadas e colocadas no bolso, é indício de que foi punido por ter roubado o cartel; se tem um dedo cortado e enfiado na boca ou no ânus, é por ter denunciado alguém à polícia; se aparece com a pele do rosto arrancada ("como casca de banana",[5] diz ele), é sinal de que foi considerado traidor do grupo.

O que ligaria a ex-garota de programa paranaense, os reis medievais da Europa, os atuais barões da droga no México é o exercício do ódio, a destruição do corpo do objeto execrado. Compartilham uma vingança onipotente contra uma insuportável ofensa narcísica, esteja ela amparada institucionalmente ou não. A exibição do corpo esquartejado, desmembrado e dissolvido no ácido é uma demonstração intimidadora do poder absoluto, esteja ele dentro ou fora da lei.

Entretanto, Elize, ao contrário dos reis e dos narcotraficantes, não quer exibir o corpo esquartejado, mas sim escondê-lo. De fato, aí aparece uma diferença entre as três situações e que está relacionada com o exercício efetivo do poder. Ao sofrer a ofensa narcísica (a rejeição do marido), Elize onipotentemente se vinga, matando-o e desconstruindo seu corpo. Ela, porém, não perdeu o contato com a realidade, sabe que, se descoberta, sofrerá as consequências de seu ato. Por essa razão, precisa esconder o corpo, ao contrário dos outros dois exemplos, que, por terem grande poder (legítimo ou não) e para reafirmá-lo, precisam exibir abertamente a vingança.

Sejam quais forem as motivações e justificativas conscientes de realizar um esquartejamento do corpo do morto (razões de

---

5   Idem, tradução nossa.

Estado, intimidações por parte de mafiosos, eliminação de provas incriminadoras), penso que deve sempre existir um substrato inconsciente muito primitivo, algo próximo do canibalismo, sobre o qual falamos aqui em outro lugar.[6] No canibalismo predomina a ambivalência: o ódio faz matar o objeto e destruir seu corpo, o amor quer preservá-lo e, com esse objetivo, ingere-o. Nas execuções e nos assassinatos como o realizado por Elize, predomina o ódio. O objeto é morto, o corpo é destruído e abandonado como detrito despojado de toda humanidade, mera evidência do poder daquele que o destruiu.

* * *

Sabe-se lá que grossas estripulias estará fazendo o leitão Dondinho ("3 anos, 48 quilos") nos paradisíacos chiqueiros celestiais. Afinal, Ivan Lessa, seu criador, nunca foi de impor-lhe muitos limites.

---

6   Ver, neste livro, Capítulo 35, "Canibalismo".

32. Gustav Klimt / Nazismo / Tipos de árvore[1]

Gustav Klimt é autor de quadros que se transformaram em ícones do século XX, como a tela *O beijo*. As comemorações dos 150 anos de seu nascimento, ora em curso, voltam a jogar luz em sua obra mais célebre: *Retrato de Adele Bloch-Bauer I*.

A pintura foi encomendada pelo industrial Ferdinand Bloch-Bauer e, com todas as suas propriedades, foi confiscado pelas autoridades nazistas de Viena, consoante com o projeto de desapropriação sistemática dos bens de judeus. Com o final da guerra, os herdeiros de Bloch-Bauer buscaram a reintegração de posse dos quadros, e o governo austríaco, sem provas consistentes, alegou que Adele havia doado sua coleção de arte para os museus do país. Maria Altmann, uma das sobrinhas de Ferdinand, iniciou então uma batalha judicial liderada pelo advogado Randol Schönberg

---

[1] Publicado no "Caderno 2", do jornal *O Estado de S. Paulo*, em 9 de junho de 2012.

(neto de Arnold Schönberg, o compositor) e apoiada por Ronald Lauder, herdeiro do grupo de cosméticos Estée Lauder. O caso foi levado à Suprema Corte norte-americana e, em 2006, o governo austríaco teve de ceder. O quadro foi levado para os Estados Unidos, onde Lauder o comprou por 135 milhões de dólares, maior valor até então pago por uma obra de arte. Ele mantém o quadro exposto ao público em sua Neues Gallery, em Nova York.

* * *

Não foi apenas o espólio de Bloch-Bauer que o governo austríaco relutou em devolver. Era grande a quantidade de objetos de arte e imóveis desapropriados pelos nazistas, e foi necessária uma grande pressão internacional, da qual fez parte o presidente norte-americano Bill Clinton, para que os bens roubados fossem devolvidos a seus legítimos donos. Papel decisivo nesse processo teve o jornalista austríaco Hubertus Czernin, cujo trabalho investigativo levou à criação de leis específicas que obrigam a devolução de bens retidos pelo Estado.

A persistência até época recente de tal situação explica-se pelo fato de a Áustria, que recebeu de braços abertos o nazismo, no fim da guerra, ter posado de "primeira vítima" de Adolf Hitler. Atendendo às conjunturas do pós-guerra, os interesses dos Aliados avalizaram a impostura. Se na Alemanha houve um reconhecimento da responsabilidade pelas atrocidades realizadas contra os judeus e os nazistas mais renomados foram efetivamente julgados, condenados e afastados do poder, nada disso aconteceu na Áustria. Ilustra bem esse fato o caso de Kurt Waldheim, que, mesmo tendo seu passado nazista exposto, continuou seu mandato de presidente da república até o fim, em 1992.

Os crimes praticados contra os judeus e a persistência de uma atitude discriminatória contra eles até bem depois do final da guerra também aparecem no premiado livro *A lebre com olhos de âmbar*,[2] de Edmund de Waal. Misto de romance, memória e autobiografia, o autor, que é renomado ceramista, estrutura a narrativa em torno de uma herdada coleção de netsuquês (refinado item da indumentária masculina japonesa tradicional, usado para atar o quimono). A partir dela, recria a história de sua família, os riquíssimos comerciantes e banqueiros judeus russos Ephrussi, que deixaram Odessa e se estabeleceram na França e na Áustria, orgulhosos de terem se integrado à alta burguesia e à aristocracia de Paris e Viena, até serem abatidos pelo III Reich. Ao falar do ramo austríaco da família, De Waal mostra as dificuldades de sua avó em reaver alguns dos bens tomados pelos nazistas naquele país, entre os quais está um palácio na Ringstrasse, uma das mais importantes avenidas de Viena.

* * *

A propósito de livros, li agora dois romances excelentes: *Bonsai*, do chileno Alejandro Zambra,[3] e *A visita cruel do tempo*, da norte-americana Jennifer Egan,[4] que recebeu, em 2011, os prestigiosos National Book Critics Circle Award e Prêmio Pulitzer. Os dois livros mostram a diversidade desse gênero literário, cuja morte nos é anunciada periodicamente por especialistas, mas que, por ignorar a gravidade do diagnóstico que lhe atribuem, continua impávido a exibir excelente saúde.

---

2   Publicado pela Intrínseca, em 2011.

3   Publicado pela Cosac Naify, em 2012.

4   Publicado pela Intrínseca, em 2012.

172   GUSTAV KLIMT / NAZISMO / TIPOS DE ÁRVORE

Bonsai, como o título anuncia, exibe propositada e orgulhosamente sua artificialidade constitutiva. O autor se intromete muitas vezes no texto para dizer que aquilo é um livro, que o leitor não deve se iludir, que nada ali é real, que é tudo uma fantasia, uma produção mimética, retorcida, podada e planejada, na qual a narrativa foi impedida de seguir livremente seu fluxo "natural" e obrigada a curvar-se e dobrar-se, a enveredar por rumos forçados, obedecendo a um planejamento milimetricamente estabelecido. Como se estivesse envergonhado por estar fazendo ficção, Zambra parodia o gênero e faz ironia com o ato de escrever. Desconfiado, com o pé atrás, não se deixa levar pelo entusiasmo de criar e grita que não acredita em musas nem em inspirações.

Egan seria o oposto complementar de Zambra. É uma autora que se entrega sem pejo e prazerosamente à escrita, usando com grande liberdade e competência todos os recursos ficcionais dos quais pode lançar mão. Mantendo a metáfora usada por Zambra, que tem no bonsai o modelo para a construção de seu romance, é possível dizer que Egan, pelo contrário, se inspiraria no conjunto de frondosas árvores de uma floresta tropical, alimentadas pela caudalosa torrente de sua imaginação.

É claro que, rigorosamente falando, a estrutura narrativa de *A visita cruel do tempo* é tão artificial e arbitrária quanto a de *Bonsai*. A diferença é que Egan não deixa à vista os bastidores de seu trabalho, não está preocupada com metalinguagens, não quer mostrar os cortes nem os arames com os quais retorceu a trama e a obrigou a encaminhar-se para onde bem queria, apesar de usá-los da mesma forma e tão severamente quanto Zambra.

Embora estejamos falando de literatura, o mesmo se estende para a arte em geral. A arte é artifício, artificial, artificiosa, estranha à natureza, à espontaneidade. Assim, cada criador tem a liberdade de estabelecer seus próprios parâmetros.

Entre *Bonsai* e *A visita cruel do tempo* não se coloca a questão de certo ou errado, mas sim de escolhas livres e diferentes. Bonsai ou densa floresta tropical, cada autor fez o que quis, e foram ambos muito bem-sucedidos no que se propuseram, para nossa alegria enquanto leitores.

33. Difícil diagnóstico[1]

Excluindo as doenças mentais mais graves, nas quais as perturbações das funções psíquicas são facilmente reconhecíveis por meio de sintomas como delírios, alucinações ou crises de agitação psicomotora, é difícil estabelecer um diagnóstico em psiquiatria. Não há parâmetros unívocos para detectar com precisão as alterações na estrutura do pensamento, na produção das ideias, na intensidade da atenção, nas nuances da sensopercepção. As fronteiras entre a chamada normalidade e a psicopatologia não são bem delimitadas e mudam em função das circunstâncias socioculturais. O psiquiatra conta apenas com a capacidade de observação e a subjetividade para avaliar esse imponderável material que é a vida psíquica. Isso faz que os diagnósticos em psiquiatria muitas vezes oscilem, não tenham a firmeza desejada.

Em 1952, a Associação Psiquiátrica Americana (APA) lançou a primeira versão do *Manual de diagnóstico e estatística dos distúrbios mentais*, que passou a ser mundialmente conhecido como

---

1 Publicado no "Caderno 2", do jornal *O Estado de S. Paulo*, em 26 de maio de 2012.

DSM. Suas três primeiras versões não diferiam muito dos grandes compêndios de psiquiatria, com suas densas descrições da psicopatologia, na maioria das vezes baseadas em pressupostos psicanalíticos. Em 1980, saiu sua terceira edição, o DSM3, com um enfoque diferente, que procurava uniformizar e padronizar os dados observados, com o objetivo de deixar os diagnósticos psiquiátricos menos vagos e imprecisos. *Grosso modo*, em vez de atentar para os meandros do psiquismo e as profundezas da psicopatologia ou da psicodinâmica psicanalítica, o DSM3 centrou-se no registro dos sintomas observáveis no pragmatismo e na conduta do paciente, mais fáceis de quantificar e avaliar estatisticamente. Os motivos conscientes ou inconscientes que podem estar ligados a esses sintomas não são valorizados, não é feita uma relação de causa e efeito entre vivências existenciais traumáticas e a sintomatologia. O exame psiquiátrico não se interessa pela vida do paciente.

Esse enfoque reflete uma mudança na própria abordagem e compreensão da doença mental. Abandonou-se a visão analítica psicogênica e passou-se a defender a ideia de que o funcionamento normal do psiquismo resulta do equilíbrio dos neurotransmissores cerebrais, substâncias existentes entre os neurônios a facilitar a circulação de impulsos e sinais. Os sintomas seriam evidências do desequilíbrio dos neurotransmissores. Assim, não importam as vivências atuais e passadas do paciente, mas sim o repertório de sintomas que exibe e será eliminado com uma medicação que devolve aos neurotransmissores o equilíbrio perdido. As psicoterapias são desvalorizadas e, quando indicadas, devem seguir a linha cognitivista, que ensina o paciente a lidar com o sintoma por meio de treinamentos e condicionamentos conscientes. Não pode ser ignorado que esse panorama se instala dentro de dois grandes referenciais econômicos: a indústria farmacêutica e os seguros-saúde, ambos beneficiados pela ênfase quase exclusiva na medicação. O primeiro, pelo incremento nas vendas, pois, das medicações prescritas nos Estados Unidos, as psicotrópicas são as mais vendidas, tendo movimentado mais de 14 bilhões de dólares em 2008. O segundo, que passa a impor aos segurados um modelo cognitivo de terapia com poucas sessões, que é bem mais barato para eles do que as longas terapias que antes tinham de pagar. Largo debate estabeleceu-se desde então. Os aspectos positivos desse enfoque são a tentativa de uniformização dos critérios de diagnóstico, compartilhados facilmente por psiquiatras de várias culturas e formações diversas, o que deu novo alento a pesquisa e epidemiologia em psiquiatria. Como pontos negativos, são ressaltadas a proliferação desenfreada de diagnósticos, a patologização e medicalização de modos de ser, a expansão para a infância de diagnósticos antes restritos a outras faixas etárias, como o transtorno bipolar.

A própria psiquiatria sofre certa desumanização, na medida em que o paciente fica despojado de sua singularidade e sua história é ignorada. Descarta-se o saber psicanalítico, e a consulta psiquiátrica fica rebaixada a um mero *checklist* de sintomas, em que o paciente não tem oportunidade de falar de sua angústia e seus sofrimentos. Ao relegar sua vertente psicoterápica a um segundo plano e enfatizar excessivamente o lado medicamentoso, cuja importância não pode ser diminuída, a prática psiquiátrica fica empobrecida. Além disso, se a psicopatologia fica reduzida a mero desequilíbrio dos neurotransmissores, qualquer médico não psiquiatra sente-se autorizado a passar antidepressivos e tranquilizantes, como ocorre atualmente.

Esse é o pano de fundo progressivamente instalado desde os anos 1980. Agora aguarda-se com expectativa o DSM5, a quinta edição do manual, a ser lançada em maio do próximo ano.

No último dia 11, dr. Allen Frances, que liderou uma das forças-tarefa do DSM4, escreveu um artigo no *The New York Times* fazendo pesadas críticas ao modo como os trabalhos estão sendo

178   DIFÍCIL DIAGNÓSTICO

encaminhados. Frances teme que o DSM5 seja um "desastre", pois insiste em ampliar cada vez mais os critérios diagnósticos, invadindo a infância e procurando transformar preocupações, angústias e tristezas inerentes à vida em sintomas a serem medicados. Com isso, "introduzirá muitos diagnósticos novos e não comprovados que vão medicalizar a normalidade", resultando em uma "fartura desnecessária e prejudicial de prescrição medicamentosa".[2]

Ele ainda diz que a "fabricação de diagnósticos" – desvio no qual as normas do DSM são pródigas – é mais danosa do que a proliferação de medicação, embora uma coisa leve à outra. Apesar de afastar a acusação mais comum de que o grupo do DSM5 esteja atrelado à indústria farmacêutica, sabe-se que mais de 70% dos integrantes declarou ter algum tipo de vínculo com ela. Frances vai mais longe, ao propor que a própria APA abdique da função de estabelecer o que é mentalmente são ou doente, pois acredita que o mundo mudou e que essa atribuição não pode mais ficar restrita a uma associação de psiquiatria, mas sim a um leque muito mais vasto de representantes da sociedade.

Vê-se que o DSM tentou resolver um problema – a excessiva subjetividade na formulação do diagnóstico – e caiu noutro, que é a produção excessiva de diagnósticos "objetivos". É um impasse que não deve ser entendido como uma prova da insuficiência da psiquiatria, e sim como evidência da complexidade do fenômeno do qual ela trata. Não é fácil medir e pesar a loucura dos homens, como tão bem sabia Machado de Assis. Em *O alienista*, o Dr. Simão Bacamarte também oscilava em firmar o diagnóstico – são todos loucos em Itaguaí ou não há louco algum? Sem chegar a uma conclusão, termina por se internar sozinho no Hospício de Casa Verde, em uma decisão mais filosófica do que clínica.

---

2   Allen Frances. Diagnosing the DSM. *The New York Times*, New York, 11 maio 2012.

34. Antropofagia e um pouco de Pina Bausch[1]

Acompanhei a recente troca de farpas entre Caetano Veloso e Roberto Schwarz por conta do livro *Vereda tropical*, de autoria do primeiro. Por isso, me interessei pela brochura *Antropofagia*, publicada recentemente pela Penguin/Cia. das Letras, na qual estão enfeixados alguns trechos da citada obra de Caetano, que, quando publicada em 1997, apesar da curiosidade que me despertou, não me animei a ler por ter-me parecido excessivamente copiosa. Agora, de uma sentada só, devorei as setenta páginas divididas em quatro capítulos, que mostram o encontro com os poetas concretos, com Chico Buarque, a vanguarda e antropofagia, temas não focalizados diretamente na polêmica entre o crítico e o cantor-compositor, mas que me suscitaram lembranças e algumas ideias.

Na leitura, logo ficam patentes a acuidade da mirada de Caetano, seu alto grau de informação e o absoluto domínio da língua.

---

1 Publicado no "Caderno 2", do jornal *O Estado de S. Paulo*, em 12 de maio de 2012.

Porém, surpreendeu-me o estilo no qual vazou o texto, em tudo diferente do que eu poderia esperar. Ao contrário de sua produção na música e nas inspiradas letras de canções, em que opta por uma linguagem mais solta, inventiva e inovadora, no livro Caetano parece mostrar uma reverência compenetrada ao se embrenhar no campo da prosa, adotando uma dicção clássica, escorreita, convencional.

O texto sobre Chico me levou de volta aos tempos de faculdade e às turbulências políticas do movimento universitário, quando ambos eram nossos ídolos. A disputa entre eles, decorrente de projetos artísticos divergentes, logo nos dividiu em dois grupos. Chico era o *wunderkind* da música popular brasileira. Era sua continuidade moderna, elegante, bem-nascida, cultivada, banhada e perfumada, que ainda por cima era de esquerda e produzia letras ambíguas nas quais ficávamos pescando alusões e insinuações que teriam passado despercebidas pela censura dos militares. Chico era o prosseguimento atualizado, engajado e informado do samba. Caetano, por sua vez, era a deliberada ruptura com tudo isso. Sua posição na esquerda não se apoiava na conservação de formas estabelecidas, estava aberto para novidades e assimilação de modelos musicais internacionais. Era o suprassumo do "prafrentex", palavra de grande circulação na época, muito apropriada para dar conta das mudanças de comportamento que começavam a aparecer e ainda não tinham nome; também caía como uma luva naquela coisa maravilhosamente nova chamada "Alegria, alegria". Por tudo isso, Caetano era tido como "alienado" pelos mais extremados, que não entendiam a radicalidade de sua proposta.

Eu, que era um caetanista de carteirinha, muito me diverti com a alfinetada de Caetano ao cantar, de forma debochada e depreciativa, a "Carolina" do Chico. No entanto, o que importa é que respeitávamos e amávamos os dois na diferença que expressavam.

De alguma forma, eram nossos modelos, e sentimos profundamente quando a ditadura os obrigou a sair do país, deixando-nos aqui entregues a nossa própria sorte. Em seu livro, compreensivelmente, Caetano põe panos quentes, procurando não exacerbar as antigas querelas. Meio a contragosto, admite ter cantado "Carolina" de forma "estranhável"...[2]

O capítulo sobre antropofagia, que dá título ao livro, narcisicamente remeteu-me ao artigo sobre canibalismo que escrevi na última coluna,[3] fazendo-me lembrar aspectos que não pude nele incluir por falta de espaço e que abordo agora.

A antropofagia (ou canibalismo), que tem abundantes registros na mitologia, na história, na religião, viu sua importância potencializada na época dos descobrimentos, quando passou a ser considerada indicador mais expressivo de selvageria e barbárie dos povos do Novo Mundo. Em 1566, o papa Inocêncio IV considerou-a um pecado maior e, como tal, passível de ser punido pelas armas. A rainha Isabel de Espanha baixou decreto autorizando a escravização de nativos, desde que fossem praticantes de canibalismo. É claro que a partir daí ficou muito conveniente declarar que determinado povo era canibal (ou antropófago), pois isso garantia a autorização da Igreja e do Estado espanhol para atacá-lo e escravizá-lo.

A grande ironia histórica é que, com a desculpa de eliminar o canibalismo e impor valores civilizatórios cristãos, os colonizadores terminaram por "canibalizar" os colonizados, apropriando-se de suas riquezas e recursos e deixando-os à míngua, quando

---

2   Caetano Veloso. *Antropofagia*. São Paulo: Penguin Companhia, 2012. p. 37.

3   O texto intitulado "Canibalismo" foi publicado no "Caderno 2", do jornal *O Estado de S. Paulo*, em 28 de abril de 2012. É o próximo artigo desta obra.

não os exterminando pura e simplesmente. Os colonizadores projetaram nos povos "primitivos" uma violência e uma selvageria (simbolizadas pela antropofagia) que exerceram com uma destrutividade muito mais potente, em função de sua superioridade tecnológica.

No mundo globalizado em que vivemos, as relações antropofágicas entre colonizador e colonizado tomaram feições mais nuançadas. Os padrões culturais e o poder dos países que detêm a primazia técnico-científica impõem-se com força talvez ainda maior, na medida em que é mais profundo o abismo que os separa dos países pobres.

A persistência da questão colonizador-colonizado foi evidenciada na Semana de 22 por Oswald de Andrade e sua atualidade apareceu no investimento que Caetano fez do conceito por ele proposto. Em uma provocação, Oswald de Andrade inverteu o paradigma e fez da antropofagia uma virtude e um modelo de assimilação cultural, proposta da qual Caetano se apropriou, usando-a como um dos fundamentos para o tropicalismo.

A relação colonizador-colonizado e a antropofagia estão diretamente ligadas ao problema da identidade dos povos colonizados. Lembremos que o colonizador encontrou um sistema social estabelecido e organizado, com suas próprias leis e costumes, que ignorou e destruiu para impor seus próprios valores. Aos olhos dos povos nativos, o colonizador não era o que sustentava a lei, mas sim aquele que destruía a lei até então vigente.

Assim, pode o colonizador em algum momento ocupar o lugar de pai e portador da lei para o colonizado ou vai sempre ser o estuprador invasor que ignora a lei? Pode o colonizado identificar-se com o colonizador e acatar seus valores ou vai ser sempre uma "identificação com o agressor", com toda a distorção implícita nisso? Diante do impasse estabelecido, sobra outra opção ao colonizado senão canibalizar o colonizador que o canibaliza?

* * *

A forma como Pina Bausch concebe a coreografia – se é que podemos chamar assim – para a música "Leãozinho", de Caetano Veloso, sintetiza bem a originalidade e a largueza com que encarava a dança. De uma gestualidade espontânea ou fixada em estereotipias mecânicas, ela cria efeitos estéticos e uma ingênua comicidade, que evoca as brincadeiras e a despreocupação da infância. O filme de Wim Wenders é uma justa homenagem a uma grande criadora.

35. Canibalismo[1]

Tempos atrás, presenciei um sobrinho de 2 anos e meio apontar para a barriga de sua tia grávida de sete meses e dizer, em um tom de raivosa censura: "Pensa que eu não sei? Você comeu o seu filho!". Todos rimos de sua tirada, e ele saiu da sala aparentando uma indignação maior ainda por conta de nosso descaso diante de tão grave acusação. Meu sobrinho estava expressando uma fantasia típica daquilo que a psicanálise chama fase oral canibalística ou oral-sádica, que se instala quando a criança não mais suga o leite e passa a mastigar os alimentos. Nessa fase, predominam as fantasias de comer a mãe ou a de ser por ela comida.

Tendo como modelo a ingestão de alimentos por meio do sugar ou do mastigar, a ideia de engolir a mãe é uma forma imaginária de a criança expressar seu desejo de manter a ligação fusional com ela, isto é, estar dentro dela ou tê-la dentro de si. Com o nascimento dos dentes, o ingerir a mãe adquire uma conotação agres-

---

1 Publicado no "Caderno 2", do jornal *O Estado de S. Paulo*, em 28 de abril de 2012.

siva. Assim como os alimentos são triturados com a mastigação, a criança fantasia destruir o corpo da mãe como expressão do ódio por ela não ter atendido a todos os seus desejos. Perceber tais impulsos agressivos deixa a criança culpada, esperando ser punida e temendo a retaliação por parte da mãe, que, seguindo a lei de talião, poderia vingativamente devorá-la.

Assim, os processos fisiológicos corporais de ingestão de alimentos e a subsequente excreção dos dejetos são modelos para as representações psíquicas básicas referentes ao que é interno ou externo à mente, ao que está dentro ou fora do corpo, ao que é do eu ou do outro. São protótipos dos importantes mecanismos psíquicos de incorporação ("vou comer minha mãe, assim a mantenho dentro de mim e não me separo dela"), introjeção ("vou guardar essa imagem de minha mãe em minha mente, pois não quero nem posso perdê-la"), identificação ("vou manter comigo alguns traços e elementos que representam minha mãe, e eles vão organizar meu psiquismo, permitir que eu seja como ela em alguns aspectos importantes de mim mesmo") e projeção ("vou expulsar de mim esses sentimentos ou pensamentos que não tolero reconhecer como meus"). Claro que não são processos psíquicos voluntários e conscientes, mas sim inconscientes.

Notamos, então, que a fantasia arcaica de comer a mãe evolui para uma representação mais simbólica, em que características da mãe passam a integrar o psiquismo do sujeito via identificação.

As fantasias próprias da pulsão oral possivelmente estavam na base do comportamento canibal apresentado por grupos humanos no início dos tempos, quando guerreiros comiam os inimigos mais valorosos visando apoderar-se de suas qualidades. Com a evolução dos costumes sociais, esse hábito foi substituído por sucedâneos culturalmente aceitos e valorizados, como os banquetes rituais ainda hoje praticados em que a refeição em comum reforça os laços de amizade e a aliança entre os comensais. De ato bárbaro reprimido, o canibalismo é sublimado e transforma-se na eucaristia, o sacramento mais sagrado do cristianismo, por meio do qual os fiéis comem a carne e bebem o sangue do Redentor.

Essas fantasias orais universais, pelas quais todos passamos e que sofreram um trabalho de repressão e sublimação, em casos graves de psicose podem regredir a sua mais primária formulação e ser concretizadas na realidade como atos de canibalismo. É o que ocorreu recentemente em Garanhuns, no Pernambuco, com um grupo autodenominado Cartel. Jorge Beltrão e duas seguidoras mataram e esquartejaram pelo menos três mulheres, comeram parte de seus corpos e usaram a carne na confecção de empadas e pastéis. O grupo mantinha uma menina de 5 anos, possível filha de uma das mulheres mortas, que foi quem indicou o local onde os restos dos corpos haviam sido enterrados: no quintal da casa onde moravam. O grupo foi preso por Beltrão ter usado o cartão de crédito de uma das mulheres cujo desaparecimento fora notificado à polícia. Na casa, foi encontrado um livro, intitulado *Relato de um esquizofrênico*, escrito por Beltrão, no qual relata suas vivências delirantes e dá detalhes dos crimes.

Em 2001, caso mais espantoso ainda ocorreu em Rotenburg, na Alemanha. Arwin Meiwes expressou seus desejos canibais em um *chat* da internet e um homem, Bernd Brandes, apresentou-se para satisfazê-los. Essa inacreditável associação, na qual uma pessoa anuncia querer devorar alguém e outra se apresenta para ser devorada, só pode ser compreendida dentro da lógica própria das arcaicas fantasias inconscientes já mencionadas. Poderíamos pensar que, em regressão psicótica, os dois homens encenaram concretamente a fantasia expressa por meu sobrinho de 2 anos e meio: um deles ocupa o lugar da mãe devoradora de bebês; o outro é um suicida possivelmente tomado pela fantasia de ser devorado por uma mãe sádica. São hipóteses possíveis sobre tão inusitado acontecimento, cuja comprovação, é claro, necessita de um trabalho direto e minucioso com os praticantes desse ato extremo.

A importância do saber psicanalítico é justamente mostrar que há sentido na desrazão. Mesmo nos atos mais incompreensíveis e distantes do pensamento racional existe uma lógica secreta a ser rastreada no passado do paciente, em suas relações afetivas, em sua vida psíquica inconsciente. A psicanálise permite formular uma afirmação surpreendente: quanto mais violento é o ato homicida, quanto mais em sua execução o assassino rompe com a integridade do corpo da vítima, esquartejando-a, eviscerando-a etc., mais está concretizando na realidade as fantasias inconscientes próprias dos primeiros estágios de vida, referentes aos embates imaginários do bebê com sua mãe, como bem mostrou Melanie Klein.

36. Tipos de violência / Assexualidade[1]

Muito se fala da violência física, do medo de assaltos e agressões por parte de bandidos, da falta de segurança geral, da impossibilidade de confiar em uma polícia despreparada para enfrentar o crime minimamente organizado. Fala-se menos da violência que nos atinge no nível simbólico e que nos faz desacreditar nos valores que deveriam reger a sociedade.

Toda vez que, no trato da coisa pública, os mais comezinhos princípios da compostura e da ética são pisoteados, o cidadão se sente agredido e violentado. É o que ocorre, mais uma vez, no caso Demóstenes. A impunidade que costuma cercar os protagonistas de tais desmandos é outra permanente agressão e fonte de insegurança para o cidadão, que não se sente protegido pelo judiciário.

No escândalo em pauta, novamente se alega, para invalidá-las, que as provas contra Demóstenes foram obtidas de forma ilegal.

---

1 Publicado no "Caderno 2", do jornal *O Estado de S. Paulo*, em 14 de abril de 2012.

Suponho que as escutas telefônicas necessitem de autorização legal para serem realizadas, como forma de proteger a liberdade e a privacidade do cidadão contra abusos do Estado. Assim, não deveria esse princípio ceder quando o que se evidencia nas provas – mesmo que adquiridas de forma ilícita – aponta para um crime maior? Se alguém grava uma conversa em que um assassino confessa ter matado uma pessoa, essa prova fica invalidada porque a escuta foi obtida de forma ilegal? A quebra da "privacidade" e da "liberdade" do assassino é mais importante do que o assassinato cometido por ele? O fato dessa obviedade não prevalecer só pode levantar suspeitas em mentes pouco ilustradas como a minha, que desconheçam os elevados circuitos por onde transitam os raciocínios da sábia jurisprudência.

* * *

Houve uma mudança profunda nos costumes sexuais nos últimos cem anos. De uma situação de extrema pudicícia e repressão, na qual se valorizava a contenção do desejo, chegou-se à atitude oposta, em que se louva o gozo ininterrupto.

No momento, o sexo é onipresente nos meios de comunicação de massa, que o apresentam como índice de sucesso pessoal e social, fazendo que todos se sintam obrigados a levar uma vida sexual irrealisticamente ativa e glamorosa. Nesse contexto, a assexualidade aparece como uma novidade interessante na contracorrente, motivo da atenção que a mídia norte-americana lhe tem dado, no que a figura inteligente e articulada de David Jay ocupa importante papel. Um dos elementos exponenciais do movimento a favor da assexualidade, David Jay, 29 anos, batalha nessa frente desde 2001, quando criou o site The Asexual Visibility and Education Network (AVEN), que se tornou referência para uma comunidade virtual que conta atualmente com 50 mil membros.

Objeto de um documentário (*A-sexual*) lançado ano passado, Jay afirma que a assexualidade, conceituada como ausência de interesse pelo sexo, não deve ser vista como um desvio patológico, mas como uma das modalidades do comportamento sexual, uma orientação como outra qualquer. Insiste em discriminá-la dos quadros clínicos descritos pelo DSM4 referentes a diminuição da libido ou aversão ao sexo e afasta-a do celibato, que é a voluntária abstenção da prática sexual. Enfatiza que a assexualidade não decorre de repressão nem de traumas e abusos sexuais vividos no passado, apoiando-se em um estudo inglês que aponta que 1% da população é assexual.

O site de Jay não só possibilitou o encontro de pessoas isoladas que se viam como doentes, deficitários de uma função vital altamente valorizada do ponto de vista social e cultural, como lhes deu uma nova identidade. Passaram a se ver como assexuais, representantes de uma nova modalidade positiva da sexualidade.

O discurso de Jay sobre a assexualidade é político-ideológico e desconsidera o saber médico ou psicológico. Isso levanta várias questões. Por um lado, suas ideias não abalam o conhecimento estabelecido, que vê o que ele considera assexualidade como um sintoma cujas causas podem ser pesquisadas e tratadas. No edifício teórico da psicanálise, a sexualidade ocupa um lugar central e tem uma complexidade que as racionalizações de Jay estão longe de abranger. Isso significa que sua pregação é equivocada. Por esse motivo, apesar do efeito aparentemente positivo trazido pelo conceito de assexualidade, não é prudente encorajar as pessoas a se verem com assexuais. Isso pode fazer que todos aqueles que se sentem confusos com sua própria sexualidade deixem de procurar ajuda para seus sofrimentos.

Por outro lado, os efeitos desse discurso lembram que diagnósticos e tratamentos no âmbito do psiquismo transcendem os critérios estritamente médico-psicológicos, pois são atravessados por imposições ideológicas e socioculturais, que determinam o que deve ser considerado como normalidade ou anormalidade. Melhor, mostram que não é possível postular a existência de critérios médico-psicológicos puros, porque necessariamente refletem a realidade sociocultural na qual estão inseridos. Foi o que provou a luta dos homossexuais ao se organizarem politicamente nos Estados Unidos e exigir o direito de exercer suas práticas sexuais sem a pecha da patologia. O *establishment* psiquiátrico cedeu à pressão política e deixou de ver a homossexualidade como doença.

Algo semelhante ocorre atualmente em uma área diferente da sexualidade. Um psiquiatra norte-americano afirmou que as teorias psicanalíticas sobre o autismo foram rejeitadas nos Estados Unidos não por serem errôneas, mas por conta da pressão política exercida pelos pais de autistas, que se sentiam acusados e culpabilizados por elas.

A tensão entre o discurso político-ideológico e o saber médico-psicológico pode radicalizar sempre que cada um deles se arroga a posse da verdade, gerando situações aberrantes como as experiências médicas nos campos de concentração nazistas ou o uso que o totalitarismo faz da psiquiatria ao impor o diagnóstico de loucura aos dissidentes.

37. Semáforos / Farmácias / Máscaras[1]

Semáforos

Ao parar no semáforo, o carro é imediatamente cercado por um bando de crianças, adolescentes, jovens adultos. Alguns correm entre os veículos, colocando nos retrovisores pequenos sacos plásticos com balas, bombons ou flanelinhas, acrescidos de um pequeno escrito em que está afirmado que aquilo *não* é um assalto e sim um trabalho honesto, pelo qual é pedida uma remuneração. Outros, com água e rodos, ameaçadoramente se oferecem para limpar o para-brisa. Os menores não se dão ao trabalho de oferecer serviços supérfluos e não solicitados, vão diretamente ao que interessa e pedem dinheiro, querem moedas e trocados. Uns poucos ainda fazem malabarismos com fogo, a maioria exibindo um sofrível desempenho.

---

1 Publicado no "Caderno 2", do jornal *O Estado de S. Paulo*, em 17 de março de 2012.

Vagamente atemorizado, o motorista tenta manter a calma. Para um, diz que não precisa limpar o vidro. Para outro, diz que não tem moedas, está sem trocado. Não, também não quer comprar flanelinha nem balas de hortelã ou de qualquer outro sabor. Para os malabaristas mais esforçados, eventualmente faz um elogio. Procura sorrir para uma das criancinhas de cara suja e cabelo emaranhado. O medo diminui e é substituído por um estado de preocupação. Olha para as crianças, para os adolescentes, para os jovens adultos, pensando que nenhum deles deveria estar ali, mas em casa com os pais, na escola, no trabalho.

Sabe o motorista que todos aqueles meninos, meninas, rapazes e moças vivem um presente sombrio, sem oportunidade de alimentar grandes esperanças de um futuro melhor. Estão batalhando a sobrevivência em meio à fria indiferença dos homens, em um áspero aprendizado que, certamente, terá efeitos desastrosos para todos. O motorista sabe que apenas um fio os separa da franca marginalidade. Então é invadido pelo desânimo e aumenta o volume do rádio do carro. A música o distrai até o próximo grande cruzamento, quando tudo recomeça.

Farmácias

As farmácias invadiram São Paulo. Para onde você vai, depara-se com várias delas. E tem mais. São todas iguais, seguem o mesmo figurino padronizado. Feericamente iluminadas, reluzem em um tempo que lhes é próprio. Dia ou noite, ali estão resplandecentes em sua branca limpidez. Apesar de lembrarem um pouco os supermercados com suas gôndolas, nas quais estão expostos os remédios mais populares, os produtos de higiene e os cosméticos, as farmácias procuram afetar um ar mais compenetrado, querem ter mais classe. Fazem questão de manter uma pose mais contida, da qual emana uma atmosfera de rigor e contensão.

Vindo do caos das ruas, com sua pressa, seus achaques e suas doenças, o comprador, ao entrar em uma dessas farmácias, parece ingressar em um oásis de organizada eficiência. Às vezes, até mesmo se sente intimidado, temeroso de poluir com suas preocupações e ansiedades aquele templo branco e austero, no qual reina uma calma serenidade.

De onde vieram todas essas farmácias? Que fazem por aqui? Terá tanta gente doente, precisando de seus serviços? Supondo que seja esse o caso, com sua nova roupagem, estariam tentando driblar a dolorosa realidade da doença? Estariam tentando dizer "olha, não é verdade que você está sofrendo de algum mal, que está doente e precisando tomar remédios; você está simplesmente fazendo compras, como sempre". Assim, as novas farmácias estariam tentando transformar em um conhecido ritual de consumo – mais um entre tantos – o cumprimento de um procedimento desagradável e angustiante, ou seja, a compra de medicações para o tratamento de enfermidades.

Muitos, aliviados, embarcam nesse engodo, o que não surpreende. Afinal, o consumo não é apresentado como a panaceia universal para combater a angústia que nos corrói?

Máscaras

Dia desses, perto de meu consultório, presenciei uma batida policial. Os homens da lei estavam revistando um vendedor de talões de zona azul, um rapazote que trabalha por ali com o pai. Como ninguém intercedia por ele e o pai não estava presente, dirigi-me a um dos policiais. Identifiquei-me como médico que trabalhava nas redondezas e disse que conhecia o rapaz e o pai dele. Disse aos policiais que o rapaz era gente boa. Enquanto eu falava, o rapaz dizia para mim: "Tudo bem, dotô; pode ir, é só uma batida; pode ir, dotô". Quando terminei de falar, o policial se voltou para mim e disse: "E o senhor sabia que esse rapaz, que diz ser gente boa, é um grandessíssimo maconheiro e já foi preso várias vezes por furto?".

Claro que eu não sabia, como também ignorava se o policial dizia aquilo para justificar sua indesculpável truculência. O fato é que, de repente, tudo havia mudado e os papéis que desempenhávamos em cena tinham sido trocados abruptamente. Eu, que me imaginava defendendo um jovem desvalido, via que o suposto injustiçado poderia ser um pequeno meliante e o policial, a quem atribuía uma atuação arbitrária movida pelo preconceito, transformava-se em um zeloso homem da lei, protegendo a sociedade de maus elementos. Constrangido, fiquei sem saber o que fazer ou dizer. O moleque também estava passado. "Tá tudo certo, dotô, pode deixar", dizia ele.

E eu o deixei. Enfiei minha viola no saco e fui embora, pensando nas inesperadas descobertas que ocorrem quando se rompe a distância habitual que mantemos de nossos semelhantes e aparece o que se esconde atrás da máscara usada nos contatos sociais. Temos então de lidar com esse Outro que ali surge, diferente do que imaginávamos.

Algum tempo depois, voltei a encontrar na rua o rapaz da batida policial, vendendo seus talões de zona azul. Nós nos cumprimentamos como se nada tivesse acontecido. Nas circunstâncias, era o melhor a fazer. Estávamos de novo com nossas máscaras.

38. Morte, um tema tabu[1]

Doenças graves e morte são temas desaprovados em conversas amenas no trato social. Não é difícil entender o porquê. Eles atacam diretamente nosso narcisismo ao romper com nossas fantasias de onipotência e invulnerabilidade, escancarando nosso desamparo e apontando de forma muito concreta para aquilo que mais negamos, apesar de ser a única certeza da vida: nossa finitude.

Se a fuga dessa realidade é própria do ser humano, tal atitude fica ainda mais intensificada na sociedade atual, comandada pela publicidade, que nos vende a ideia de que a completude decorre do consumo de produtos materiais. O espírito do tempo impõe que todos sejam compulsoriamente felizes e plenamente realizados, caso contrário, se é considerado como *loser*, fracassado. Nesse contexto, qualquer coisa que mostre a inconsistência dessa cobrança é afastada, negada, reprimida. Doença e morte, definitivamente, não cabem nesse panorama.

---

1   Publicado no "Caderno 2", do jornal *O Estado de S. Paulo*, em 11 de março de 2012.

Entretanto, por serem parte inalienável da realidade, esses temas não se deixam facilmente reprimir. Estão sempre se intrometendo nas conversas, apesar do empenho em afastá-las ou ignorá-las. A mídia, regida pela ideologia do consumo e pela lógica do espetáculo, é obrigada a noticiar a doença e a morte de poderosos e celebridades; a morte em massa ocorrida nas grandes catástrofes naturais; a morte em guerras, atentados e acidentes de vários tipos; a morte matada e violenta que acontece na periferia, crimes que são matéria-prima dos programas policiais, que gozam de imensa popularidade não só entre os menos favorecidos.

Na contemporaneidade, o câncer é a mais grave das doenças. É tão temido que até não muito tempo atrás as pessoas nem sequer diziam seu nome, mostrando que mantinham a crença arcaica no poder mágico das palavras, que confunde representação e coisa representada. A palavra tinha a força de uma sentença de morte e, como tal, era censurada. Com os avanços da medicina, o câncer deixou de ser uma entidade monolítica e se fragmentou em uma pluralidade de doenças com diversos graus de malignidade. Apesar de continuar aterrorizante, nem sempre o câncer é uma sentença de morte.

O diagnóstico de câncer provoca mudanças radicais na vida daquele que foi atingido pela doença. O impacto emocional é imenso. Toda a libido do sujeito tende a abandonar o mundo externo e voltar-se para si mesmo. Tudo perde o interesse. A única coisa que merece atenção é o próprio corpo e seus cuidados. Para o doente, o semelhante agora é um espectador do drama que vive, de quem espera receber conforto e apoio, enquanto transita pelos estágios de negação, raiva, barganha, depressão e aceitação, tão bem descritos por Elizabeth Kübler-Ross.

A linguagem em torno da doença privilegia as metáforas bélicas. O câncer é o inimigo a ser combatido com todas as armas e em todos os níveis: nas políticas públicas de saúde, nas condutas médicas, no interior do corpo daquele que foi diagnosticado. Nessa guerra declarada que o sujeito trava contra o câncer, atos de bravura não são raros. Qualquer um pode lembrar exemplos em suas relações pessoais, nos quais a coragem e a tenacidade mostradas no embate com a doença constituem-se atitudes edificantes e muito ajudam a condição de vida naquelas circunstâncias.

Por mais que os costumes tenham evoluído, não é possível abolir a reverberação emocional provocada pela morte, a dor proveniente da perda dos entes queridos e o inevitável luto por ela desencadeado. A cultura produziu rituais sociais e religiosos que tentam tornar a morte menos assustadora. As pompas fúnebres preparam o corpo do morto para sua última aparição social e o encaminham ao destino final, enquanto os ritos religiosos garantem-lhe uma sobrevida espiritual no além.

Os debates éticos sobre os procedimentos médicos adotados com doentes moribundos ou portadores de quadros irreversíveis têm ajudado a abordar o tema da morte de forma mais objetiva. Pôde-se, então, discriminar e nomear diferentes situações: eutanásia, ortotanásia, distanásia, tratamento fútil, obstinação terapêutica, cuidado paliativo, recusa de tratamento médico, limitação consentida de tratamento, retirada de suporte vital (RSV), não oferta de suporte vital (NSV), ordem de não ressuscitação ou de não reanimação (ONR) e suicídio assistido. Tudo isso possibilita avaliar melhor a indicação de cada uma delas. Essa abordagem tem feito o tema da doença grave e da morte deixar de ser tratado como tabu e ser enfrentado de forma mais humana e realística.

Nesse sentido desmistificador, chamam a atenção os textos "Topic of cancer" e "Tumourtown", de Christopher Hitchens,[2] o polemista inglês recentemente vitimado pelo câncer. Sem negar a gravidade dramática de sua situação nem abandonar o humor e a ironia, Hitchens descreve suas experiências ao ser diagnosticado e ao submeter-se aos tratamentos contra o câncer, descrevendo tudo como o ingresso em um mundo paralelo até então desconhecido, regido por normas próprias, com língua e costumes específicos.

Recentemente, soube que até mesmo no Facebook pessoas postam em suas páginas informações sobre o câncer que as acomete e o tratamento a que se submetem, recebendo manifestação de afeto e solidariedade por parte dos amigos. Surpreende tal acontecimento, na medida em que quebra a imagem preconceituosa que muitos fazem dessa mídia social, entendida como a vitrine maior da sociedade da felicidade compulsória, a qual aludi no início.

De fato, as pessoas se apresentam no Facebook como se vivessem no melhor dos mundos. Estão fazendo coisas interessantíssimas, em lugares maravilhosos. Ninguém ali parece ter problemas. Estão esconjurados todos os fantasmas que atazanam os pobres mortais, isto é, uma vida sem acontecimentos excepcionais, o desafio de estabelecer um relacionamento afetivo estável e prazeroso, a luta para obter o sucesso financeiro, o medo de não ter amigos etc. O que aparece no Facebook é a imagem idealizada de cada um, com os aspectos positivos exacerbados e os negativos escamoteados. Mas por que deveria ser diferente? Não é exatamente isso que acontece nos contatos sociais convencionais em que estamos presentes? Neles também procuramos mostrar o melhor que temos,

---

2   Disponível em: <http://www.vanityfair.com/culture/2010/09/hitchens-201009>; <http://www.vanityfair.com/culture/2010/11/hitchens-201011>. Acesso em: 25 maio 2017.

poupando o interlocutor de aborrecimentos e coisas desagradáveis. Exatamente por esse motivo, temas como doenças e mortes são evitados. A única diferença entre o Facebook e os contatos diretos não virtuais é a amplitude desmesurada das relações ali exibidas, os amigos a mancheias, às dezenas, centenas e até milhares...

De qualquer forma, que o câncer possa aparecer no Facebook e suscitar calorosa solidariedade entre seus participantes mostra como as relações ali expostas podem ter a mesma força afetiva dos contatos pessoais na realidade. Trata-se de mais uma indicação de que o câncer deixa de ser um assunto proibido, o que alivia os doentes, que não mais sofrerão em silêncio por temer incomodar os demais com a expressão de sua dor.

39. *Luto e melancolia* direto do alemão[1]

A extensa obra de Freud apresenta dois grandes desafios ao tradutor. O primeiro diz respeito a seu estilo, no qual se conjugam o empenho didático, que impõe uma extraordinária clareza na exposição, e a alta qualidade literária, que faz a leitura instigar a curiosidade intelectual do leitor e proporcionar-lhe, com frases fluidas e bem concatenadas, inequívoco prazer estético. O segundo desafio diz respeito ao rigor teórico a ser seguido, pois uma grande quantidade de conceitos vai sendo construída à medida que a obra avança e o tradutor deve conhecê-los para manter a nomenclatura coerente.

O inglês James Strachey, irmão do escritor Giles Lytton Strachey, participante do grupo Bloomsbury, em que brilhava Virginia Woolf, saiu-se muito bem da empreitada com sua *Standard Edition*. Apesar

---

1 Publicado no "Caderno 2", do jornal *O Estado de S. Paulo*, em 8 de fevereiro de 2012.

de, no esforço de manter o rigor conceitual, ter criado expressões que se afastam um tanto do sentido freudiano, como o termo "catexia". Strachey deixou sua tradução ainda mais valiosa com oportunas introduções, que situam cada texto, e um eficiente sistema de referências cruzadas, que muito facilita o trabalho do estudioso.

Quando, nos anos 1970, a Editora Imago, do Rio de Janeiro, traduziu a *Standard Edition* para o português, o entusiasmo inicial dos interessados na obra de Freud foi, aos poucos, substituído pelo constrangimento, dado o grande número de equívocos do texto. A psicanalista Marilene Carone foi uma das primeiras a se preocupar com a necessidade de traduzir diretamente do alemão para o português a obra do sábio de Viena. Um projeto de ampla envergadura ao qual se dedicou, mas que, em função de seu precoce falecimento em 1987, ficou restrito aos textos *A negação*, *Luto e melancolia* e *Conferências introdutórias à psicanálise*.

Luto e melancolia tem grande relevância teórica, pois ali a identificação deixa de ser apenas mais um dos mecanismos psicológicos e torna-se o processo pelo qual o ser humano se constitui. Ao constatar que o melancólico não cessava de se acusar, de se aviltar, de dizer não merecer qualquer consideração ou respeito, Freud percebeu que os impropérios que ele, o melancólico, dirigia a si mesmo, na verdade, eram dirigidos a alguém de suas relações, com quem mantinha um relacionamento conflitivo e que perdera por morte ou desentendimento definitivo. Isso significa que o melancólico está identificado com a pessoa perdida e, ao atacar a si mesmo, na verdade ataca aquela pessoa.

Essa descoberta clínica possibilitou a Freud organizar a teoria do complexo de Édipo, centrada na identificação estrutural com as figuras relevantes de pai e mãe. Mais ainda, a questão da perda do objeto, central em *Luto e melancolia*, permitiu desdobramentos teóricos decisivos, como os realizados pela escola kleiniana (objeto destruído na posição esquizoparanoide e reparado na posição depressiva) e pela lacaniana (objeto "pequeno a").

A cuidadosa versão de *Luto e melancolia* realizada por Marilene Carone foi publicada previamente em revistas especializadas. Agora a editora Cosac Naify relança a obra em uma edição bem apresentada, encadernada, com fita marcadora de página e impressa com tipos e cores diferentes. O livro vem enriquecido por três textos: uma pequena apresentação de Modesto Carone, fonte das informações aqui apresentadas, e dois artigos de Maria Rita Kehl e Urania Tourinho Peres. Essas autoras discorrem sobre a importância da melancolia no *corpus* psicanalítico e recuperam a larga história da melancolia na cultural ocidental, quando era considerada a doença de homens excepcionais, pensadores, filósofos e artistas.

40. De quem é a culpa?[1]

A psicanálise dominou o estabelecimento psiquiátrico norte-americano até os anos 1970. Por motivos variados, a partir dos anos 1980 os protocolos da neurociência e do cognitivismo tomaram-lhe a dianteira, impondo uma visão divergente sobre o funcionamento mental normal e patológico. A contínua disputa entre as duas correntes fica especialmente aguda quando se fala de autismo. Observamos tal fato agora em razão da polêmica que se desenvolve na França em torno do documentário realizado por Sophie Robert, intitulado *Le Mur: La Psychanalyse a l'épreuve de l'autisme*. O filme ainda não foi lançado no circuito comercial, mas pode ser visto no YouTube, com legendas em inglês.

O documentário está estruturado em entrevistas com pediatras e psicanalistas (lacanianos), que tentam explicar hipóteses teóricas sobre o autismo. A isso, é contraposto o cotidiano de uma

---

1   Publicado no "Caderno 2", do jornal *O Estado de S. Paulo*, em 4 de fevereiro de 2012.

família de quatro filhos com diversos distúrbios, sendo que dois deles têm autismo. Segundo a mãe, o mais velho foi tratado com métodos baseados na psicanálise, que deu resultados precários. O outro, tratado com treinamento cognitivo, apresentou grande melhora. Isso é suficiente para Robert queixar-se do "atraso" da França no tratamento do autismo, onde é considerado uma "psicose", ou seja, uma doença mental, quando de fato seria uma doença neurológica, do cérebro. A seu ver, isso se deve ao fato de ainda serem usados métodos "ultrapassados", como a psicanálise, em vez dos novos treinamentos cognitivos. Vale dizer que na França, ao contrário dos Estados Unidos, persiste a hegemonia da visão psicanalítica nos procedimentos psiquiátricos e psicoterápicos.

Le Mur se posiciona abertamente contra a psicanálise. Não fica claro se a postura dos analistas entrevistados se deve a um radicalismo que lhes é próprio ou se decorre da maneira como as entrevistas foram conduzidas. Eles não falam dos prováveis comprometimentos genéticos e neuroquímicos que apontam para a possibilidade da existência de vários tipos de autismo e se restringem à explicação psicanalítica. Essa explicação apresenta certa complexidade na apreensão da realidade psíquica e sua lógica é regida pelo inconsciente. Entretanto, a diretora não faz o menor esforço para tornar isso mais compreensível para o grande público. Pelo contrário, mostra os psicanalistas como portadores de uma fala louca, defendendo ideias bizarras e distantes do senso comum, levando-os ao ridículo e ao descrédito. Não surpreende que alguns dos psicanalistas entrevistados sentiram-se traídos em sua boa-fé e entraram com uma ação tentando impedir a exibição do filme, alegando que suas participações foram distorcidas na montagem. A forma como as entrevistas foram mostradas faz os analistas parecerem ter uma atitude acusatória e culpabilizante das mães com filhos autistas. E essa é uma questão antiga e delicada.

Por volta de 1950, Leo Kanner, pioneiro no estudo de autistas, cunhou a expressão "mães geladeiras" (*refrigerator mothers*), aplicando-a àquelas mulheres que se mantinham frias e distantes de seus bebês recém-nascidos. Para ele, essas mães não proporcionavam a seus bebês o ambiente caloroso e amoroso necessário para que estabelecessem adequadamente seus primeiros vínculos afetivos, o que os levaria ao autismo. Tal formulação da questão gerou reações negativas por parte dos interessados. De qualquer forma, com variações mais ou menos extensas, autores como Bruno Bettelheim, Melanie Klein, Donald Woods Winnicott, Margaret Mahler, Alice Miller, Frances Tustin e Jacques Lacan (como mostra o documentário) consideraram o relacionamento mãe-bebê como decisivo na constituição do psiquismo e, consequentemente, na gênese de diversos distúrbios psíquicos.

Como vimos anteriormente, essa teoria foi banida dos Estados Unidos a partir dos anos 1980, sendo substituída pela explicação somatogenética, que exclui qualquer menção à relação mãe-bebê. Alguns, como o psiquiatra Peter Breggin,[2] dizem que essa mudança de enfoque não se deve a razões científicas, mas às fortes pressões políticas exercidas pelas associações de pais de autistas, que não toleravam mais a culpabilização que julgavam ver na compreensão teórica psicanalítica.

É compreensível que lamentáveis mal-entendidos tenham gerado esse sentimento nos pais. É frequente ouvir que a psicanálise põe a culpa de tudo nas mães. Assim, é claro que a abordagem cognitivo-comportamental, que afirma serem os sintomas decorrentes do balanceamento geneticamente determinado dos neurotransmissores cerebrais, ou seja, algo que nada tem a ver com os relacionamentos familiares, parece-lhes muito mais aceitável.

---

2 Disponível em: <https://en.wikipedia.org/wiki/Refrigerator_mother_theory>. Acesso em: 25 maio 2017.

O fato de a psicanálise apontar para a extraordinária importância dos primeiros anos de vida da criança e das relações primárias com os pais, situando aí os momentos decisivos de sua constituição psíquica e as oportunidades para o aparecimento de inibições, fixações ou regressões no desenvolvimento, não exclui a importância da genética nem dos neurotransmissores, tampouco significa culpabilizar a mãe pelas dificuldades que o filho possa apresentar no futuro. Em primeiro lugar, porque não compete à psicanálise julgar nem culpar, mas sim analisar. O fato de o relacionamento com um filho não ser satisfatório não decorre da maldosa deliberação voluntária e consciente da mãe, mas da possível emergência de seus conteúdos reprimidos inconscientes, que necessitam de acolhimento e cuidados. Em segundo lugar, porque, por mais decisiva que seja a relação do bebê com a mãe, não se pode esquecer a figura do pai e dos demais familiares atuais e antepassados. Trabalhos analíticos mais recentes mostram a importância de velhos segredos e vergonhas familiares que são transmitidos de forma inarticulada e não simbolizada para as gerações subsequentes, produzindo sintomas. Isso significa que é muito amplo o leque de influências sobre a criança. Não se trata de culpar a mãe, o pai ou a família, mas de entender a complexidade da visão psicanalítica no que diz respeito à constituição do sujeito e a ajuda que ela oferece àqueles que apresentam dificuldade no decorrer desse processo, sejam pais, sejam filhos.

Nota: Assisti na internet à versão original de *Le Mur* no início da semana. Não sei se já foi modificado, pois a justiça francesa deu ganho de causa aos psicanalistas, obrigando Robert a retirar do documentário as entrevistas que haviam dado e a pagar-lhes uma quantia compensatória por danos a imagem e reputação (19 mil euros). A diretora recorreu da decisão.

41. Fugacidade / Daniel Piza[1]

Em algumas veredas do Parque do Ibirapuera, vindas das profundezas, as raízes emergem rompendo o asfalto. Tempos atrás, a administração do parque paulistano ressaltou aquelas fraturas com tinta branca, talvez para os pedestres não tropeçarem nelas ao transitar por ali. Reforçado com a moldura branca, o percurso sinuoso e hesitante das raízes transformou-se em um grafismo estampado no asfalto. Mais ainda, tal desenho adoçou a essência áspera e inanimada do asfalto, dando-lhe um pouco de vida, assemelhando-o à pele, marcada por ferimentos e cicatrizes, de um imenso ser vivo, pelo qual correm veias e artérias.

Há cerca de dois meses, em minhas andanças pelo parque, ao me aproximar da ponte no caminho que margeia o lago, deparei com algo que chamou minha atenção. Alguém pintara no chão largas tiras sinuosas coloridas, acompanhando as rachaduras feitas no asfalto pelas raízes e suas molduras brancas ou fazendo um

---

1 Publicado no "Caderno 2", do jornal *O Estado de S. Paulo*, em 7 de janeiro de 2012.

contraponto com elas. Sobre cada tira, estava cuidadosamente escrita uma frase. A beleza visual da disposição colorida das faixas pintadas no chão e o surpreendente teor poético das frases tiveram o poder de deter minha caminhada, fazendo-me ler o que estava escrito.

Fiquei admirado com a propriedade do que via. O conjunto transcendia a pichação e até mesmo o grafite, configurando-se como uma original e criativa instalação. Havia, em primeiro lugar, a feliz escolha do local: a ruela ao lado do lago, onde o asfalto rompido pelas raízes fornecia a metáfora da vida em rebeldia contra os rígidos constrangimentos que lhe são impostos, as formas sinuosas marcadas no chão. Quem realizara aquilo havia captado não só a poesia da sublevação das raízes contra o que as sufocava como também a beleza formal das linhas bêbadas que abriam, ampliando-as com faixas coloridas e escritas. Não só houve um aproveitamento adequado desses elementos, como ainda foram recriados em novas linhas, palavras e cores, desvendando sua oculta transcendência.

Pensei que o teor poético da escrita produzia em mim um efeito semelhante ao das raízes, ao fincar fundo em minha mente suas imagens. O que via ali representava muito bem o conceito de instalação, muito melhor do que aquilo que muitas vezes vemos em exposições, umas contrafações cerebrais e artificiosas, cujas propostas só a muito custo e sem prazer engolimos.

Mesmo sabendo das complicações ligadas às distinções de gênero no que diz respeito à criação artística, a delicadeza da construção me fez atribuir a autoria do projeto a uma sensibilidade feminina. E é possível que minha intuição esteja correta, pois, em uma das frases, o sexo de quem a escreveu se revela: "Distraída passo pela vida, sem ser subtraída".

Desde aquele dia, tenho passado pelo local regularmente e fico tocado ao constatar que a desatenta maioria percorre o caminho sem ver as faixas, que já desbotaram, fazendo algumas frases ficarem ilegíveis. Percebendo que tudo se esvaía, veio-me o desejo de escrever a respeito e, antes que as frases se apagassem por completo, resolvi copiar algumas delas: "Vou espalhando pelo caminho um pouco do que procuro", "Aguardo deste lado da margem a embarcação, nela está a outra margem", "Meu vazio tem imensidão para acolher o novo e tudo o que colecionei ao longo da vida", "Retiro véus e me descubro nuvem", "Todos os domingos são parques de diversões. Coro de crianças, sorvetes e pipocas, mesmo quando há silêncio em mim", "No verão, percebo os invernos que há em mim", "Meu deserto instalou em meus olhos alguns oásis", "Trago em mim um pouco de cada coisa que não fui", "Não vou a lugar nenhum que me leve para longe de mim", "Um pouco de sol, para que clareie a mente e doure o corpo", "Ponte que não me leva. Ponte que me atravessa", "Ali, onde os castelos são feitos de sonhos, brumas e beijos. Onde a torre guarda jasmins e girassóis. Onde encontramos a linha do infinito cada vez que nos olhamos".

Ao reproduzir as frases aqui, retiro-as de seu contexto, de seu humilde suporte no chão, onde, em seu leito colorido, gozavam da vizinhança das raízes. Com isso, de certa forma, desfaço a instalação complexa tal como fora concebida pela autora. Impossibilitado de remontar sua riqueza sensorial, tão bem integrada com os elementos naturais que a circundam – árvores, lago, ar livre –, atenho-me a seu teor literário. No entanto, é minha forma de agradecer pelo momento de beleza e brandura que a autora me proporcionou. Muitas vezes, fala-se do narcisismo do artista, de seu desejo de fama e glória. É injusto enfocar sua atividade exclusivamente sob esse ponto de vista, pois fica excluída a generosidade implícita no ato de criar e doar ao mundo sua criação.

Outro aspecto ligado ao ato de publicar as frases aqui é que, dessa forma, dou-lhes um pouco mais de fôlego, pois já desapareciam em seu lugar de origem. Aliás, essa é uma característica da chamada arte urbana, que, usando suportes fornecidos pela própria cidade, acontece fora dos circuitos oficiais e de suas instituições. Exposta às intempéries, ao sol, à chuva, essa arte tem vida curta. Não pode sonhar com a permanência nem com a imortalidade sedutoramente prometida por galerias e museus. Ao apontar para a fugacidade das coisas e de nós mesmos, talvez esteja mais próxima da verdade.

* * *

A propósito da fugacidade, impossível não lembrar Daniel Piza. Tivemos um único encontro em recente almoço dos cronistas deste jornal. Com tantos interesses em comum, imaginava que no futuro teríamos alguma aproximação. No entanto, a Grande Ceifadora passou antes.

42. Religião e ética[1]

Não li *Religião para ateus*, de Alain de Botton,[2] mas li a recente resenha que lhe dedicou Terry Eagleton, filósofo e crítico literário inglês. Eagleton diz que, ao contrário de Marx e Nietzsche, que diretamente combatiam a religião, muitos filósofos, como Maquiavel, Voltaire, Rousseau, Diderot, Tolland, Gibbon, Matthew Arnold, Comte e o contemporâneo Habermas, compartilham a descrença nos dogmas religiosos, porém, ainda assim, consideram que a religião é útil para manter sob controle a ralé, a plebe, o populacho, a massa, a chusma... De forma irônica, Eagleton resume a postura desses pensadores, entre os quais inclui Botton, em um mote: "Eu mesmo não acredito, mas, do ponto de vista político, é mais conveniente que você acredite". A seu ver, trata-se de uma contraditória forma de pensar daqueles que, enquanto filósofos, deveriam zelar pela integridade do intelecto e difundir o conhecimento. Se Eagleton está correto em sua leitura, Botton e os demais

---

1   Publicado no "Caderno 2", do jornal *O Estado de S. Paulo*, em 21 de janeiro de 2012.

2   Alain de Botton. *Religião para ateus*. São Paulo: Intrínseca, 2011.

216   RELIGIÃO E ÉTICA

autores citados parecem incorrer no erro decorrente de uma indis-
criminação entre os campos da religião e da ética, confusão sobre
a qual Jacques Derrida debruçou-se no Seminário de Capri, em 1994.

A maioria pensa que os valores mais elevados da humanidade
– amor, respeito ao outro, abdicação da agressividade, desejo de
estabelecer a paz na comunidade – estão depositados e resguarda-
dos na religião. Por esse motivo, qualquer crítica à religião é entendida como um ataque a esses valores fundamentais para a civilização. Ao não discriminar o que é próprio da religião e o que é
próprio da ética, conclui-se de forma apressada e errônea que o
não religioso, o ateu, é um ser aético e amoral.

No empenho de estabelecer o que é estritamente do domínio
do religioso, Derrida pinça duas experiências específicas: a da fé e
a do sagrado. À primeira vista, seriam exclusivas da religião. Entretanto, Derrida mostra que não é bem assim. Aponta, primeiro,
que se entendemos religião como prática ligada ao trato com o
divino e suas revelações, logo percebemos que a fé não se restringe
a esse campo. A fé se faz imprescindível em qualquer contato entre
os homens. É preciso ter fé no outro, é preciso crer no que ele diz,
acreditar que ele fala a verdade. De forma semelhante, o sagrado
também não se limita ao divino, pois a consideração à vida e ao
outro deve ter essa conotação. A vida, diz Derrida, é algo que deve
permanecer "indene, sã, a salvo, intocável, sagrada".[3]

Na medida em que evidencia que a fé não é uma experiência
própria e exclusiva da religião, mas algo inerente e indispensável
no relacionamento humano, Derrida desfaz a incompatibilidade
entre fé e razão, oposição tradicional mantida com grande vigor
desde o Iluminismo por aqueles que acreditam se apoiar nela a

---

3   Idem, p. 66.

possibilidade do pensamento científico. O autor afirma o contrário: é justamente por ter fé na palavra do outro que a transmissão de conhecimento se faz possível.

Qualquer relação humana se baseia na possibilidade de aliança com o outro, na crença de ouvir dele a verdade e, em retribuição, também falar a verdade a ele e ainda de ter com ele uma "fé jurada". Esses atos de grande importância nas relações pessoais geram quase automaticamente a figura necessária de uma testemunha, aquele que garante e dá credibilidade às sempre frágeis e incertas promessas e alianças entre os homens. Ninguém melhor do que um deus para desempenhar essa função.

O que Derrida propõe é que aquilo que aparece simbolizado, idealizado e "purificado" na religião e que se acredita ser específico dela, na verdade, são aspectos essenciais das relações entre os homens. Aponta para uma religião não "religiosa" no sentido comum, "ateologizada", fruto de necessidades humanas. Nesse sentido, o título do livro de Botton, uma religião para ateus, parece apontar para a mesma direção, mesmo que por vias não coincidentes.

Freud também concebia a religião como fruto de necessidades humanas, atendendo a anseios arcaicos por um pai poderoso que garantisse amor e proteção contra os perigos da existência e a ameaça onipresente da morte. Na religião, são reencontrados os pais fortes da infância e dos quais não se quer abrir mão, simbolizando uma relutância em assumir a própria autonomia na vida adulta.

Ao fazer a discriminação entre religião e ética, persiste uma questão. Muitos pensam que a ética decorre de preceitos religiosos, que seria um depurado leigo dos mandamentos divinos. Entretanto, Freud mostrou que a ética decorre de procedimentos humanos necessários para a sobrevivência. Cada homem deve conter

218   RELIGIÃO E ÉTICA

sua sexualidade e sua agressividade para que seja possível a convivência em comum, isto é, para que o grupo social sobreviva. No correr do tempo, essa contenção se codificou em normas de conduta que passaram a reger as relações humanas. O filósofo Philip Kitcher diz algo semelhante no artigo "Ethics without religion",[4] ao enfatizar a importância de compreender as raízes históricas de nossas práticas éticas. Afastando-se da ideia de que mandamentos semelhantes possam ter sido enunciados por diferentes deuses em épocas e culturas diversas, acredita que tais mandamentos teriam surgido como soluções práticas para problemas sociais. Posteriormente, teriam sido absorvidos pelos diferentes contextos religiosos, o que lhes teria dado uma força suplementar. Isso significa que a ética não decorreria de preceitos divinos revelados, mas da codificação de procedimentos e condutas impostos pela necessidade de viver em grupo. Essas regras humanas teriam sido absorvidas pela religião e transformadas em mandamentos divinos. O autor ainda mostra que entender a natureza humana da ética nos possibilita ter uma ideia do trajeto percorrido e do estágio que atingimos – de hordas de primatas a nossas complexas sociedades –, dando-nos forças para continuar melhorando um projeto jamais acabado, em permanente processo de aprimoramento.

Os que defendem a religião como necessária para a estabilidade social, como Eagleton diz que fazem Botton e outros filósofos já citados, esquecem que muitas vezes ela coloca em risco o laço social. No momento em que dogmas diferentes entram em choque, impera a violência e são instaladas intransigência e intolerância.

* * *

---

4   Philip Kitcher. Ethics Without Religion. *Berfrois: Literature, Ideas, Tea*, 11 jan. 2012.

Quinzena passada, escrevi sobre uma instalação no Parque do Ibirapuera. Entre os e-mails que recebi, estava o de Rita Alves, poetisa e autora das frases que reproduzi no artigo. Ela informa que aquele projeto teve autoria coletiva. O local foi escolhido pelo diretor do parque, Heraldo Guiaro, que a convidara para criar algo ali. Os grafites foram feitos por Anderson e Robert Pinheiro, dos Gêmeos da Arte. O sucesso obtido motivou convites para novas experiências em outros parques da cidade, como Carandiru, Villa-Lobos e Tietê.

43. Natal[1]

O Natal é uma festa encharcada de emoção. Das festividades da civilização ocidental cristã, é a que tem maior apelo afetivo. É compreensível, pois, ao lado dos significados religiosos, essa celebração nos mostra o momento em que uma família é constituída, o que se dá pelo nascimento do filho de um casal. Por essa via, o Natal aponta diretamente para a realidade familiar, que nos é muito próxima, fazendo-nos evocar nossas famílias, seja a família original em que ocupamos o lugar de filho, seja a família que formamos ocupando o lugar de pais. Daí, a razão de a data suscitar sentimentos tão fortes nas pessoas.

Tirando proveito desse derramamento afetivo, o consumo e a publicidade se apropriaram do Natal, transformando-o na maior oportunidade de vendas do ano. Embora a maioria alegre-se com o simbolismo explícito do nascimento de uma criança, com tudo o que isso representa de esperança, continuidade e oposição à

---

1   Publicado no "Caderno 2", do jornal *O Estado de S. Paulo*, em 24 de dezembro de 2011.

morte – ideias reforçadas com as festividades do Ano-Novo, que também apontam para renovação e recomeço –, não podemos esquecer que há pessoas que não compartilham desse sentimento. Pelo contrário, existem aqueles que se sentem tristes, ficam deprimidos e lamentam não compartilhar uma alegria que supõem ser universal nessa ocasião.

Como o Natal nos remete à família, pode-se esperar que as experiências ocorridas nesse ambiente sejam singulares e apresentem uma grande variedade. Ao contrário da visão apressada que mostra as relações familiares como se fossem perfeitas e amorosas, a verdade é que podem ser bastante difíceis. Então, não é surpreendente que, enquanto muitos curtam e aproveitem sem maiores conflitos a festa do Natal, alguns a experimentem com uma carga mais complexa de sentimentos.

Mais que nosso conhecimento intelectual, é essa mistura de amores e ódios, fracassos e vitórias, carinhos e violências, alegria e tristeza, agressões e cuidados para com aqueles que nos são próximos que dá nossa verdadeira dimensão como seres humanos. Em nossos afetos, está armazenado o inestimável fogo da vida.

Não é outra coisa o que afirma Roberto Carlos quando diz "se chorei ou se sorri, o importante é que emoções eu vivi", canção extraordinária que um dos entrevistados de Eduardo Coutinho bem que poderia ter cantado em seu documentário *As Canções*. Para os que gostam muito, para os que gostam menos e mesmo para os que desgostam, desejo a todos um bom Natal e um feliz Ano-Novo.

44. Sobre roubo de sêmen e pênis[1]

Recentemente, foi noticiado que, no Zimbábue, uma gangue de mulheres atua sequestrando homens para roubar-lhes o sêmen, que seria usado em rituais de magia ou vendido em outros países. Apesar de tais rumores circularem há mais de um ano, apenas agora foram detidas três mulheres acusadas de tal conduta criminosa. Após prestarem declarações, foram soltas sob fiança e enfrentaram uma multidão enfurecida ao saírem da cadeia. Os homens que foram vítimas desse ataque sentem-se envergonhados e temem que sua masculinidade tenha ficado comprometida.

Tais supostos acontecimentos evidenciam uma forte carga fantasiosa de teor sexual e remetem a uma situação similar, ocorrida na Nigéria nos anos 1970 e 1990, objeto de um interessante artigo de Frank Bures.[2] Naquela ocasião, uma quantidade signifi-

---

1 Publicado com o título "O inconsciente universal" no "Caderno 2", do jornal *O Estado de S. Paulo*, em 10 de dezembro de 2012.

2 Frank Bures. A mind dismembered: in search of the magical penis thieves. *Harper's Magazine*, jun. 2008.

cativa de homens procurava as autoridades policiais queixando-se do roubo de seus pênis e testículos. Diziam ter sentido subitamente algo estranho em seus genitais e, ao apalpá-los, percebiam que haviam desaparecido ou diminuído de tamanho. Nesse caso, temiam que o pênis desaparecesse ou fosse sugado para dentro do próprio corpo, o que causaria suas mortes. Muitos entravam em pânico e, aos gritos, anunciavam o ocorrido. Algumas vezes, apontavam um inocente circunstante como o autor do roubo, o que provocava o imediato linchamento do acusado pela multidão. Estava configurada uma situação em que uma comunidade inteira compartilhava intensamente do mesmo sintoma mental.

A epidemia de pênis roubados chamou a atenção do psiquiatra doutor Sunday Ilechukwu, que descreveu os surtos acontecidos entre 1975 e 1977 e sua recidiva em 1990 e em anos seguintes. Documentos oficiais registram que, em abril de 2001, foram linchados doze suspeitos de roubo de pênis na Nigéria e seis no Benin; já entre 1997 e 2003, houve 36 linchamentos na África Oriental.

Constatou-se que o quadro era bem mais antigo, tendo sua primeira descrição aparecido na China em 300 a.C. em um livro de medicina, em que era chamado *suo-yang*, "pênis encolhido". Em 1874, Benjamin Matthes, estudando os costumes da ilha Sulawesi, na Indonésia, descreveu a mesma sintomatologia, usando a denominação no idioma local: *lasa koro*, "encolhimento do pênis". Essa terminologia acabou se impondo. Em 1950, o doutor Pow Meng Yap escreveu um artigo publicado no *British Journal of Psychiatry* com o título "Koro, a culture-bond depersonalization syndrome". Desde então, a síndrome do pênis roubado, ou *koro*, tem aparecido em vários lugares, como as epidemias em Cingapura (1967, quinhentos casos), Tailândia (1976, 2 mil casos), Índia (1982) e, novamente, China (1984-1985). Vemos, então, que a síndrome do pênis roubado apareceu em contextos culturais bem diversos: desde que surgiu na China, espalhou-se pelo sudeste da Ásia e instalou-se no continente africano.

O DSM4 (manual norte-americano de psiquiatria adotado no mundo ocidental) coloca casos como o *koro* em um apêndice, classificando-os como "síndromes ligadas à cultura", ou seja, quadros psíquicos que ocorrem em países com costumes próprios e diferentes dos ocidentais. É uma classificação discutível, pois todas as síndromes, inevitavelmente, adquirem sua forma em função da cultura do local onde ocorrem. Ao afirmar que apenas algumas são assim classificáveis, os autores da DSM4 parecem partir da presunção de que os costumes e a cultura ocidentais são o paradigma da humanidade e que as demais culturas são "exóticas". Não lhes ocorre que, para as pessoas de outras culturas que não a ocidental, a sintomatologia que incide nos Estados Unidos, como o transtorno de múltipla personalidade, a bulimia, os quadros dismórficos, a síndrome de ter um *chip* para espionagem do governo, o *pet hoarding* (comportamento compulsivo daqueles que recolhem animais abandonados e os mantém em cativeiro sem condições sanitárias), seria tão "exótica" quanto são para nós as "psicoses étnicas" que atingem os povos "primitivos", como é o caso do roubo de pênis na Nigéria ou do roubo de sêmen no Zimbábue.

O viés etnocêntrico da classificação fica mais evidente quando lembramos que a síndrome do roubo do pênis era conhecida na Europa da Idade Média, constando do *Malleus Maleficarum*, o guia de instruções para lidar com bruxas, que eram capazes de roubar a virilidade de um homem de várias formas, sendo que uma delas era justamente fazendo desaparecer seu membro.

O *koro* mostra como o conteúdo inconsciente do sintoma é universal. Não obstante vicejar em culturas distantes da nossa, ilustra de forma cristalina a angústia de castração, elemento central da teoria psicanalítica, que, por sua vez, embora de aplicação universal, é uma das magnas expressões da cultura europeia. Se o conteúdo do sintoma é universal, a forma é plasmada pela cultura. Nas culturas asiática e africana, a angústia de castração manifesta-se diretamente na sintomatologia do *koro*. Entre nós, aparece disfarçada, pois a repressão deu-se por outras vias. Enquanto na Nigéria os homens sentem que seu pênis foi roubado, aqui temos casos de impotência ou ejaculação precoce, condições que, de forma semelhante, roubam a virilidade dos homens. Se na África e na Ásia, os homens pensam que seus pênis estão encolhendo e vão desaparecer, os ocidentais (seriam só eles?) pensam de forma obsedante no tamanho de seus pênis.

As configurações psíquicas inconscientes emergem na consciência individual ou social de forma diferente, em função da cultura vigente em determinado tempo e lugar, como mostrou Freud, ao comparar as peças de Sófocles e Shakespeare. Se na Grécia antiga a conflitiva em relação ao pai podia ter uma manifestação mais direta, como em *Édipo Rei*, séculos depois, na Inglaterra elisabetana, já sofrera maior repressão e era expressa de forma mais indireta, como em *Hamlet*.

Casos como o *koro*, e quaisquer outras manifestações, como as de cegueira histérica, são também importantes por mostrar de forma inconteste como os órgãos da percepção perdem sua função quando invadidos pelo desejo inconsciente. Os pacientes de *koro* não sentem nem veem sua própria genitália, apesar de estar ela onde sempre esteve. Esse fato deveria ser lembrado por aqueles que supervalorizam os processos perceptivos e cognitivos em detrimento da visão psicanalítica.

45. Acaso[1]

Tememos o acaso. Ele irrompe de forma inesperada e imprevisível em nossas vidas, expondo nossa impotência contra forças desconhecidas que anulam tudo aquilo que trabalhosamente organizamos e construímos. Seu caráter aleatório e gratuito rompe com as leis de causa e efeito com as quais procuramos lidar com a realidade, deixando-nos desarmados e atônitos diante da emergência de algo que está além de nossa compreensão, que evidencia uma desordem contra a qual não temos recursos. O acaso deixa à mostra a assustadora falta de sentido que jaz no fundo das coisas e que tentamos camuflar, revestindo-a com nossas certezas e objetivos e nossa apreensão lógica do mundo.

Procuramos estratégias para lidar com o acaso, essa dimensão da realidade que nos inquieta e desestabiliza. Alguns, sem negar sua existência, planejam suas vidas, torcendo para que ele não interfira de forma excessiva em seus projetos. Outros, mais infantis

---

1   Publicado no "Caderno 2", do jornal *O Estado de S. Paulo*, em 26 de novembro de 2011.

e supersticiosos, tentam esconjurá-lo usando fórmulas mágicas. Os mais religiosos simplesmente não acreditam no acaso, pois creem que tudo o que acontece em suas vidas decorre diretamente da vontade de um deus. Aquilo que alguns considerariam como manifestação do acaso, para eles é uma forma de provação que seu deus lhes envia para testar-lhes fé e obediência.

São defesas necessárias para continuarmos a viver. Se a ideia de que estamos à mercê de acontecimentos incontroláveis que podem transformar nossas vidas de modo radical e irreversível estivesse permanentemente presente em nossas mentes, o terror nos paralisaria e nada mais faríamos, a não ser pensar na iminência das desgraças possíveis. Tampouco é necessário imaginar grandes catástrofes, embora elas possam sempre ocorrer. Basta lembrar que nossa própria morte, ou a de um ente querido, pode ocorrer a qualquer instante, sem que nada possamos fazer para impedi-la.

Entretanto, há um tipo de homem que age de forma diversa. Em vez de tentar fugir do acaso, como faz a maioria, ele o convoca constantemente. É o viciado em jogos de azar. Ele invoca e provoca o acaso, desafiando-o em suas apostas, em uma tentativa de dominá-lo, curvá-lo, vencê-lo. E, também, de aprisioná-lo. É como se, paradoxalmente, o jogador temesse tanto a presença do acaso nos demais recantos da vida que pretendesse prendê-lo, restringi-lo, confiná-lo à cena do jogo, acreditando que dessa forma controla-o e anula seu poder. É o grande equívoco do jogador, como bem adverte Stéphane Mallarmé, no início de seu famoso poema: "um lance de dados não abolirá jamais o acaso".

É certo que os lugares onde se praticam jogos de azar, como os cassinos, são espaços privilegiados em que o acaso é convocado e se faz presente, exibindo todo seu fascínio. Porém, é uma ilusão pensar que ele ali ficaria retido, abstendo-se de atuar em outros domínios da vida, como gostaria o jogador.

O jogador leva às últimas consequências essa forma de lidar com o acaso. Entretanto, em grau menor, todos fazemos algo parecido, todos temos um secreto "jogo de dados". Criamos situações específicas, nas quais concentramos nossa angústia, nossas fobias. Pessoas que têm medo de avião ou de elevador, por exemplo, pretendem circunscrever a essas ocasiões a incidência do acaso – o acidente, a morte – e passam a evitá-las, acreditando com isso controlar sua ameaçadora e fortuita emergência.

A psicanálise mostra que o embate do jogador com o acaso, isto é, com o destino, é um eco da batalha edipiana, na qual o filho desafia o pai todo-poderoso da infância, tentando vencê-lo (matá-lo), ao mesmo tempo que se oferece à imolação, expondo-se de forma masoquista ao castigo por tal ousadia, mergulhando na aposta que o põe em risco absoluto. Por meio da psicanálise, ficou evidente que muitas vezes nos julgamos vítimas do acaso sem nos darmos conta de que – movidos por complexos sentimentos ocultos, como a culpa – inadvertidamente fabricamos aquelas situações que nos afligem. O acaso e o inconsciente, é claro, são categorias diversas e não confundíveis, mas provocam na mente consciente e racional semelhante efeito de estranheza.

O acaso tem papel relevante no excelente filme *Um conto chinês*, do argentino Sebastián Borensztein. Em um recanto da China, um inacreditável acontecimento (supostamente ocorrido na realidade, como é mostrado no final do filme, com os créditos) destrói os planos do jovem Jun. Em função disso, ele se traslada para Buenos Aires, onde termina por encontrar Roberto, um metódico comerciante de bairro preso a experiências traumáticas e a

230   ACASO

lutos impossíveis de elaborar. Porém, o acaso, na figura do chinês, desmonta suas rígidas defesas obsessivas e traz Roberto de volta à vida. O filme mostra as duas faces do acaso: o azar que se abate sobre Jun e a sorte que salva Roberto, o infeliz veterano da Guerra das Malvinas.

* * *

O canadense Xavier Dolan, nascido em 1989, é uma das maiores revelações do cinema mundial. Aos 16 anos, escreveu o roteiro de *Eu matei minha mãe*, filme que interpretou e dirigiu. Ao ser apresentado no Festival de Cannes de 2009, a película foi aplaudida de pé por oito minutos, ganhando o prêmio da Quinzena dos Diretores. *Amores imaginários*, nome do filme em cartaz do diretor, é uma lição sobre narcisismo enquanto exigência voraz de ser amado incondicionalmente sem nada dar em troca, com toda crueldade e sadismo implicados nisso. Se, em *Eu matei minha mãe*, Dolan estava mais interessado em contar uma história (com muitos traços autobiográficos), em *Amores imaginários* a preocupação formal é mais evidente e bem-sucedida.

46. Trotando no Ibirapuera[1]

Estava caminhando pelo Parque do Ibirapuera, hábito que há muito cultivo com incerta assiduidade, quando fui atubibado mais uma vez por uma familiar indagação.

Abro um parêntese. O "atubibado" emergiu agora inesperadamente, vindo da longínqua infância em Fortaleza. Esquecida por tanto tempo no fundo de alguma gaveta mental, a palavra saltou dali direto para a tela do *laptop*, sequiosa de liberdade, querendo circular mais uma vez ao ar livre, invadindo com reminiscências distantes o texto que começo a escrever. Em vez de me irritar, sua impertinência me comove, pois com ela veio o som da voz de minha mãe que tanto a usava. Escudada em tão forte padroeira, não tenho alternativas senão deixar que ela aqui se instale, cuidando apenas que a grande intensidade afetiva nela embutida não distorça meus propósitos nesta escrita. Fecho o parêntese.

---

1   Publicado no "Caderno 2", do jornal *O Estado de S. Paulo*, em 29 de outubro de 2011.

A questão familiar que me atubibava mais uma vez ao entrar no Parque do Ibirapuera era uma coisa irrelevante, que até me embaraça confessar. Tratava-se do misterioso motivo que nos leva a balançar os braços quando caminhamos. Tal questão me ocorria sempre que estava no parque andando em meio a tantos outros andadores, todos balançando seus braços e achando isso a coisa mais natural do mundo. Aparentemente, eu era o único a se preocupar com tal problema.

É verdade que a inquietação provocada pela questão não era muito intensa, caso contrário, já teria tentado resolvê-la, perguntando a alguém com maior entendimento em anatomia e fisiologia. Pode ser também que não perguntara por temer exibir uma curiosidade infantil ou expor uma ignorância sobre um assunto que seria de conhecimento geral. O fato é que a questão só aparecia para mim ali no Ibirapuera, e eu mesmo não lhe dava a devida importância, pois, mal saindo do parque, deixava-a de lado, substituindo-a por outras mais momentosas e pertinentes ao meu dia a dia.

Durante as caminhadas, enquanto não tinha equacionado de forma definitiva o problema, encontrei uma solução temporária improvisando uma teoria que explicava o mistério: o balanço dos braços seria um reflexo neurológico, resquício arcaico de quando andávamos de quatro, movendo sincronicamente todos os membros no solo para nos deslocar de um lugar a outro enquanto quadrúpedes.

Ontem no parque, retornou-me a questão no exato momento em que tocava em meu iPod o moteto de Wolfgang Amadeus Mozart intitulado *Exsultate, Jubilate*, que convida as almas abençoadas a exultar e jubilar com a bondade da Virgem e demais poderes celestiais. A coincidência me fez pensar nesses extraordinários animais que são os seres humanos, no longo trajeto que percorremos até atingirmos a posição ereta, desenvolvermos o cérebro e criarmos uma música como aquela. Lembrei que *Exsultate, Jubilate*, que ouvia com ouvidos leigos, fora composto em uma época que se acreditava piamente terem sido os homens criados à imagem e semelhança de Deus, longe de suspeitar que pudessem ser fruto de uma evolução de espécies, como, tempos depois, mostrou Charles Darwin.

Estimulado pela música de Mozart, não abandonei a questão ao sair do Ibirapuera, como fazia habitualmente. Levei-a para casa e, lá chegando, fiz o que já devia ter feito há muito tempo: coloquei-a no onisciente Google e constatei que muitas outras pessoas compartilhavam minha curiosidade sobre o trivial fenômeno. Por exemplo, vi que, em julho de 2009, Steven Collins, engenheiro biomecânico da Universidade de Tecnologia de Delft, na Holanda, usando voluntários, mostrou que o balanço dos braços tem uma razão de ser, pois, requerendo pouco esforço muscular, facilita a marcha e ajuda o movimento e o equilíbrio, o que não ocorreria se os braços permanecem imóveis. Com isso, diz Collins, "deixa-se de lado a teoria de que o balanço dos braços é uma relíquia vestigial de nossos ancestrais quadrúpedes".[2]

Descobri, assim, que a teoria à qual havia chegado em minhas deambulações pelo Ibirapuera era conhecida e estava sendo contestada. Porém, as explicações do engenheiro não me convenceram de todo. Pareceu-me que, com elas, ele procurava afastar uma verdade incômoda: a do nosso pertencimento ao reino animal. Não queria reconhecer que, enquanto pensamos andar com elegância humana, ao balançar os braços, nosso corpo secretamente rememora épocas remotas em que trotaria por campos e prados.

---

2   Disponível em: <https://www.ncbi.nlm.nih.gov/pmc/articles/PMC2817299/>.
    Acesso em: 25 maio 2017.

A comparação entre a visão religiosa do mundo vigente na época de Mozart e a atual, representada por Darwin, fez-me lembrar a enquete recentemente lançada pela revista *Intelligent Life*, que convidou intelectuais e artistas a responder uma pergunta: em que tempo e lugar do passado teria gostado de viver? Patrick Dillon, historiador e primeiro a responder, diz que, para entrar na brincadeira, o convidado deve deixar de lado os avanços tecnológicos que modificaram radicalmente a qualidade de vida da humanidade. Basta lembrar os desenvolvimentos da medicina, como a anestesia, os antibióticos e as medicações inexistentes há tão pouco tempo. Esses aspectos, bem como o tratamento dado aos direitos humanos nas diferentes épocas (escravos, discriminações raciais e de gênero etc.), são de tamanha importância que, para Dillon, poderiam desencorajar *tout court* qualquer fantasia de viagem ao passado.

Se fosse responder à pergunta, eu diria que, pelos motivos acima discriminados e apesar de tudo, penso que o melhor tempo em que gostaria de viver é o atual. Uma visão de mundo regida pela ignorância e preconceito, limitada por dogmas religiosos, seria insuportável para qualquer um que viveu longe de tais constrangimentos. E não precisamos voltar a épocas muito remotas para constatar isso. *A fita branca*, admirável filme de Michael Haneke, cuja ação se passa no início do século XX, mostra como o mundo era sombrio sem as luzes trazidas pelo marxismo e pela psicanálise.

Quanto ao lugar desejável, a escolha não pode ser outra senão o "primeiro mundo", pois ali a vida tem condições de florescer com maior conforto e tranquilidade, usufruindo com largueza de bens materiais e culturais, situação inexistente em outras plagas, o que aponta para as imensas diferenças econômicas e sociais que persistem entre as regiões do planeta.

47. Garota na chuva / Steve Jobs[1]

Um dos prazeres fornecidos pelo humor é sua capacidade de expressar, de forma socialmente aceitável, fantasias sexuais e agressivas que estão habitualmente reprimidas. A dimensão disruptiva do humor faz com que esteja sempre no fio da navalha, exigindo habilidade dos comediantes para não descambar na franca agressão ou grosseira obscenidade.

Não é, pois, de surpreender que o humor se ressinta das limitações que o politicamente correto progressivamente lhe impõe, o que leva muitos a ver como cerceadoras de liberdade tais concepções. O que ocorre é que a consciência politicamente correta denuncia a dimensão agressiva e desrespeitosa implícita em piadas e "brincadeiras" das quais diversos grupos sociais são alvos. Dessa forma, a parcela de agressividade que até então tinha livre descarga pelo humor cai novamente sob repressão, engrossando o caldo do que Freud chamou de "mal-estar na cultura", isto é, a necessi-

---

1 Publicado no "Caderno 2", do jornal *O Estado de S. Paulo*, em 15 de outubro de 2011.

dade da repressão das pulsões para que a convivência humana seja possível. Se o politicamente correto é uma pressão social, o mesmo ocorre em nível individual. Não é incomum comediantes pagarem um preço alto por suas atuações quando pessoas que se sentem diretamente atingidas por suas invectivas exigem reparações. O caso mais recente é o de Rafinha Bastos, forçado a pedir demissão do programa de televisão *CQC* e da emissora Bandeirantes em função de uma piada considerada ofensiva demais para passar sem punição.

Dos atuais programas televisivos de humor, os mais interessantes são *CQC* e *Pânico na TV*. Enquanto o primeiro tem um formato aparatoso que procura passar uma impressão de força e atualidade tecnológica, o segundo opta por uma forma mambembe, condizente com seu espírito irreverente e debochado, distante de qualquer pretensão pomposa.

É costume do *Pânico na TV* pegar pessoas do lúmpen, que se destacam por determinadas peculiaridades físicas ou mentais, e transformá-las em personagens de seus quadros. Sendo um programa de humor, fica implícito o objetivo de explorar a comicidade que involuntariamente podem provocar no público. Haveria aí uma questão ética? Estariam essas pessoas sendo exploradas em sua simplicidade? Seriam guindadas à condição de "celebridade" e depois devolvidas ao seu anonimato original, sem nenhuma preocupação com os efeitos dessa experiência em suas vidas? Isso as transforma em vítimas do programa, da maligna máquina de comunicação? Ou seria uma oportunidade inusitada que se abre para tais pessoas, que não veem por que não a aceitar, quer seja por não terem alternativas melhores, quer seja por ser uma possibilidade de escapar, mesmo que de forma incerta e temporária, de uma vida obscura e sem perspectivas maiores?

O que esse programa de TV faz com essas pessoas é uma versão mais modesta e barata dos *reality shows*. Os participantes de um *reality show* veem a comum banalidade de suas vidas transfigurada, na medida em que passam a ser mostrados como personagens shakespearianos, vivendo complicadas situações de amores, traições e intrigas palacianas, em uma dimensão impensável em suas vidas reais.

É nessa galeria que se insere Edineia Macedo. Ingênua compositora e cantora, produziu pequenos clipes com suas músicas e os postou no YouTube, site em que foi notada pela equipe do *Pânico na TV*. Nos últimos dois meses, seu desejo de ser *pop star* foi transformado em uma atração do programa. Assim, o público tem seguido as atividades de Edineia, seus contatos com pessoas famosas, seus encontros com profissionais do *show business* que poderiam ajudá-la em seu projeto. Sua presença no programa fez que um de seus clipes, intitulado "Garota na chuva", virasse um viral típico da internet, isto é, um item de grande visibilidade, atualmente com 1,79 milhão de acessos. Em que pese o caráter eminentemente amadorístico e singelo dos clipes, é notável que uma moça sem muitos meios, moradora de Mutuípe, interior da Bahia, possa tê-los realizado com recursos locais, obtendo um resultado bastante apresentável e com uma correta montagem de imagem e som. É uma inequívoca demonstração de como a tecnologia ficou accessível a uma imensa maioria, algo impossível há pouquíssimo tempo.

A isso pode-se acrescentar essa coisa extraordinária que é a internet, possibilitando o encontro das tribos mais remotas e estranhas, a articulação de grupos sociais, a divulgação de notícias e de produções individuais, rompendo com os canais convencionais dominados pelo poder político e econômico. Estamos no meio de uma imensa revolução branca que, com sua novidade e fluidez, desafia as estruturas constituídas, apontando para novas práticas democráticas que dispensam as envelhecidas engrenagens políticas, forçando sua renovação ou substituição. É o que mostram a Primavera Árabe e o atual Outono Norte-Americano, com o movimento *Ocuppy Wall Street.*

Edineia surfa nessa onda. É um produto híbrido da tecnologia acessível às massas, da internet e da televisão. Se alguns ficam penalizados, vendo-a como mais um objeto manipulado e em breve descartado pela indústria do entretenimento, alvo de um humor cruel e impiedoso que a mostra de forma desfavorável, não estou entre eles. Vejo-a como alguém que luta com os recursos que tem, apostando tudo no jogo que ela mesma desencadeou, disposta a arcar com os inevitáveis custos do processo. Afinal, ninguém melhor do que ela para saber que quem sai na chuva é para se molhar...

Ao falar de Edineia Macedo e de suas peripécias, que mostram de forma irrefutável a irreversível popularização da tecnologia, quero homenagear o recém-falecido Steve Jobs, que tanto fez para tornar isso possível.

48. O menino suicida[1]

O caso do menino de 10 anos que atirou na professora e depois suicidou-se suscita, compreensivelmente, grande curiosidade do público pelo inusitado assustador do fato.

Em um acontecimento como esse é da psicanálise que a sociedade espera alguma luz, e ela não pode se furtar a isso. Não é porque há o estereótipo do "Freud explica" que devemos abrir mão do extraordinário instrumento para a compreensão dos atos humanos constituído pela psicanálise. Seria um desperdício inadmissível, tão lamentável quanto o equívoco diametralmente oposto, configurado pelo uso acrítico e onipotente desse saber, atribuindo-lhe uma onisciência e infalibilidade incompatíveis com os limites inerentes a quaisquer áreas do conhecimento humano.

Devemos lembrar que tragédias como essa que aconteceu em São Caetano ocorrem no seio de famílias e grupos sociais, e que as

---

1 Publicado no "Caderno 2", do jornal *O Estado de S. Paulo*, em 29 de setembro de 2011.

pessoas nelas envolvidas – atingidas brutalmente pela ocorrência – nem sempre estão dispostas a se expor ainda mais ao olhar do público. Preferem não falar dos conflitos pessoais subjacentes que poderiam ter alguma ligação com a tragédia, atitude que têm o direito de manter até certo ponto, pois, como tais circunstâncias estão centradas na consumação de um crime, os fatos devem ser estabelecidos pelos agentes da lei por meio de uma investigação policial. Mais ainda, além do silêncio deliberado e consciente apresentado pelos envolvidos, devemos levar em conta a dimensão inconsciente também presente nesses acontecimentos. Os mecanismos de negação, cisão e repressão podem fazer que, às vezes, familiares, amigos e colegas mais próximos não se deem conta da condição patológica do agente da tragédia, ou, o que é mais abrangente e comum, não percebam a qualidade patológica do vínculo que os une enquanto grupo familiar ou social, sendo o executor apenas o membro mais atingido de uma patologia que atinge a todos.

Por esse motivo, sem desrespeitar o sofrimento de familiares, professores e amigos envolvidos no caso, vejo com reservas as declarações confusas e contraditórias que tais pessoas fizeram na mídia. O namorado da professora chegou a dizer que ela havia se queixado bastante do menino, que seria problemático e agressivo, e até teria feito queixas na diretoria. A professora, ao saber quem era o autor dos tiros, teria se surpreendido, pois considerava tal menino muito "bonzinho". Em seguida, o namorado retirou as primeiras afirmações, dizendo ter se enganado e que a namorada havia se referido a outro aluno. Colegas do menino afirmaram que, no dia anterior, ele havia confidenciado que planejava matar a professora no dia seguinte. Também foi dito que, por ser manco, o menino sofria *bullying* na escola. No correr dos dias, essas versões que continham indícios que exigiam a atenção das autoridades foram abandonadas e substituídas por outra que define o menino como "bonzinho" e apresenta seu gesto homicida e suicida como resultante de uma "brincadeira que não deu certo", como teria dito a diretora da escola.

Embora não seja possível estabelecer relações causais simples e diretas em um acontecimento como esse, é importante entender que algo assim não ocorre gratuitamente, sem motivos. Necessariamente, há fatores precipitantes e facilitadores que não podem ser negligenciados. Que um menino de 10 anos tenha tentado matar a professora e depois cometido o suicídio é algo de máxima gravidade, que, em princípio, deve ser visto como um sintoma, um indício de sérias disfunções possivelmente presentes em seu entorno. Dizer que tudo não passou de uma brincadeira desastrada e infeliz é um bom exemplo do mecanismo de negação. Lamentavelmente, a precariedade que rege muitos de nossos inquéritos pode fazer com que as peças mais reveladoras da investigação não sejam reconhecidas, deixando prevalecer essa tese inadmissível, porém mais cômoda e anódina para todos.

É procedimento básico das investigações descobrir as motivações e as redes de relações afetivas quando ocorre um crime entre adultos. Tal conduta fica reforçada quando menores estão envolvidas em um crime, pois a condição psíquica de uma criança implica a não autonomia, a sua dependência emocional dos adultos importantes que a cercam, em cujo desejo muitas vezes está alienada.

Se a dimensão familiar da tragédia exige respeito pela privacidade que deve ser mantida até o ponto em que a investigação policial permitir, a faceta que envolve a escola aponta para um problema de conhecimento geral. É notória a insuficiência do ensino público nos mais diversos aspectos, o despreparo dos professores, o baixo nível de aprendizado, a violência crescente entre professores e alunos.

Ao atirar em uma professora e, em seguida, se matar, o menino mostra como as crianças podem ser muito violentas. Há mais de cem anos, Freud provocou escândalo e grande resistência da sociedade ao mostrar que a sexualidade não se iniciava na adolescência nem se restringia à genitalidade, mas estava presente na vida infantil e caracterizava-se por uma dimensão perversa polimórfica. A existência das pulsões agressivas e destrutivas na infância parece ter recebido uma repressão ainda maior. Prova disso é o chamado *bullying*. Que apenas recentemente tenha sido cunhado um termo para uma prática que sempre existiu – diferentes manifestações de agressividade entre crianças – mostra como prevaleceu a negação do fato.

Compete a nós todos não negar essa realidade e tratar a questão sem moralismos hipócritas. As crianças não são seres angelicais. São pequenos seres humanos em formação, mergulhados no universo psíquico dos adultos que os cercam, dotados de pulsões sexuais e agressivas que necessitam ser educadas, contidas, socializadas. A importância maior do reconhecimento da complexidade envolvida em um caso como esse é possibilitar sua plena compreensão e, a partir dela, estabelecer os cuidados preventivos necessários.

49. Rui Barbosa / 11 de setembro[1]

Devia ter uns 10 anos. Estava ali por perto vendo meu pai se aprontar para o trabalho, mexendo em sua carteira de dinheiro, quando dela caíram algumas cédulas e um pedaço de papel. Apanhei-os do chão e entreguei a ele, perguntando o que era aquela folha branca dobrada em quatro. Ele me disse para olhar. Ali estava datilografada uma frase que ele me mandou ler alto. Foi o que fiz um tanto intimidado, procurando usar o ritmo certo imposto pelas muitas vírgulas do parágrafo, tal como havia aprendido na escola, tentando evitar as críticas da professora:

> *De tanto ver triunfar as nulidades, de tanto ver prosperar a desonra, de tanto ver crescer a injustiça, de tanto ver agigantarem-se os poderes nas mãos dos maus, o homem chega a desanimar da virtude, a rir-se*

---

[1] Publicado no "Caderno 2", do jornal *O Estado de S. Paulo*, em 17 de setembro de 2011.

da honra, a ter vergonha de ser honesto. Rui Barbosa.
Senado Federal. Rio de Janeiro. 1914.[2]

Embora não entendendo inteiramente o que estava sendo dito ali, acho que percebi a gravidade do enunciado, impressionou-me sua grandiloquência eufônica. Perguntei o que significava aquilo e por que ele levava o escrito na carteira. Meu pai, um homem de poucas palavras (e talvez por isso mesmo encantado com a retórica retumbante de Rui Barbosa), respondeu-me que a frase resumia o que pensava da política e que a carregava consigo para ler quando o desânimo o abatia. Lembraria que não estava sozinho, que até mesmo um grande homem como Rui Barbosa se desesperava com o desacerto do mundo.

A leitura da frase e a resposta de meu pai tiveram um efeito marcante em mim, abrindo uma fratura na ingênua visão que eu tinha do mundo. É possível que até então, candidamente, eu tivesse acreditado em uma meritocracia, pensasse que somente os bons, por serem bons, chegassem aos postos de comando e poder. Assim, tomar conhecimento de que os poderes se agigantavam nas mãos dos maus era inesperado e assustador. E pensar que a honestidade fosse algo de que alguém pudesse se envergonhar por ser confundida com simploriedade! Era uma senhora reviravolta em minhas convicções.

Estava claro que meu pai condenava tal estado de coisas, mas, ao que parecia, pouco podia fazer contra isso. Nem ele nem o homem que fizera aquela lamentação tanto tempo antes, em 1914, quando meu pai era um menino de 4 anos, pensei, fazendo as contas rápido em minha cabeça. E aquele homem era ninguém menos

---

2 Disponível em: <http://www.casaruibarbosa.gov.br/scripts/scripts/rui/mostrafrasesrui.idc?CodFrase=883>. Acesso em: 25 maio 2017.

que Rui Barbosa, a Águia de Haia, o famoso brasileiro que fora para a Inglaterra ensinar inglês para os ingleses.

Desde então, muitas vezes deparei-me com a frase de Rui Barbosa em diversos lugares e, ao reencontrá-la, sempre me lembro da primeira vez que a vi caindo da carteira de meu pai e da inquietação que me provocaram sua leitura e a subsequente conversa sobre seu significado. Evidentemente, ela sempre me vem à cabeça ao ler os jornais e ver a enxurrada de denúncias contra políticos, envolvidos em diversos tipos de falcatruas e roubos do erário público, e a impunidade na qual chapinham.

Passaram-se 97 anos desde a fala de Rui Barbosa. Quase um século. Como ela continua absolutamente atual, uma pergunta se impõe: nada terá mudado na essência da prática política, da gestão do poder e da coisa pública no Brasil? Se para meu pai a frase de Rui Barbosa servia de consolo, em mim é indignação o que ela provoca.

* * *

Por terem ocorrido em um domingo, pude seguir mais extensamente a cobertura feita pelos canais norte-americanos de televisão a cabo das homenagens às vítimas do atentado de 11 de setembro de 2001. Foi uma cobertura jornalística digna e não sensacionalista, que mostrou com propriedade a beleza dos monumentos construídos em memória dos mortos, a precisão coreográfica das cerimônias e rituais realizados, a participação circunspecta dos parentes das vítimas e dos políticos.

Ao lado do explícito caráter fúnebre das solenidades, estava presente outro espírito que, por pouco, não transformou tudo em uma demonstração de vitalidade, orgulho e patriotismo norte-americanos. O forte tom emocional fez que, em vários instantes, o espectador esquecesse a imagem dos Estados Unidos enquanto império econômico, político e cultural e recuperasse sua representação idealizada, isto é, a mística da terra da liberdade e da democracia, *the land of the free and the home of the brave.*

Em determinado momento, ao vivo na CNN, vi um soldado norte-americano entrevistando camponeses em ruas do Afeganistão. Mostrava-lhes as fotos das Torres Gêmeas pegando fogo logo após o ataque e perguntava-lhes se sabiam do que se tratava. Os vários entrevistados disseram não ter ideia do que era aquilo. Estariam os homens mentindo, negando reconhecer as fotos do atentado por preferirem não se envolver em confusões decorrentes de declarações para a televisão norte-americana? Ou, de fato, ignoravam o acontecimento que convulsionou por completo o mundo, motivando a ocupação militar de seu país? O interessante é que não dá para excluir nenhuma das duas possibilidades, e ambas oferecem material para reflexão.

Imagino como serão vistos os atentados de 11 de setembro daqui a cem anos, quando as tensões ideológicas hoje vigentes tiverem esmaecido e a forma de concepção da própria realidade sociopolítica for outra. O acontecimento poderá, então, ser enfocado fora da moldura redutora e caricata de um ocidente "civilizado" *versus* um oriente islâmico "bárbaro e teocrata", como alguns insistem em colocar. Aliás, o atentado em si, cujo planejamento e execução exibiram inteligência, estratégia, tática, uso perfeito dos recursos disponíveis e grande habilidade para driblar os mais poderosos sistemas de segurança e inteligência do mundo, desautoriza tal visão simplificadora. Essa visão futura do ocorrido em 11 de setembro de 2001, como acontece hoje, certamente não justificará nem perdoará os responsáveis pela morte de tantos inocentes, mas possivelmente entenderá melhor as motivações do terrorismo e seu complexo contexto.

50. Resenha de *Katmandu e outros contos*, de Anna Maria Martins[1]

Reza a lenda que foi Márcia Denser, em uma de suas boas sacadas, quem deu a Anna Maria Martins o título de "arquiduquesa", com o que todos imediatamente concordamos, reconhecendo a propriedade e adequação de tal nomeação. O refinamento de Anna Maria Martins evoca idealizadas figuras da alta aristocracia, nas quais os séculos depositaram camadas e camadas de civilização. Porém, é importante lembrar que sua elegância e finura não se atêm ao apuro formal no trato com os demais. Brotam de seu interior, decorrentes da delicadeza de seus sentimentos.

Se estivéssemos aprisionados em um estereótipo, poderíamos temer que os escritos de uma autora com tão gentis traços pessoais pudessem seguir as trilhas beletristas, da ficção bem-comportada, tíbia e convencional. Felizmente, não é esse o caso, e estamos a

---

1 Publicado no suplemento "Sabático", do jornal *O Estado de S. Paulo*, em 10 de setembro de 2011.

léguas de distância dessa possibilidade, pois Anna Maria Martins faz literatura, e da boa, exercendo com perícia a arte do conto. Seus textos fortes e bem articulados fluem com desembaraço, o que não exclui rompimentos surpreendentes da linearidade narrativa e provocantes mudanças de tempo e narrador.

A autora, que é membro da Academia Paulista de Letras, tem uma obra elaborada e pouco extensa, agraciada com prêmios importantes, como o Jabuti e o Afonso Arinos (da Academia Brasileira de Letras), ambos conquistados em 1973.

Katmandu e outros contos[2] traz contos de seu livro homônimo lançado em 1983, que ganhou o Prêmio Instituto Nacional do Livro, e de outros dois livros, intitulados *A trilogia do emparedado* e *Sala de espera*. Os vinte contos que enfeixa mostram um vasto repertório: conflito de gerações, evocações do tempo obscuro da ditadura e suas torturas, paranoia gerada pela violência nas grandes cidades, impasses do ofício de escritor, condição de envelhecimento e constatação da irreversível corrida do tempo, mesquinharias do dia a dia, confusões de identidade, culpas enlouquecedoras, festas e encontros de endinheirados, reuniões de executivos, amantes e esposas. São relatos ricos de elipses, subentendidos e insinuações que apelam para a atenção e a inteligência do leitor, nos quais se detecta o olhar agudo e irônico com o qual a autora constrói as situações vividas por seus personagens, muitos deles provenientes das classes abastadas.

Katmandu e outros contos é uma boa oportunidade para as novas gerações entrarem em contato com a obra dessa escritora sutil e arguta observadora das vicissitudes da existência humana.

---

2   Publicado pela Global Editora, em 2011.

51. Uma fila para ver o vazio[1]

No dia 21 de agosto de 1911, há pouco mais de um século, aconteceu algo que hoje nos pareceria impossível: a obra *Mona Lisa* foi roubada do Museu do Louvre, em Paris.

Ao ser constatado o roubo, houve uma comoção geral. Durante os dois anos em que permaneceu em lugar desconhecido, esse era assunto obrigatório em todas as rodas de Paris, motivo de preocupação e piadas. O pintor holandês Kees van Dongen, ridicularizando o alvoroço em torno de *Mona Lisa*, disse: "Ela não tem sobrancelhas e devia ter dentes estragados para sorrir sem abrir a boca".[2]

Inúmeras e esdrúxulas hipóteses foram levantadas para explicar o roubo. A mais interessante envolveu Guillaume Apollinaire e Pablo Picasso. O poeta, em seus arroubos revolucionários, havia

---

1   Publicado no "Caderno 2", do jornal *O Estado de S. Paulo*, em 3 de setembro de 2011.

2   Disponível em: <https://www.ft.com/content/069d8662-be37-11e0-bee9-00144feabdc0>. Acesso em: 25 maio 2017.

anteriormente declarado que o Museu do Louvre deveria ser incendiado. Uma forma romântica de expressar sua rebeldia contra o peso asfixiante da arte estabelecida. Não só fizera tal declaração como também era amigo de um belga que havia efetivamente roubado pequenas estatuetas ibéricas do museu – o que confirma a precariedade da segurança naquele momento – e presenteado os amigos com elas. Um deles era Picasso, que teria se inspirado em algumas dessas estatuetas para compor *Les demoiselles d'Avignon*, quadro que pintava na ocasião. A polícia terminou por detê-los para investigações, e ambos, esquecidos da petulante atitude de desafio contra o poder estatuído, ficaram assustados e choraram durante os interrogatórios. No julgamento, negaram tudo e foram liberados, pois de fato nada tinham a ver com o roubo da *Mona Lisa*.

A polícia achava que o roubo fora realizado por um sofisticado grupo de ladrões de arte e compradores milionários. Quando se descobriu que o autor do roubo fora Vincenzo Peruggia, um humilde operário italiano de 32 anos, que havia construído a moldura de vidro que protegia a pintura no museu, houve certa decepção anticlimática, dada a insignificância do ladrão e as razões tacanhas alegadas por ele. Ressentido com o preconceito dos franceses contra os pobres imigrantes italianos como ele, Peruggia imaginou resgatar sua honra enxovalhada e a de seus conterrâneos devolvendo para seu país a mais famosa obra de Leonardo da Vinci, que, pensava ele, teria sido levada para a França como espólio de guerra por Napoleão Bonaparte. Peruggia ignorava que o quadro fora retirado da Itália pelo próprio Leonardo, que, a convite de Francisco I, rei da França, se mudara para aquele país, fixando residência em Amboise, às margens do rio Loire. Mais ainda, Francisco I comprara o quadro de Leonardo.

Até voltar ao museu, a obra ficou na cozinha do modesto apartamento de Peruggia em Paris. Apesar de ter justificado seu roubo com uma patriotada, afirmando que pretendia devolver à Itália uma obra da qual teria sido despojada, a verdade é que Peruggia fez várias tentativas de vendê-la, sem que os compradores por ele procurados o levassem a sério. O que não ocorreu com um galerista de Florença, que o denunciou à polícia.

No entanto, uma das questões mais interessantes em torno desse episódio é ressaltada pelo psicanalista inglês Darian Leader, em seu livro *O roubo da Mona Lisa*.[3] Quando se espalhou a notícia de que o quadro havia sido roubado, multidões acorreram ao Louvre e, durante semanas, estendeu-se uma fila imensa no museu, formada por aqueles que queriam ver o lugar vazio antes ocupado pelo quadro. Curiosamente, Franz Kafka e Max Brod, que estavam a passeio em Paris, fizeram parte dessa multidão.

Esse fato levanta algumas questões: por que milhares de pessoas se dirigiram ao museu? Haveria alguma explicação além do desejo de ver com os próprios olhos algo que lhes parecia inacreditável? Estariam ali para ver o vazio em si, a falta, a ausência do quadro?

Em seu abrangente livro, Leader toma esse sintomático comportamento do público para focalizar uma instigante questão: é possível ver o vazio, o nada? Será que tudo o que vemos serve para tapar essa insuportável visão? E o que é mesmo o "nada", o "vazio"? Para responder a essas questões, o autor apela para a teoria psicanalítica.

Ao nascer, o bebê compõe uma unidade com a mãe. Paulatinamente, a realidade mostra que essa unidade é imaginária e impõe sua ruptura. É o rompimento dessa fusão que constitui, por um

---

3   Publicado pela Elsevier, em 2005.

lado, o sujeito (eu) e, por outro, seu primeiro objeto de amor (mãe). A partir daí, passam a existir duas entidades, o bebê e a mãe, ligadas, mas distintas entre si. Pode-se dizer que a fusão inicial mãe-bebê é vivida de forma imaginária como o paraíso, lugar da completude narcísica, da ausência de faltas. A atitude de desfazer a fusão, por sua vez, é imaginada como a maior perda possível a ser vivida, isto é, a expulsão do paraíso. Essas imagens e sentimentos de grande intensidade, que excedem a possibilidade de representação, persistem no inconsciente e são reativadas por posteriores experiências existenciais, necessariamente atravessadas durante a vida.

O vazio ou o nada seriam, então, um aspecto decorrente do rompimento da fusão original constitutiva entre mãe e filho e sua impossibilidade de representação. A fusão, que Freud chama de a Coisa, é bastante desenvolvida pela teoria lacaniana como espaço vazio não representável, um lugar traumático onde prevalece de forma ambivalente uma insuportável ausência ou uma proximidade sufocante, um lugar aterrorizante e sagrado, vazio de representações.

Leader defende a ideia de que a arte, por meio da criação de representações e simbolizações estéticas, tradicionalmente tentou minorar o impacto da falta do objeto ou obturar o vazio decorrente do rompimento da fusão. Mais recentemente, entendemos que a arte procura não mais camuflar a falta, mas sim evocar o horror do vazio inominável. Daí a estranheza e a aspereza com as quais se reveste e que provocam desconforto e rejeição na maioria.

Se, como diz Leader, o olhar procura sempre aquilo que não se dá a ver, o proibido de ser visto, o que atiça o desejo e a curiosidade, anteriormente representado pelo hoje tão banalizado sexo, atualmente o que não se deixa ver nem representar é o vazio. Por essa via, propõe que o que as pessoas procuravam ver, ao olhar a parede do Louvre onde faltava *Mona Lisa*, era o lugar vazio da Coisa, que as remetia a vivências arcaicas e primitivas.

Talvez o leitor ache tal explicação excessivamente complicada. E tem razão, mas deve também admitir que não é possível simplificar determinadas coisas que são, de fato, muito complicadas. Depois, teria ele alguma explicação melhor para o enigmático fato de até mesmo Kafka ter entrado em uma fila para ver um lugar vacante em uma das paredes do Louvre?

52. Christian Dunker e uma arqueologia da psicanálise[1]

Estrutura e constituição da clínica psicanalítica: uma arqueologia das práticas de cura, psicoterapia e tratamento é a extensa, alentada e enciclopédica tese de pós-doutorado de Christian I. L. Dunker, realizada em Manchester (Inglaterra) e inspirada por seus orientadores Ian Parker e Erica Burman.

Deixando de lado questões teóricas e epistemológicas ou discursivas, Dunker propõe pensar a psicanálise como uma prática, relacionando-a com os antigos cuidados com a alma, com a história das psicoterapias, dos grandes tratamentos médicos, das práticas mágico-religiosas, pedagógicas, morais. Para tanto, estabelece que a prática psicanalítica comporta três funções: a clínica, a psicoterapia e a cura. Esse pressuposto possibilita que se aproxime das diversas correntes psicanalíticas ou de momentos diferentes na obra de um mesmo autor, observando como tais funções entram em conflito ou se integram de forma adequada.

---

1   Publicado no jornal *O Estado de S. Paulo*, em 23 de agosto de 2011.

Dunker discrimina "formação da prática psicanalítica" de "constituição da prática psicanalítica". Entende que a prática da psicanálise constitui-se como uma subversão da clínica clássica nascida no final do século XVIII. Se a "formação da prática" enfoca os aspectos de continuidade da psicanálise com os movimentos que a antecedem e sua dívida para com eles – o reconhecimento das redes de influência que permaneceram ativas entre o passado e o presente –, a "constituição da prática" aponta para as rupturas da psicanálise com o legado recebido, as rejeições com o que a antecede, evidenciando o novo que está sendo instituído, impondo os novos avanços conquistados. Lembra o autor que Freud subverteu os critérios estabelecidos pela medicina, pela psiquiatria e pela neurologia, que entendiam a doença como desvio de uma pressuposta e paradigmática forma saudável. Da mesma maneira, Freud afastou-se dos aportes morais, religiosos e pedagógicos que partiam de um estado ideal de harmonia e bom funcionamento. Postulava não haver uma diferença radical entre o sadio e o doente, mas sim meras gradações de um mesmo estado. O desvio era a norma. Desse modo, o próprio sentido de patologia adquiria outra conotação.

Dunker mostra que, se a psicanálise compartilha com as outras práticas de tratamento anímico o lidar com o sofrimento e com o sintoma, apenas ela reconhece aquilo que Freud chamou mal-estar (*Unbehagen*), um sofrimento "cuja natureza é indissociável da relação com o outro, [...] que implica um lugar, uma posição, um estar – não implica agir nem sofrer uma ação, mas simplesmente em estar".[2] Esse tipo de sofrimento que só a psicanálise aborda já fora explorado pelos filósofos, como angústia, desespero, desamparo. O sintoma pode eventualmente ser curado, o sofri-

---

2   Christian I. L. Dunker. *Estrutura e constituição da clínica psicanalítica*: uma arqueologia das práticas de cura, psicoterapia e tratamento. São Paulo: Annablume, 2011. p. 40.

mento mitigado, mas o que fazer com o mal-estar? O autor diz que cada época tenta sistematizá-lo a seu modo, tanto nos relatos terapêuticos como na literatura, no teatro, nos tratados demonológicos e em outras manifestações da cultura.

A posição efetivamente atópica da psicanálise no campo das ciências levanta questões epistemológicas sérias, ao não compartilhar dos mesmos critérios de cientificidade vigentes em outras áreas. Dunker pensa que a forma de contrabalançar o "internalismo" epistemológico que a deixa isolada seria combiná-lo com o "externalismo" de sua prática, pois entende que, "ao contrário dos saberes, as práticas têm uma história mais híbrida e capilarizada".[3]

Uma das características da "constituição da psicanálise", enquanto rompimento e descontinuidade com o que a antecedia, é a recusa do exercício do poder, amplamente praticado pela psicoterapia (autoridade pessoal, influência), pela psiquiatria clínica (respeito ao método) e pela política da cura. Esse tema – o poder na psicanálise – é da maior importância para Dunker. Entretanto, o poder que o interessa "não é o poder do estado (voltado para a segurança das populações), não é o poder das associações (focado na disciplinarização da prática), menos ainda o poder das políticas de saúde mental (interessado na eficácia). E sim no que confronta o sujeito com seu destino".[4]

Ao estudar o poder que se insinua de diversas formas no dispositivo analítico, o autor o confronta com duas problemáticas do arsenal lacaniano: a verdade e o real. Para abordar essas questões, Dunker propõe usar o que chama de topologia histórica, apoiando-se, por um lado, no uso que Jacques Lacan e Michel Foucault

---

3 Idem.
4 Idem, p. 50-51.

fizeram da topologia e, por outro, na obra de Milton Santos, o geógrafo brasileiro que oferece uma visão original do espaço.

É a partir desse ângulo que o autor faz, efetivamente, uma arqueologia dos saberes e uma genealogia da prática analítica, apontando de que maneira a clínica, a psicoterapia e a cura se manifestaram em diferentes épocas e estratos socioculturais. O percurso traçado por Dunker passa por Ulisses de Sófocles, Empédocles, Hipócrates, Platão, Antígona e tragédias gregas, procedimentos retóricos, cuidados consigo mesmo da Grécia Antiga, Sócrates e cura de Alcebíades, Montaigne, confissões de Agostinho, Plutarco e suas vidas paralelas, Descartes e seu método, Kant, Hegel, construção da clínica com Pinel, Liebault, Charcot, Freud e Lacan.

Uma viagem e tanto.

53. Franz Kafka, Jacques Derrida e a lei[1]

"Diante da lei", a curta e extraordinária parábola de Franz Kafka, é relançada agora na coletânea *Franz Kafka essencial*.[2] Fala do homem do campo que sai em busca da lei e chega, finalmente, a seus portões. No entanto, seu ingresso é impedido por um porteiro, que, sem maiores explicações, o manda aguardar. Como os portões estão abertos, o porteiro o adverte de que não ouse desobedecer a sua ordem, pois porteiros ainda mais intimidadores guardam sucessivos portões adentro, o que impossibilitaria seu avanço. O homem do campo resolve, então, acatar a ordem recebida e esperar. Ali fica o resto de sua vida, fazendo inúteis tentativas de comprar os favores do porteiro, até morrer muito velho. Em seus últimos estertores, chama o porteiro e lhe faz uma derradeira pergunta: sabendo que supostamente os homens estão sempre à

---

1   Publicado no "Caderno 2", do jornal *O Estado de S. Paulo*, em 23 de julho de 2011.

2   Publicado pela Penguin Companhia, em 2011.

procura da lei, por que em todos aqueles anos ninguém além dele ali se apresentou? O porteiro então responde que por aquele portão apenas ele poderia ingressar e que, como não havia ingressado, teria de ser fechado.

A parábola suporta inúmeras interpretações. Observe-se que o porteiro não nega de forma definitiva o acesso do homem do campo à lei, apenas o adia de forma indefinida. A parábola propõe uma disposição espacial, uma cenografia, pois a lei está dentro do lugar franqueado pelos vários portões, ali se resguarda e nunca se expõe. O que se dá a ver são seus prepostos, seus servidores e guardiães, como o porteiro. Se a lei está lá dentro, tanto o porteiro como o homem do campo estão "fora da lei". Mais ainda, se o homem do campo está de frente para o lugar onde se encontra a lei e procura vê-la, o porteiro, único representante dela ao qual tem acesso, está "de costas para a lei", ou seja, é alguém que a ignora, não a respeita. Trata-se de sutil referência à corrupção daqueles que, em vez de serem seus guardiões, são os que a negam e sobre ela tripudiam.

A inesperada resposta final do porteiro provoca um rearranjo das ideias que o leitor teria despertado no correr do texto, fazendo-o focar sua atenção na atitude de submissa obediência do homem do campo diante do porteiro, que lhe impõe uma espera, mas não o impede fisicamente de entrar pelo portão aberto. A resposta do porteiro força o leitor a perguntar-se por que o homem do campo não ousou desobedecê-lo e entrar de qualquer forma em busca da lei. O desfecho abrupto da parábola provoca uma sensação de frustração no leitor, que julga nele constatar uma verdade estabelecida: a inacessibilidade da lei ao homem do campo, ou seja, ao homem do povo.

Esse conto foi publicado ainda em vida por Kafka e é um fragmento de seu romance póstumo *O processo*. Jacques Derrida, filósofo que ganhou destaque por conta da teoria da desconstrução, falecido em 2001, fez em *Acts of literature*[3] uma intrigante leitura desse conto. Ao contrário da opinião convencional já apontada, Derrida afirma que o homem do campo teve, sim, o desejado encontro com a lei, pois a lei é a interdição, a proibição imposta por uma autoridade que fala em seu nome e que, como tal, é acatada por aqueles a quem se dirige. Dessa maneira, Derrida retira os aspectos imaginários da lei e a reduz a sua essência, isto é, a proibição em si, o impedimento de dar larga vazão ao desejo, o submetê-lo a seu domínio. Foi exatamente isso o que aconteceu: o porteiro, enquanto representante da lei, estabelece uma ordem e o homem do campo a obedece. O filósofo ainda amplia as questões levantadas por Kafka nessa parábola, detendo-se especialmente na dimensão narrativa e ficcional da lei e estabelecendo aproximações com a literatura e a psicanálise. Considerando equivocadas algumas leituras – como a realizada por Lévi-Strauss –, que rejeitam como superadas as proposições lançadas por Freud em *Totem e tabu*, Derrida insiste que tais proposições continuam pertinentes e devem ser lidas dentro da hipótese mais ampla de uma realidade psíquica decorrente da lógica do inconsciente e do complexo de Édipo, e não de uma perspectiva própria da realidade histórica factual. Por isso, diz ele, a inacessibilidade da lei se explica pela vergonha que ela tem de suas próprias origens, a história de uma proibição é uma história proibida. Como Freud, Derrida pensa que a proibição, traço comum a toda lei, deriva da proibição primeva do assassinato do pai e do incesto. Mostra também a diferença entre o texto publicado isoladamente, como aparece na coletânea, e o texto similar que faz parte do romance *O processo*, pequeno fragmento de um todo maior. Com isso, ressalta a importância do contexto, da moldura e das bordas, elementos que delimitam e dão identidade a um escrito.

---

3   Jacques Derrida. *Acts of literature*. New York: Routledge, 1992.

262 FRANZ KAFKA, JACQUES DERRIDA E A LEI

Deixando de lado os aspectos mais complexos da origem da lei propostos por Freud e sustentados por Derrida, retomamos sua ambígua relação com o homem do campo, ou seja, com a sociedade como um todo, tema central de Kafka, que o abordou em outro conto não incluído na coletânea, intitulado "O problema de nossas leis". Nele, postula a condição de um povo que ignora completamente as leis que o regem, apesar de se ver submetido a uma nobreza. Com o passar do tempo, dos séculos, tal situação gera duas correntes de pensamento no povo: uma acredita que a nobreza detém o conhecimento das leis incompreensíveis e misteriosas que lhes são aplicadas e sobre as quais mantém um sigilo; a outra corrente postula que, na verdade, não há leis, já que a nobreza age como bem entende e suas desatinadas ações são posteriormente entendidas pelo povo como decorrência de sua obediência às secretas leis que apenas ela conhece. As duas correntes de pensamento continuam debatendo, sem que um consenso tenha sido atingido.

O que a ironia de Kafka põe em jogo é uma questão que nunca deixou de ser da maior importância, a saber, a intrincada relação entre o poder e a lei. Em países atrasados como o nosso, não se trata de um abstrato problema teórico. Basta abrir um jornal e constatar que é uma realidade cotidiana, visível e palpável. Qualquer cidadão percebe o quão leniente a lei fica ao se aproximar dos poderosos. Se é que se aproxima.

54. W. G. Sebald e as lembranças de guerra[1]

W. G. Sebald (1944-2001) foi um grande autor alemão que faleceu precocemente num acidente de carro na Inglaterra, onde vivia e era professor universitário desde 1970. Suas quatro obras mais importantes – *Austerlitz, Os anéis de Saturno, Os emigrantes* e *Vertigem* – foram traduzidas e publicadas no Brasil.

Além do intenso prazer estético, emocional e intelectual, esses livros deram-me a impressão de grande originalidade narrativa por sua hábil combinação de fragmentos ensaísticos, anotações de viagem, coexistência de personagens reais e fictícios, reflexões políticas e filosóficas sobre a história, digressões sobre a persistência dos mortos entre os vivos, a marca do tempo que a tudo consome e, principalmente, o império da memória.

Os quatro livros mostram a estreita ligação entre ética e estética na escrita de Sebald e apontam para o que seria seu projeto lite-

---

1   Publicado no jornal *O Estado de S. Paulo*, em 9 de julho de 2011.

rário, ou seja, a recuperação da memória da Alemanha na Segunda Guerra, ao lutar contra a repressão, a supressão e a negação coletivas, decorrentes da vergonha e da culpa perante os crimes de guerra. Ao recriar em sua obra a saga de vários personagens judeus, Sebald identifica-se com eles e, à sua maneira, arca com a impossível e ainda assim indispensável tarefa de reparar o irreparável daqueles crimes. Desse modo, também possibilita o trabalho de luto ainda não realizado plenamente pelo povo alemão.

Chega agora às livrarias brasileiras seu livro *Guerra aérea e literatura*.[2] Nele, estão as chamadas "Conferências de Zurique", que o autor proferiu em outubro de 1997, abordando o silêncio da literatura alemã sobre as décadas entre 1930 e 1950, especialmente sobre os anos 1940, quando o nazismo esteve no auge e levou à total devastação da Alemanha no final da guerra. Sebald pergunta-se por que acontecimentos de tal envergadura tiveram uma representação tão pífia na literatura alemã. Examina a magra produção da época e conclui que isso ocorreu, em primeiro lugar, pela própria condição traumática dos eventos em jogo, a violência vivida e a dificuldade em representá-la, levando à ausência de simbolização característica que envolve as grandes tragédias e catástrofes. Depois, o autor lembra as circunstâncias do pós-guerra. Tendo o nazismo levado devastação a toda a Europa, como os alemães ousariam mostrar que a destruição e a violência também incidiram sobre eles, se sabiam que isso era a retaliação em consequência de seus próprios ataques? A magnitude do desastre, a vergonha e a culpa compartilhadas por todos levou à negação, impedindo a expressão literária dessa realidade insuportável.

Como exemplo mais significativo, Sebald fala dos bombardeios sofridos pela Alemanha por parte da Royal Air Force (RAF)

---

2   Publicado pela Companhia das Letras, em 2011.

britânica. Tais mobilizações começaram a ser planejadas em fevereiro de 1942, culminando com a Operação Gomorra, ocorrida em julho de 1943. Naquela ocasião, Adolf Hitler havia conquistado toda a Europa, com exceção da Inglaterra, e expandia rumo a África e Ásia. Seu poderio bélico estava voltado para as fronteiras em expansão, o que deixava o território natal a descoberto. Winston Churchill, então, propôs o bombardeio das desprotegidas cidades alemãs. Em vez de mirar alvos militares, o objetivo era a completa destruição dessas cidades, o que implicava, é claro, a eliminação de seus habitantes. A RAF despejou 1 milhão de toneladas de bombas explosivas e incendiárias sobre 131 cidades, ocasionando a morte imediata de 600 mil civis, destruindo 3,5 milhões de residências, deixando 7,5 milhões de desabrigados no final da guerra; tais desabrigados perambulavam entre montanhas de entulhos, dos quais exalava o cheiro nauseabundo dos corpos insepultos que persistiu até depois da guerra.

Hamburgo foi o alvo específico da Operação Gomorra, recebendo 10 mil toneladas de bombas em suas áreas densamente habitadas. Essas bombas mataram no ato 200 mil civis. Sebald diz que o incêndio que destruiu completamente a cidade se expandia a uma velocidade de 155 quilômetros por hora, e suas labaredas atingiram 2 mil metros de altura. O calor provocava correntes de ar com força de furacão, que faziam um ruído ensurdecedor ao se deslocar, semelhante a um fantasmagórico órgão. A altíssima temperatura derreteu vidro, asfalto e diversos outros materiais, fazendo ferver a água dos canais. A destruição das cidades alemãs foi de tal porte que Sir Solly Zuckerman, um dos principais responsáveis pelo planejamento dos bombardeios ingleses, depois de ver os escombros de Dresden, Colônia e Hamburgo no final da guerra, declarou não se sentir à altura da tarefa de escrever sobre o que vira, como antes combinara com uma revista, pois os fatos exigiam uma abordagem mais ampla e profunda, algo como uma "história natural da destruição".

A meu ver, Sebald, toma a sério essa ideia e produz seu extraordinário *Os anéis de Saturno*. Ali, sem em nenhum momento negar a responsabilidade da Alemanha pelas monstruosidades realizadas pelo nazismo, mostra indiretamente que o cetro da maldade e da destrutividade humanas não pode ser atribuído exclusivamente ao povo alemão. Ao transitar pelos flagelos destrutivos acumulados no correr do processo civilizatório, não há como não admitir que essas características são próprias do ser humano e aparecem em qualquer lugar ou época da história, como mostra detalhadamente em seu texto.

Guerra aérea e literatura ainda traz comentários de Sebald sobre Alfred Andersch, um escritor alemão que atravessa o nazismo e reinventa sua história em função da nova realidade do pós-guerra.

Esse livro de Sebald ilustra bem o que o ramo da psicanálise desenvolvido pelos húngaros Maria Torok e Nicholas Abraham chama de "criptas" em traumas transgeracionais. Grandes sofrimentos sociais, como os ocorridos em guerras, frequentemente não são simbolizados e representados como seria necessário. Ficam excluídos da narrativa do passado, criando "buracos negros" simbólicos transmitidos pelas gerações, impossibilitando a elaboração do trauma. O mesmo fenômeno acontece em nível privado, na intimidade das famílias, quando seus conflitos, dificuldades e vergonhas não são falados, pois são segredos familiares que também vão constituir vácuos simbólicos, gerando questões transgeracionais apenas decifradas em terapias de família.

55. Renato Mezan e os desvãos da psicopatologia social[1]

Em 1935, já no final da vida, depois de ter batalhado duramente para instaurar a psicanálise dentro do campo das ciências, fazendo seus pressupostos teóricos e sua terapêutica serem reconhecidos, Freud confessou que naquela última década seus interesses estavam voltados às questões culturais, dando assim maior atenção a uma antiga paixão despertada na juventude. Diz ele:

> *No próprio clímax do meu trabalho psicanalítico, em 1912, já tentara em* Totem e Tabu *fazer uso dos achados recém-descobertos da análise a fim de investigar as origens da religião e da moralidade. Levei então esse trabalho mais um passo à frente em dois ensaios ulteriores,* O futuro de uma ilusão *(1927) e* O mal-estar na cultura *(1930). Percebi ainda mais claramente*

---

1   Publicado no "Caderno 2", do jornal *O Estado de S. Paulo*, em 26 de junho de 2011.

> *que os fatos da história, as interações entre a natureza humana, o desenvolvimento cultural e os precipitados das experiências primitivas (cujo exemplo mais proeminente é a religião) não passam de reflexos dos conflitos dinâmicos entre o ego, o id e o superego que a psicanálise estuda nos indivíduos – são os mesmíssimos processos repetidos numa escala mais ampla.[2]*

Isso significa que, para Freud, conhecimentos advindos da descoberta do inconsciente e de seu funcionamento, que tornaram possível a compreensão dos sintomas do paciente expostos na intimidade do consultório, poderiam e deveriam ser usados para entender acontecimentos sociais e culturais, pois, como são produções do espírito humano, o inconsciente manifesta-se neles. A essa atividade chamou análise aplicada.

Para Freud, o analista não deveria se ater à solitária prática clínica. Acreditava que o pensamento psicanalítico poderia enriquecer o debate das grandes causas que movem a sociedade. Tal opinião foi reforçada mais recentemente por Jacques Derrida. Uma das formas de exercer essa participação no debate público é a análise aplicada ou qualquer denominação correlata dada a ela hoje, em função dos diversos dialetos teóricos em vigência no campo analítico. Essa análise permite que o grande público veja em ação o pensamento analítico, ao elaborar hipóteses e produzir sentido onde antes prevalecia a perplexidade ante o aparentemente inexplicável.

Autor de livros de relevo na bibliografia brasileira de psicanálise, exercitando prática clínica e funções acadêmicas (na Pontifícia

---

2   Sigmund Freud. *Um estudo autobiográfico* (1935). Rio de Janeiro: Imago, 1976. (*Standard Edition*, v. XX). p. 90.

Universidade Católica – PUC), Renato Mezan é um analista que não se furta ao debate público. Escreve com frequência em jornais e revistas de grande circulação, instigando seus leitores com interessantes textos de análise aplicada. Ele prefere dizer "implicada", que, a seu ver, ressalta o envolvimento ativo do analista com aquilo que aborda.

Em *Intervenções*, Mezan reúne 43 artigos publicados na imprensa, a maioria no jornal *Folha de S.Paulo*. Nesses artigos comenta acontecimentos, *fait divers* e produções culturais. Sem assumir o papel onipotente daquele que tudo sabe e tudo explica, Mezan mostra como o instrumento criado por Freud continua afiado e absolutamente necessário para a compreensão da alma humana. Indica ainda que a psicanálise não é uma velharia a ser descartada diante de novas aquisições, como é propalado pela neurociência, que dá exclusividade ao tratamento farmacológico e às terapias cognitivistas, apresentadas como nova panaceia.

Mezan dividiu seus artigos em três grupos. O primeiro destaca seus comentários sobre acontecimentos que foram manchetes, como o ataque do Primeiro Comando da Capital (PCC), o menino que foi arrastado por quilômetros em um carro roubado por bandidos, a moça sequestrada em Santo André, o escândalo do mensalão, os assassinatos na escola de Realengo, bairro do Rio de Janeiro, a devolução dos quadros roubados do MASP, o "rodeio de gordas" etc. O autor abre essa seção com um comentário sobre a comoção pública diante da morte de Mário Covas, a quem saúda como um político que não se deixou corromper pelo poder. No artigo seguinte, analisa o fracasso de Marta Suplicy em sua tentativa de reeleição à prefeitura de São Paulo, atribuindo-o a características pessoais da candidata, em particular "a arrogância".[3] Isso

---

3 Idem, p. 30.

serve de gancho para Mezan fazer uma bela divulgação da forma como a psicanálise entende essa manifestação do que os antigos gregos chamavam *hubris*.

O segundo conjunto de textos aborda o que o filósofo Cornelius Castoriadis denomina imaginação instituinte, ou seja, "a capacidade humana de inventar o novo",[4] de criar novas formas nas diversas esferas da existência. Sob esse prisma, Mezan examina aspectos da religião (Pessach, estrela de David), das artes (Mozart) e das ciências (novos conceitos e teorias). Os artigos mostram como o novo pode surgir quando um elemento já existente é retirado de seu contexto original e inserido em outro, o que produz efeitos até então inexistentes.

O terceiro bloco de artigos reúne ensaios curtos e reflexões sobre a prática analítica, o poder, a educação, a violência e a psicologia das massas.

Escrita com a clareza e a inteligência familiares aos que acompanham a produção de Mezan, a nova coletânea nos ajuda a compreender o papel do inconsciente nos desvãos da psicopatologia social.

---

4   Idem, p. 14.

56. Jakob von Gunten, o estranho serviçal de Robert Walser[1]

Robert Walser (1878-1956) é um escritor cujo prestígio tem crescido de forma significativa nos últimos tempos. Tendo tido algum reconhecimento no início de sua carreira, quando foi admirado por gente como Franz Kafka, Robert Musil, Bruno Cassirer, Walter Benjamin e Hermann Hesse, entrou em relativo ostracismo ao passar os últimos 23 anos de vida em um manicômio na Suíça, sua terra natal. Mais recentemente, inspirou autores como J. M. Coetzee,[2] W. G. Sebald[3] e Enrique Vila-Matas,[4] que sobre ele

---

1 Publicado na revista *Percurso* (n. 45, p. 135-140, jun. 2011). Uma versão mais curta foi publicada no "Caderno 2", do jornal *O Estado de S. Paulo*, em 11 de junho de 2011, com o título "Um criado muito peculiar".

2 J. M. Coetzee. The genius of Robert Walser. *The New York Review of Books*, 2 nov. 2000.

3 W. G. Sebald. O passeador solitário: em memória de Robert Walser. *Serrote*, Rio de Janeiro, v. 5, p. 85-107, jul. 2010.

4 Enrique Vila-Matas. *Doutor Pasavento*. São Paulo: Cosac Naify, 2010.

escreveram ensaios e nele se inspiraram para criar seus próprios personagens.

A atenção que tem provocado deve-se às difíceis circunstâncias de sua vida e às características únicas de sua obra, cuja singularidade se deve a uma temática surpreendente e extravagante, a um estilo cheio de peculiaridades um tanto bizarras, além do trato peculiar que deu ao próprio ato de escrever. Tudo isso faz com que seu trabalho se situe no interessante e indefinido espaço entre a produção psicopatológica e a inovação artística.

Walser era filho de um pequeno comerciante que vivia em permanente insolvência sem poder dar segurança à família, que, segundo Coetzee, era considerada na ocasião como "degenerada" ou "corrompida", em virtude dos muitos casos de doença mental que nela havia. A mãe de Walser era tida como louca, provavelmente sofria de depressão grave e crônica; seus dois irmãos eram psicóticos e um deles suicidou-se. A irmã, pessoa mais saudável da casa, também teria sofrido com problemas emocionais.

Walser procurou trabalho em Berna, tentou ser ator em Stuttgart e, em Berlim, matriculou-se em uma escola para criados, experiência que usou para escrever *Jakob von Gunten, um diário*, um de seus livros mais importantes, sobre o qual me estenderei em seguida. No início, os muitos contos e folhetins que escrevia para jornais e revistas tiveram relativo sucesso. Mesmo assim, vivia de forma despojada e distante não só das rodas literárias como também de qualquer contato social mais significativo. Depois da Primeira Guerra Mundial, o tipo de literatura que escrevia saiu de moda e Walser perdeu seus leitores. Passou a beber muito e tentou o suicídio. Nessa época, por dizer que ouvia vozes, foi levado para um manicômio, onde passou os últimos anos de sua vida, quase por decisão própria, pois os médicos, levando em conta que os sintomas haviam arrefecido, tentaram fazê-lo sair da instituição muitas vezes, o que ele recusou. Vivia ali de forma tranquila e tinha liberdade para sair quando quisesse, o que lhe permitia fazer longos passeios a pé pela região.

O início de sua doença mental se deu aos 30 anos, com um sintoma ligado justamente ao ato de escrever. Era tomado por câimbras nervosas toda vez que pegava a caneta, o que terminou por lhe impossibilitar qualquer escrita. Ele mesmo disse que isso se devia a conflitos relacionados ao ato de escrever. Passou, então, a escrever a lápis, em uma letra microscópica e de forma abreviada, dando a essa forma de escrita o nome de "sistema ou método do lápis".

Após sua morte, foram encontradas mais de quinhentas folhas manuscritas nesse sistema. Pensou-se, inicialmente, que seria seu diário escrito em um código secreto. Somente anos depois os estudiosos Werner Morlang e Bernhard Echte conseguiram decifrar essa escrita, realizando com isso o que Sebald considera ser um dos maiores serviços prestados à literatura mundial nas últimas décadas. Ao serem publicados por volta de 1970, esses textos foram chamados "microgramas" ou "microescritos".[5] Coetzee comenta que essa parte da obra de Walser suscita permanente incerteza ou insegurança no leitor, por ser fruto desse paciente trabalho de deciframento. *O Salteador*, perturbadora novela na qual relata suas experiências alucinatórias, foi escrita por volta de 1925 e publicada apenas em 1972, graças a esse trabalho. Na ocasião em que criava estes "microgramas" internado em Herisau, na Suíça, uma das poucas pessoas de fora da instituição com quem Walser tinha

---

5   George Fragopoulos. Toward the sanitarium: the Walser's microscripts. *Quarterly Conversations*, 10 maio 2010.

contato era seu amigo Carl Seelig, para quem nunca mencionou a existência dos escritos. É significativa tal atitude, pois, em uma ocasião em que Seelig tentou estimulá-lo a usar o tempo ocioso no manicômio para escrever, Walser respondeu: "Não estou aqui para escrever, e sim para ser louco".[6]

Essa forma secreta e cifrada de produzir sua obra dá uma boa medida dos impedimentos internos que Walser tinha de superar para poder escrever. Ao que parece, não se sentia autorizado a pegar resmas de papel e, livremente, escrever o que bem entendesse, usando sua caligrafia normal. Procurava restos de papel e ali escrevia microscopicamente seus textos. Escrevia como que desafiando uma cruel proibição, rabiscando mensagens secretas em uma linguagem cifrada e jogando-as ao mar, esperando que algum dia fossem encontradas e que alguém se desse ao trabalho de decifrá-las, o que de fato aconteceu. Essa característica de escrita dá especial relevo à "materialidade do texto", à "fisicalidade da escrita", no dizer de Coetzee,[7] pois muitas vezes o tamanho do papel e a possibilidade de ser preenchido condicionam por completo o teor do escrito.

A produção de Walser chama a atenção não só pela maneira pouco usual de abordar questões conhecidas como também pela forma simples e direta com que relata acontecimentos inusitados. Não poucas vezes, a pessoa física do autor se intromete inesperadamente no texto, tomando a palavra do narrador ou dos personagens, rompendo a trama e impondo a realidade factual do escritor às voltas com as dificuldades em redigir seu texto, aquele texto. Se,

---

6   Idem.

7   Idem.

por um lado, isso pode ser visto como uma inovação estética geradora de efeitos cômicos, por outro, não se pode deixar de pensar que são manifestações de uma desagregação do pensamento, uma impossibilidade do autor em se defender de ideias parasitas que invadem o campo de forma indesejada.

A seguir, há um exemplo de comentários do escritor além e fora da narrativa:

> *Tudo que é proibido ganha vida de centenas de maneiras; ou seja, tanto mais vívido se torna o que deveria estar morto. Assim é, no atacado e no varejo. Muito bem dito, aliás, em linguagem cotidiana, e é no cotidiano que encontramos as verdades verdadeiras. Estou tagarelando de novo, não estou? Admito de bom grado que sou tagarela, mas tenho de preencher estas linhas de alguma forma. Fascinantes, deveras fascinantes são os frutos proibidos.*[8]

Coetzee diz que a estranheza das narrativas de Walser fez Benjamin afirmar que seus personagens pareceriam habitantes dos contos de fadas depois que a história acaba, quando o encantamento até então vigente se dissipa e eles têm de se entender com o mundo real. Assim, haveria neles algo de "dilacerante, inumano e superficial",[9] como se, resgatados da loucura (ou do encantamento), tivessem agora de andar cuidadosamente para não voltar ao estado anterior. Sebald aproxima Walser de Nikolai Gógol, propondo a ideia instigante de que ambos escrevem com o objetivo de

---

8   Robert Walser. *Jakob von Guten*: um diário. Tradução de Sergio Tellaroli. São Paulo: Companhia das Letras, 2011. p. 95.

9   Idem.

se despersonalizarem, de se livrarem definitivamente do passado, apagando-o, como se cada frase escrita por eles tivesse o propósito de anular a anterior. Agiriam, assim, ao contrário da maioria dos escritores, que pretendem firmar suas personalidades com suas obras.

Outra peculiaridade de Walser decorre daquilo que Coetzee considera uma situação linguística sem equivalentes, isto é, o uso de uma mesma língua com dois registros diversos. O autor escrevia em alto alemão, uma manifestação dessa língua bem diferente do mesmo alemão caseiro que falava em seu cantão suíço. Algo semelhante fez Kafka com o uso do alemão cartorial, em detrimento do tcheco, sua língua materna.

Walser teve vários de seus livros publicados em Portugal. Entretanto, *Jakob von Gunten, um diário* é a segunda tradução brasileira.[10] É um episódio ficcional baseado em uma experiência vivida por ele, que, envergando libré, trabalhou como criado em um castelo de Dambrau, na Silésia.

O livro é tido como um de seus romances mais provocadores, em razão da forma aparentemente ingênua e até simplória com que relata fatos sem grande importância, mas que por fim revelam, se olhados com cuidado, uma insuspeitada profundidade. Como indica o título, vamos ler as anotações íntimas do jovem Jakob, que tem como projeto de vida despojar-se de todo e qualquer desejo próprio que não seja o de servir ao outro, a quem almeja obedecer de forma absoluta e subserviente. Com esse fim, ingressa no Instituto Benjamenta, esperando ali aprender a receber ordens e cumpri-las sem questionamento e da melhor forma

---

10 A primeira foi seu romance *O ajudante*, traduzido por José Pedro Antunes e publicado pela Arx, em 2003.

possível. No diário, anota suas reflexões e fantasias, a relação com os colegas, suas opiniões sobre o programa de ensino e os professores, confessando grande admiração ante o poder e a majestade do Sr. Benjamenta e de sua irmã, a Srta. Benjamenta, diretores responsáveis que reinam incontestes por corredores e salas da instituição.

Escrito em 1907, é uma bela comprovação de que os artistas são, de fato, as antenas da raça, como disse Ezra Pound. O aparentemente despropositado empenho de Jakob em ser um perfeito serviçal no universo confinado e tacanho do Instituto Benjamenta revela-se uma extraordinária percepção crítica de uma sociedade que caminhava a largos passos para a hecatombe da Primeira Guerra Mundial, que destruiria para sempre a ideia de um progresso linear, a fé na instrução como arma contra a barbárie. O Instituto Benjamenta é a ridicularização da ideia de que a escola é o lugar onde o conhecimento e a cultura são transmitidos de uma geração à outra, onde os talentos dos aprendizes são detectados e estimulados a produzir o melhor, gerando crescimento e autonomia para cada um e para a sociedade como um todo.

De que adianta o longo processo educativo, se o que se aprende é radicalmente distante de uma realidade brutal, que descamba na submissão ao Estado, ao qual se deve servir e morrer em guerras movidas por remotas motivações e alimentadas por irracionais patriotismos? Vai-se ao colégio para aprender a construir o futuro ou para submeter-se às autoridades? Não é melhor simplificar, deixando a hipocrisia de lado e organizando escolas cujo objetivo explícito seja o ensino da servidão aos poderosos da ocasião? O estranho Instituto Benjamenta é como a grande barata de Kafka, ou seja, uma imensa e complexa metáfora.

A essa leitura sociopolítica do livro de Walser pode-se acrescentar o enfoque analítico, pois a atitude de Jakob parece francamente masoquista, de completa submissão ao desejo do outro. Mostra o gozo da servidão voluntária, do abdicar de qualquer independência para garantir a proteção de um amo e senhor, que podemos considerar como figura representativa de um pai poderoso do qual não conseguiu fazer o luto necessário para ingressar na vida adulta, permanecendo uma eterna criança. Porém, ainda aí, Walser inverte o roteiro, pois Jakob passa da posição passiva e submissa à prática de uma tirania cínica e dissimulada com a qual triunfa sobre todos, percorrendo assim o périplo que vai do masoquismo ao sadismo.

Coetzee diz que Jakob von Gunten é um personagem sem precedentes na literatura, dele aproximando-se apenas o narrador de *Memórias do subsolo*, de Fiódor Dostoiévski. Pensa ainda que Jakob teria inspirado Kafka a criar os interceptores do Inspetor K, de *O processo*. Da mesma forma, Lucia Ruprecht[11] acredita que Ambros Adelwarth, um dos personagens de *Os emigrantes*, de Sebald, também teria Jakob como modelo. Como ele, Adelwarth voluntariamente interna-se em uma clínica psiquiátrica no final de sua vida, após ter sido, por um longo tempo, companheiro e criado de um jovem milionário. Semelhante ao nosso pensamento, Ruprecht vê o confinamento de Jakob no Instituto Benjamenta como um projeto oposto ao do ideal bélico da mobilização geral que logo tomaria toda a Europa. A relação entre as duas situações seria mostrada no devaneio do personagem, que se vê como um soldado de Napoleão na campanha contra Moscou.

A acuidade psicanalítica com que Walser descreve determinadas situações merece ser ressaltada, como passamos a fazer agora, pinçando alguns trechos do livro.

---

11 Lucia Ruprecht. Virtuoso servitude and (de)mobilization in Robert Walser, W. G. Sebald and the brothers Quay. *The German Quarterly*, v. 83, n. 1, p. 58-76, 2010.

Seu desejo de subserviência e autodegradação é mostrado já no início. Referindo-se à escola, diz: "Aqui se aprende muito pouco, faltam professores, e nós, rapazes do Instituto Benjamenta, vamos dar em nada, ou seja, seremos, todos, coisa muito pequena e secundária em nossa vida futura".[12] Seus conflitos identitários são explicitados quando fala do uniforme que os alunos do Instituto Benjamenta são obrigados a usar:

Vestimos uniformes. Usar uniforme é algo que, a um só tempo, nos humilha e enobrece. Parecemos pessoas privadas de liberdade, o que talvez constitua humilhação, mas ficamos bem de uniforme, e isso nos distancia da vergonha profunda dos que andam por aí em trajes mais que próprios e no entanto sujos e esfarrapados. Para mim, por exemplo, vestir uniforme é muito agradável, porque nunca soube ao certo que roupa usar. Também nisso, porém, sou, por enquanto, um enigma para mim mesmo. Talvez abrigue um ser humano bastante vulgar. Ou talvez corra sangue aristocrático em minhas veias. Não sei. De uma coisa tenho certeza: no futuro, o que vou ser é um zero à esquerda, muito redondo e encantador. Na velhice terei de servir a jovens grosseirões, arrogantes e mal-educados; do contrário, vou precisar mendigar para não perecer.[13]

Seu desprezo pela escola fica evidente nesta passagem:

Na verdade, nós, discípulos ou pupilos, temos muito pouco que fazer, quase não nos dão tarefa nenhuma.

---

12 Robert Walser. *Jakob von Guten*: um diário. Tradução de Sergio Tellaroli. São Paulo: Companhia das Letras, 2011, p. 7.

13 Idem, p. 8.

> *Aprendemos de cor as regras que aqui vigem. [...] Co-nhecimentos, não nos transmitem. Como já disse, fal-tam professores, isto é, os senhores educadores e pro-fessores estão ou dormindo ou mortos; ou parecem estar mortos, ou petrificados – tanto faz, o fato é que não nos ensinam coisa nenhuma.[14]*

Vivências de desrealização aparecem em um momento de descanso:

> *Durante a hora do almoço, com frequência me sento à toa num banco. As árvores no parque não exibem cor nenhuma. As folhas pendem feito chumbo, desprovidas de naturalidade. É como se, por vezes, todas as coisas se constituíssem de lata e de um ferro fino. Depois a chuva torna a cair e molha tudo.[15]*

Seu desejo de autoimolação e subserviência se revela como uma formação reativa diante da insubmissão e da rebeldia agressivas. São traços anais de oposição e controle, situados na transição entre neurose obsessiva e melancolia. Apresenta aspectos narcísicos de afastamento e indiferença pelo outro, com quem a relação é marcada pela desconfiança, pelo desejo de enganá-lo para melhor triunfar e tripudiar sobre ele. Muitas vezes, isso é feito por meio do gozo masoquista de se apresentar como um tolo. Fingindo-se de bobo e sendo tratado como tal pelo outro, goza porque o engana e triunfa sobre ele, ao mesmo tempo que cria uma situação para ser punido e castigado por sua própria agressão, já que se oferece

---

14 Idem, p. 9.
15 Idem, p. 22-23.

como presa indefesa ao sadismo do outro. Ilustra, assim, de maneira muito clara, a íntima relação entre masoquismo e sadismo. Nesses momentos, Jakob muito se assemelha a Bartleby, de Melville, outro grande oposicionista:

> *Quase nunca me deixo aturdir ou surpreender. A despeito das emoções a que estou sujeito, trago em mim indizível frieza.*[16]

> *Prestar serviço a alguém que não conhecemos, que pouco nos importa, é encantador, coisa que nos descortina paraísos envoltos em névoa divina.*[17]

> *Gosto de ver pessoas adoráveis um pouco raivosas. Nada me agrada mais do que transmitir uma imagem inteiramente falsa de mim mesmo àqueles que guardo no coração. Talvez seja injusto, mas é ousado e, portanto, apropriado. É verdade que, no meu caso, esse comportamento é um pouco doentio. Eu, por exemplo, acho de uma beleza indizível morrer tendo na consciência o peso de haver ofendido e impregnado de opiniões ruins a meu respeito aqueles que mais amo neste mundo. Isso ninguém saberá entender, a não ser os capazes de sentir um calafrio de beleza na prática da teimosia, em ser do contra. [...] Eu percebi com toda clareza, mas agradava-me que ela me tivesse por bobo. Que singular depravação: alegrar-se em segredo com a possibilidade de perceber que se está sendo surrupiado. [...] A interdição de certas coisas é por vezes tão*

---

16 Idem, p. 37.

17 Idem, p. 21.

encantadora que não se tem como não fazê-las. É por isso que todo tipo de obrigação me é cara: porque me possibilita a alegria da transgressão. Se não houvesse nenhum mandamento neste mundo, nenhuma obrigação, eu morreria, pereceria de inanição, me estropiaria de tédio.[18]

É estranha essa vontade que sinto de provocar explosões de raiva nos poderosos. Será que, na verdade, desejo ser castigado por este Sr. Benjamenta?[19]

Eu, justamente, é que preciso aprender a sentir admiração e respeito confiante pelas coisas do mundo; do contrário, onde vou parar, se me permitir desrespeitar os mais velhos, negar Deus, zombar das leis e enfiar meu nariz juvenil em tudo quanto é sublime, importante e grandioso?[20]

Tudo que não é permitido, que sou obrigado a conter, me faz gosto. O que foi reprimido se torna mais penoso, mas, ao mesmo tempo, mais valoroso também. Sim, sim, eu confesso: gosto que me reprimam. E, aliás... Não, chega de aliás. Que o Sr. Aliás vá passear. O que eu queria dizer é: não poder fazer uma coisa significa fazê-la em dobro em alguma outra parte.[21]

Sua sexualidade ambígua o faz entrar em um jogo sedutor simultaneamente com a Srta. Benjamenta e o Sr. Benjamenta.

---

18 Idem, p. 24-26.
19 Idem, p. 41.
20 Idem, p. 59.
21 Idem, p. 94-95.

Provoca o diretor com o desejo secreto de ser punido por ele, em claro masoquismo erógeno que se insinua até a franca paixão homossexual:

> *Sim, esse homem me encantou, ele me interessa. Também a professora me desperta profundo interesse. Sim, e é por isso, para descobrir alguma coisa em todo esse mistério, que o provoco, para ver se lhe escapa alguma observação descuidada. Que mal faz se ele me bater? Minha vontade de descobrir coisas adquire contornos de uma paixão dominadora, e a dor que a irritação deste estranho homem me causa é pequena, comparada ao desejo fremente de induzi-lo a se abrir um pouco comigo. Ah, até sonho com isso – que coisa mais magnífica: apossar-me da impetuosa confiança deste homem. Bem, vai levar ainda um bom tempo, mas acredito, sim, acredito que vou conseguir penetrar enfim no mistério dos Benjamenta. Segredos dão a pressentir uma magia insuportável, exalam perfume muito belo, indizivelmente belo. Quem sabe, quem sabe? Ah...[22]*

À medida que constata a eficácia de sua sedução e, com isso, passa a ter acesso a todas as dependências da instituição, inicia-se o processo de desidealização:

> *Sim, os aposentos interiores tinham vida, e agora me foram quase roubados. A parca realidade: que tremenda ladra ela às vezes é. Rouba coisas com as quais, depois, não se sabe o que fazer. Ao que parece, diverte-se*

---

22 Idem, p. 41.

*espraiando melancolia. Melancolia que, aliás, torno a
querer bem e que me é muito, muito valiosa. Porque
forma.*[23]

Walser dá uma possível pista sobre a conduta sadomasoquista
de Jakob. Talvez venha da culpa pela violência contra o irmão a
necessidade de punição expressada na impossibilidade de crescer.
Quando lembramos que o autor tinha dois irmãos psicóticos, um
deles suicida, a confissão de Jakob de que "abriu um buraco na
cabeça do irmão"[24] adquire uma nova significação, talvez ecoando
sua própria culpa com relação à doença deles:

> *Na verdade, nunca fui criança, razão pela qual acre-
> dito piamente que vou carregar comigo algo de infan-
> til. Cresci, é verdade, tornei-me mais velho, mas mi-
> nha essência não mudou. Travessuras tolas ainda me
> dão tanto prazer quanto davam anos atrás, mas aí é
> que está: na verdade nunca fiz travessuras tolas. Ain-
> da bem pequeno, abri um buraco na cabeça do meu
> irmão. Mas isso foi um acontecimento, e não uma tola
> travessura. [...] Que feliz sou eu por não conseguir en-
> xergar em mim nada que seja digno de atenção ou
> contemplação! Ser e permanecer pequeno. E caso uma
> mão, circunstância ou onda me erguesse e carregasse
> até o primado do poder e da influência, eu destruiria
> as relações a me privilegiar e me precipitaria rumo à
> escuridão rasteira e insignificante. Só nas regiões infe-
> riores consigo respirar.*[25]

---

23 Idem, p. 120.

24 Idem, p. 131.

25 Idem, p. 131.

Cabe uma derradeira observação sobre a questão educacional implícita na obra de Walser. Sob o prisma da psicanálise, o processo educativo, além de compartilhar conhecimento, alinha-se entre os principais procedimentos repressivos das pulsões agressivas e sexuais, imprescindíveis para a viabilização da convivência social. Por essa razão auxilia indiretamente o momentoso trânsito psíquico entre o princípio do prazer (agir em função da busca imediata de satisfações) e o princípio da realidade (compreender que as satisfações devem ser adiadas até que possam ser realizadas sem que isso coloque em risco nossa segurança).

Apesar dos avanços realizados, a educação continua basicamente voltada a aspectos cognitivos racionais conscientes da mente, ignorando a dimensão inconsciente descoberta por Freud. Isso significa que, diante dos fortes sentimentos que nos inundam (ainda mais quando somos crianças), como medo, angústia, ódio, ciúme, inveja, necessidade de dar e receber amor, o máximo que a escola faz é estabelecer os já referidos limites repressivos por meio da coerção física e da transmissão de princípios éticos, morais e religiosos. Nem sempre essas medidas são eficazes, e no final cada um aprende a lidar sozinho com seus próprios demônios. Essa educação favorece a concomitância de aspectos cognitivos conscientes racionais que podem ser extraordinariamente desenvolvidos e uma gritante imaturidade emocional, um infantilismo afetivo, isto é, uma combinação neurótica que impede um manejo adequado da realidade. Todos conhecemos exemplos dessa discrepância interna, vivenciada em nós mesmos ou percebida em pessoas de nosso entorno, públicas ou privadas.

Recentemente, dois casos ilustram bem o que estamos comentando: Palocci e Strauss-Kahn. Como entender que homens como eles, cuja inquestionável inteligência evidencia-se no fato de terem chegado ao topo do poder, possam ter agido de forma tão estúpida, colocando a perder a posição pela qual seguramente se empenharam ao máximo para conseguir? Na ausência de explicações lógicas, podemos evocar duas hipóteses psicanalíticas: a insolência do narcisismo onipotente, reforçado pelo exercício do poder, pela crença na impunidade e em estar acima da lei, ou um ignorado desejo autodestrutivo, com secretas culpas que impossibilitam usufruir aquilo pelo que tanto lutaram.

57. Colaboracionismo, um assunto espinhoso[1]

O nazismo e Adolf Hitler fizeram coisas abomináveis, imperdoáveis, que merecem a permanente execração de todos. A gravidade da catástrofe por eles provocada, cuja expressão maior é o Holocausto, é tão grande que se discute se o trauma decorrente dela é passível de representação. Deveria a catástrofe ficar em seu estado bruto, permanentemente a nos interrogar, ou deveríamos tentar representá-la, simbolizá-la? A dúvida decorre do temor que a grandeza da tragédia acontecida seja banalizada e diluída, fazendo desvanecer a memória dos milhões vitimados. Vem daí a não aceitação de qualquer manifestação que não seja sua explícita condenação, bem como a intolerância com piadas e brincadeiras, entendidas como ofensivas e desrespeitosas.

Temos dois exemplos recentes disso. O primeiro são as fortes reações à piada do comediante Danilo Gentili sobre a estação de

---

1 Publicado no "Caderno 2", do jornal *O Estado de S. Paulo*, em 28 de maio de 2011.

metrô em Higienópolis, que o levaram a pedir desculpas e cancelar o lançamento de seu programa na TV. O segundo ocorreu com Lars von Trier, considerado *persona non grata* e, em seguida, "expulso" do Festival de Cannes após ter dito em uma entrevista, em tom de brincadeira, que era nazista e entendia Hitler. Colocada no contexto adequado, a punição de Lars von Trier revela aspectos inadvertidos da questão.

Diante do nazismo e de Hitler, a França gostaria de ser vista como o país da Resistência, cheia de heroicos maquis a desafiar os alemães, uma imagem grandiloquente forjada por Charles de Gaulle que esconde a vergonhosa realidade do colaboracionismo oficial e de grande parte da sociedade, a tranquila submissão ao Terceiro Reich por parte de Philippe Pétain e seu governo de Vichy. O exemplo mais chocante da colaboração ocorreu quando, por iniciativa das autoridades francesas, e não por exigência dos alemães, cerca de 13 mil judeus foram confinados no Vèlodrome d'Hiver e de lá enviados para os campos de extermínio, fato só reconhecido pelo Estado francês em 1995, por Jacques Chirac.

No começo deste ano, Alexandre Jardin, neto do prefeito de Paris na época da ocupação alemã, lançou o livro *Des gens trés bien* (em tradução livre, *Das pessoas de bem*), pela Editora Grasset. Ali, diz que o avô colaborava sem nenhum constrangimento com as autoridades nazistas, um comportamento aceito e compartilhado por todos a seu redor. O livro tem vendido aos milhares e suscitado grande celeuma, alimentando a curiosidade de muitos em relação ao secreto passado político de seus familiares.

Efeitos do colaboracionismo no psiquismo dos franceses foram detectados por Roland Barthes em "Sabão em pó e detergentes", um texto curto e perspicaz publicado em seu *Mitologias*. Na obra relata que, no pós-guerra, a França foi tomada por uma febre de limpeza e higiene, induzida por fortes campanhas publicitárias de produtos de limpeza. Usando semiologia e recursos da psicanálise, Barthes analisa a retórica dessas campanhas e conclui que seu sucesso devia-se ao fato de expressarem o desejo coletivo inconsciente de eliminar a sujeira da guerra da Argélia e, mais negadas ainda, as impurezas da colaboração com os nazistas, fatos que enodoavam o orgulho nacional.

A atitude do Festival de Cannes com relação a Lars von Trier fica ainda mais sintomática quando se sabe que, em 1956, o filme *Noite e neblina*, de Alain Resnais, foi censurado pelo governo francês e impedido de concorrer naquele festival, sendo exibido em uma mostra paralela, justamente por denunciar o colaboracionismo. Diante desses fatos, fica a pergunta: o rigor no julgamento de Trier deveu-se ao respeito às vítimas da catástrofe ou era uma forma de reforçar a repressão do passado colaboracionista, evocado nas falas brincalhonas do cineasta, de "ser nazista" e "entender Hitler"?

É preciso, então, estar atento a essa possibilidade e ficar alerta contra outra difundida falácia: atribuir todos os crimes nazistas à pessoa de Hitler. Por mais assustador que seja, é necessário lembrar que, direta ou indiretamente, milhões de alemães, austríacos e europeus de vários outros países expressaram concordância, simpatia e admiração pelo nazismo e por suas promessas de eliminar judeus e comunistas e implantar o domínio de uma raça superior. É por isso que falar sobre o assunto é problemático não só na França. Em muitos países da Europa, paira ainda a lembrança reprimida da colaboração. E é justamente essa a questão mais importante levantada pelo nazismo: como entender que milhões de pessoas embarcaram em uma ideologia delirante, que prometia a constituição de uma raça superior e tinha como correlato a eliminação das raças tidas como inferiores.

O nazismo ainda hoje levanta enigmas para nossa compreensão, e não temos alternativas a não ser tentar resolvê-los. Só podemos fazer isso se representarmos e simbolizarmos a catástrofe, sem temer desmerecê-la com isso. Assim, é possível dissolver a aura de inacessibilidade, revelando seus contornos reais e humanos, devolvendo-nos a capacidade de compreender e agir. Para tanto, é importante, por um lado, conhecer a psicopatologia de Hitler e, por outro, tentar entender o fascínio que a ideologia nazista despertou em tanta gente.

Sobre Hitler, há inúmeras biografias publicadas. Aos interessados, sugiro a leitura de seu perfil psicológico feito em plena guerra por um professor de psiquiatria, a pedido do Office of Strategic Services (OSS), serviço de inteligência dos Estados Unidos, atualmente depositado na Universidade de Cornell e disponível na internet.[2]

Quanto à ideologia da raça superior, podemos nos perguntar se não revela, levada às últimas consequências, o desejo narcísico de negar nossas impurezas, nossas deficiências, nossa feiura física e moral, todas as nossas taras que, por não as aceitarmos em nós mesmos, terminamos por projetar no outro. O delírio de uma raça superior seria o patamar mais avançado e radical dessa ideia, ou seja, a criação de homens sem nenhuma jaça, definitivamente livres de todas as limitações próprias de nossa sofrida humanidade. Se assim for, o que vai impedir a sedução da ideologia da raça pura é sua análise, mostrando como atende a irrealísticas exigências narcísicas de perfeição, fruto da intolerância com falhas e erros que são de todos os seres humanos.

---

2   Disponível em: <http://lawcollections.library.cornell.edu/nuremberg/analysis>. Acesso em: 19 abr. 2017.

58. Osama bin Laden, vilão ou herói[1]

O maior dos terroristas, a encarnação do mal, o inimigo público número um, um desalmado assassino cuja execução é celebrada com grande júbilo em praça pública, um fanático religioso que prega a guerra santa, o representante de forças retrógradas e da ignorância. Um herói cujo assassinato é pranteado em inúmeras cidades, uma morte que faz muitos jovens se tornarem sequiosos de vingança e pretenderem seguir seu exemplo, um líder político capaz de planejar e executar uma espetacular manobra militar que humilhou o maior império do Ocidente, afrontando-lhe a arrogância e a suposta superioridade.

Que norte-americanos e árabes possam ter tais opiniões tão discrepantes sobre Osama bin Laden mostra, mais uma vez, como aquilo que consideramos verdadeiro ou real nem sempre é autoe-

---

1 Publicado no "Caderno 2", do jornal *O Estado de S. Paulo*, em 14 de maio de 2011.

vidente nem aceito de forma consensual. O que chamamos de realidade ou verdade não decorre da nossa percepção direta e isenta do mundo, pois dele só percebemos o que nos permitem nossas crenças.

O sistema de crenças por meio do qual enxergamos o mundo é o que chamamos ideologia. O modelo mais acabado de ideologia é a religião. Ela fornece um conjunto articulado de crenças e dogmas que soluciona os grandes enigmas que atordoam o ser humano – de onde viemos, para onde vamos, para que vivemos, o que acontece depois da morte? – e garante-lhe, pelo menos nas três religiões abraâmicas, a eterna proteção de um pai poderoso. Nisso está sua força imbatível.

À medida que o mundo se secularizou, configuraram-se outros sistemas de crenças nos quais a imagem paterna de um deus protetor é substituída pela do líder político, que oferece o paraíso não mais no céu, e sim na terra. São "religiões" políticas, às quais seus fiéis se agarram com a mesma tenacidade dos crentes das religiões convencionais.

A ideologia não tolera contestação. Seu correlato mais imediato é a propaganda, ou seja, a imposição de dados que reforçam pressupostos e crenças ideológicos, independentemente de corresponderem ou não aos fatos. Ela sustenta o poder totalitário e é por ele reforçada. Nas conflagrações, a ideologia e a propaganda são a regra. Não é por outro motivo que se diz que, na guerra, a primeira a morrer é a verdade. Cada lado da contenda estabelece uma inquestionável versão dos acontecimentos, penalizando como traidor quem dela discordar.

É preciso lembrar tudo isso antes de falar de Bin Laden, cuja execução realizada pelos Estados Unidos foi justificada como um ato de guerra. Ao se desconstruir a ideologia e a propaganda em torno do fato, constata-se que Bin Laden e Al Qaeda são sintomas de um problema maior, decorrente de impasses trazidos pela globalização, que simultaneamente exacerba diferenças culturais e promove grande uniformização do mundo. Desse modo, é uma ilusão acreditar que a eliminação física de um líder ou a dispersão de seu grupo seja de alguma eficácia na consecução da resolução desses problemas.

As complicações trazidas pela globalização foram, muitas vezes, descritas como um choque entre cristianismo e islamismo, um choque de civilizações. Bin Laden e Al Qaeda expressam um momento especialmente agudo nesse conflito de grande envergadura, já diagnosticado por Jacques Derrida em 1995, quando a imigração islâmica já provocava tensões na Europa. O conflito decorre não de um embate religioso, mas das mudanças radicais desencadeadas pelas novas tecnologias de comunicação próprias da globalização, especialmente a televisão e a internet. Tais tecnologias formam grandes redes transnacionais que ignoram barreiras geográficas, linguísticas, legais e sociais, promovendo um desenraizamento que coloca em risco as identidades dos povos. Dessa maneira, abalam o que Derrida chama de microclimas culturais, políticos e religiosos. Embora os povos menos desenvolvidos fiquem fascinados por essas novas tecnologias, ao mesmo tempo sentem-se profundamente ameaçados por elas, o que os faz reagir de forma violenta. Isso reforça todos os elementos que os ligam a suas identidades, como o apego ao lugar de origem, ao sangue, à família, à língua, ao país, aos costumes mais arcaicos e, evidentemente, à religião. Portanto, o lugar que a religião ocupa nessas reações não decorre de uma questão transcendental nem de uma preocupação com o divino. É apenas um elemento de reafirmação da identidade ameaçada.

Seguindo esse enfoque sociocultural, não é de pouca monta o fato de que ainda não tenha ocorrido nos países muçulmanos algo equivalente a nossa ocidental Revolução Francesa, ou seja, a necessária separação entre Estado e religião. Esse passo deve ser dado pelos próprios muçulmanos, pois supõe-se que naqueles países exista uma elite insatisfeita com o atual estado de coisas e queira alterá-lo. Essa mudança não eliminará o islamismo, assim como a Revolução Francesa não eliminou o catolicismo, mas retirou seu poder terreno, enquanto lhe assegurou o do reino dos céus.

Para tanto, as potências ocidentais precisam apoiar as forças progressistas do islamismo, em vez de se aliar a grupos mais reacionários, como bem mostra o filme *Syriana* (2005), de Stephen Gaghan. Nele, George Clooney interpreta um agente da CIA às voltas com príncipes árabes de Estados que mal se distinguem de agrupamentos tribais, corrupção de megacompanhias petrolíferas, negócios escusos e assassinatos.

A desorganização identitária trazida pela globalização não atinge apenas os países de religião islâmica. No mundo ocidental, como no Brasil, o recrudescimento das religiões evangélicas e pentecostais, transformadas em espetáculos pela televisão, arrebanha massas formadas pelas migrações internas, multidões que abandonaram seus rincões e alojaram-se nas periferias das grandes cidades, perdendo seus microclimas culturais. Essas pessoas reencontram na religião televisiva resquícios de uma identidade perdida e sensação de pertencimento. Isso é tão fundamental para elas que, para manter tal sensação, não se importam de serem exploradas até o último centavo de seu suado dinheirinho.

59. Livros póstumos[1]

David Foster Wallace, autor de ensaios, gênero pouco praticado entre nós, reportagens, contos e romances unanimemente elo-
giados pela crítica norte-americana, matou-se em sua residência
em 12 de setembro de 2008, aos 46 anos. Seu prestígio literário só
fez crescer desde então, sendo enfatizadas a habilidade em recriar
a linguagem oral e as idiossincrasias linguísticas de diversos grupos culturais e profissionais, a acuidade com que descreve os relacionamentos humanos e seus conflitos, o estilo lúcido, desencan-
tado e irônico. Wallace é pouco conhecido no Brasil, onde apenas
um de seus livros, *Breves entrevistas com homens hediondos*, foi
lançado (pela Companhia das Letras, em 2005).

O autor deixou, impresso e em arquivos de computador, o inacabado livro no qual trabalhara por dez anos, desde o lançamento,
em 1997, de *Infinite jest* (em tradução livre, "A graça infinita"), o
romance com o qual, na opinião de muitos, alterou o panorama

---

1 Publicado no "Caderno 2", do jornal *O Estado de S. Paulo*, em 28 de abril de
2011.

literário norte-americano. Por dois anos, o extenso material de mais de mil páginas foi submetido a um cuidadoso trabalho de editoria que o reduziu pela metade. Assim, o livro recebeu o título *The pale king* e foi lançado no dia 15 de abril de 2011 nos Estados Unidos, atraindo a atenção dos meios literários.

O interesse em torno da obra nos faz pensar sobre as questões levantadas pela publicação póstuma de originais e rascunhos deixados por seus autores. Isso só ocorre, é claro, com autores de reconhecida importância e obedece a diversos interesses. Entre eles, o financeiro não é dos de menor peso, pois editores e herdeiros não querem desperdiçar a oportunidade de ampliar suas rendas. No entanto, há também os interesses literários, pois os estudiosos da obra beneficiam-se com o rascunho inconcluso, que lhes permite observar melhor os processos criativos do autor, seguindo a maneira como dá forma ao material, por meio de cortes, supressões, acréscimos etc.

A legitimidade desses interesses esbarra em questões éticas. Um autor renomado pode não ter publicado em vida alguns textos por muitos motivos, como considerar que a obra realizada ficou aquém do desejado ou não ter conseguido desenvolver as ideias, das quais deixou apenas esboços que nada significam sem o trabalho que as transformaria em uma produção acabada. Levando isso em conta, deve-se publicar aquilo que o próprio autor deixou inédito? Sem falar que muitas vezes o material deixado pelo escritor estava tão cru e incipiente que aquilo que é publicado dificilmente pode ser atribuído a ele, tantas foram as intervenções realizadas pelos editores, necessárias para deixar o texto apresentável ao grande público.

Um exemplo recente desse fato é o último livro de Vladimir Nabokov, intitulado *The original of Laura.*[2] Nesse caso, havia uma complicação a mais. O autor, falecido em 1977, deixara apenas uma versão inicial disposta em 138 fichas de arquivo (equivalentes a trinta páginas manuscritas), sem nenhuma ordem estabelecida, como costumava fazer com todos os seus livros, e explicitara em seu testamento que o material deveria ser destruído. Vera, sua esposa, e Dmitri, seu filho, não conseguiram cumprir com suas ordens e, depois de um demorado debate entre estudiosos e editores, que se estendeu por mais de trinta anos, o livro foi publicado em novembro de 2009.

Como é sabido, Nabokov alcançou fama mundial em 1955 com seu livro *Lolita*, no qual aborda a paixão de um homem de meia-idade por uma pré-adolescente. O romance deu origem a um filme de Stanley Kubrick, desencadeando uma incontrolável epidemia de Lolitas mundo afora. Transcendendo esse sucesso popular, Nabokov é considerado o maior romancista de língua inglesa do século passado, apesar de ter o russo como língua materna.

O caso de Nabokov é interessante, pois, se até o momento apontávamos para a suposta cupidez de herdeiros e editores no trato com o material inédito deixado pelo autor, fica nele evidente a ambiguidade do próprio autor diante de seu texto inacabado. Afinal, se teve tempo e forças para ordenar a destruição do livro em seu testamento, por que não o fez, poupando mulher e filho de tamanha responsabilidade? Sua atitude parece demonstrar uma forte ambivalência, porque, enquanto ordenava a eliminação da obra, espicaçava a curiosidade dos estudiosos, assegurando assim sua sobrevivência.

---

2   No Brasil, recebeu o título de *O original de Laura* (Rio de Janeiro: Alfaguara, 2009).

Algo semelhante pode ser dito sobre *The pale king*, de Wallace, que teria disposto os originais de forma a serem facilmente encontrados após sua morte, delegando a outrem a responsabilidade por sua publicação. Entretanto, em casos como esse, a ambivalência – ou seja, a existência simultânea de sentimentos intensos e contraditórios, como amor e ódio, perante praticamente tudo a que estejam ligados – é muito mais ampla e radical, o que termina por debilitar o próprio apego à vida.

De seu excelente livro de contos *Breves entrevistas com homens hediondos*, duas narrativas adquiriram especial interesse, pois nelas está prefigurado o desfecho que daria a sua vida. São eles: "A pessoa deprimida" e "Suicídio como um presente". No primeiro, acompanhamos as atribulações da pessoa deprimida, empenhada em seguir ao pé da letra as orientações da terapeuta, cujas condutas são fortemente desacreditadas e ridicularizadas pelo autor. No segundo conto, Wallace mostra com grande acuidade psíquica – à qual um psicanalista nada teria a acrescentar – a mortífera relação entre uma mãe e seu filho que termina em um beco sem saída. Ambos ilustram bem o dito freudiano de que grandes escritores têm conhecimento intuitivo direto do inconsciente, coisa que os analistas só adquirem por meio de um longo treinamento.

60. Alô, alô, Realengo, um triste abraço[1]

O trauma é um acontecimento de tamanha intensidade que desorganiza o psiquismo. É necessário um longo e paciente trabalho para integrar e neutralizar sua força desagregadora, que paralisa o pensamento e impede o exame adequado de suas consequências. Uma das formas de elaborar o trauma é colocá-lo em palavras, representá-lo, simbolizá-lo. Isso permite não só a expressão dos afetos por ele despertados como também a produção de respostas possíveis a seus desorganizadores desdobramentos.

O acontecimento traumático pode ser incontrolável e imprevisível. Esse é o caso dos grandes desastres naturais (*tsunamis*, por exemplo), contra os quais nada podemos fazer a não ser reparar os estragos ocorridos. Porém, quando o trauma é provocado pela mão do homem, podemos e devemos elaborar hipóteses para

---

1 Publicado no "Caderno 2", do jornal *O Estado de S. Paulo*, em 16 de abril de 2011.

compreender as circunstâncias e as motivações subjacentes ao ato, para, assim, prevenir ou controlar novas possíveis manifestações.

A matança ocorrida em Realengo é um trauma não só para as famílias que perderam de modo brutal suas crianças como também para toda a sociedade. Muito já foi falado sobre a patologia do assassino Wellington Menezes de Oliveira. Seja qual for o diagnóstico atribuído a ele – psicose ou transtorno de personalidade –, não se pode negar que o fato de ter sofrido *bullying* no período escolar tenha alguma importância na evolução do quadro.

O crime ocorreu em um momento festivo: o aniversário de quarenta anos da escola. Por esse motivo, a escola estava convidando ex-alunos bem-sucedidos para fazer palestras aos atuais alunos. Ao chegar à escola com o intuito de matar as crianças, Wellington disse que estava ali para apresentar uma palestra. Explicitava, assim, seu desejo de ser reconhecido e valorizado. Sua macabra "palestra" poderia ser entendida desta forma: "Não tenho motivo algum para festejar nesta escola onde tanto sofri e penei; agora, todos vão sofrer e penar como eu".

A carta que ele deixou é reveladora. Nela, a sexualidade ocupa posição central. Diz que os "impuros", "fornicadores" e "adúlteros" não podem tocar seu corpo "virgem". Tais declarações talvez ecoem o que ouviu durante anos ao acompanhar a mãe adotiva em cultos das Testemunhas de Jeová. O fato de ter matado preferencialmente meninas aponta uma dificuldade especial com as mulheres, podendo ser algo que remeta à forte ambivalência diante de suas duas mães: a biológica, uma psicótica impossibilitada de exercer a função materna, e a adotiva, falecida em outubro passado e ao lado de quem desejava ser enterrado.

Chama também a atenção ter deixado sua casa para os "animais abandonados", que são "seres muito desprezados e precisam muito mais de proteção e carinho do que os seres humanos que possuem a vantagem de poder se comunicar".[2] Estaria ele, uma criança adotada, identificado com tais animais abandonados? Estaria declarando sua incapacidade de expressar seus sentimentos mais profundos, que só puderam aparecer de forma disruptiva e violenta nos assassinatos?

Colegas e familiares declararam que Wellington continuamente era vítima de ataques por parte dos outros alunos, coisa que ele mesmo confirmou nos vídeos divulgados esta semana. Tinha um único companheiro, denominado "fanho", e os dois eram chamados de "retardados", especialmente pelas meninas. Também é significativo o fato de ter poupado um aluno, para quem disse "Não vou te matar, gordinho", talvez por acreditar que o menino, como ele próprio, era alvo de *bullying* por parte dos demais alunos.

O psicanalista Guillermo Bigliani, coautor do livro *Humilhação e vergonha: um diálogo entre enfoques sistêmicos e psicanalíticos*,[3] diz que o *bullying* marca aqueles que sofreram com ele, impondo-lhes duas saídas: "vítima privilegiada", na qual o sujeito, tomado por um profundo rancor, fixa-se em uma crônica melancolia, e "vingador", em que o indivíduo oscila entre a depressão e as atuações psicopáticas antissociais. Podemos pensar que Wellington se enquadrava no segundo tipo.

---

2 Disponível em: <http://g1.globo.com/Tragedia-em-Realengo/noticia/ 2011/ 04/leia-trecho-da-carta-do-atirador-que-invadiu-escola-no-rj.html>. Acesso em: 25 maio 2017.

3 Publicado pela Zagadoni, em 2011.

Afinal, o que é o *bullying*? É um nome novo para uma antiga realidade: o mecanismo de psicologia grupal que acontece nas escolas em que uma criança é escolhida como saco de pancadas pelo grupo, que nela projeta tudo o que não tolera em si mesmo. Habitualmente, isso ocorre com as crianças mais frágeis, que não conseguem se defender e sofrem passivamente as maiores agressões.

Se observarmos com mais atenção, logo entendemos que o *bullying* não acontece apenas entre as crianças. Existe em todos os grupos humanos e em todas as faixas etárias, sendo responsável pela formação de "bodes expiatórios", pessoas em quem certos grupos descarregam seus sentimentos negativos. Mais ainda, é a base de todo e qualquer preconceito contra sujeitos e minorias. E não seria exagero dizer que sua manifestação social macroscópica mais radical é a guerra. Estamos falando de destrutividade e múltiplas formas pelas quais se manifesta nos atos humanos.

Assim, a necessária luta contra o *bullying* nas escolas é parte de um esforço maior que visa a conscientização dos aspectos violentos e agressivos existentes em todos nós, decorrentes daquilo que Freud chamou de pulsão de morte.

"Nada do que é humano me é estranho."[4] Só percebemos a profundidade desse aforismo de Terêncio em circunstâncias-limite como essa da matança de Realengo. É fácil dizer que foi um "monstro" quem a realizou. É mais complicado reconhecer que foi um homem o autor desse gesto monstruoso e que homens fazem coisas monstruosas. Fica a pergunta: alguém pode garantir que não agiria da mesma forma se tivesse vivido em condições de vida semelhantes às dele e contasse com os mesmos recursos genéticos, intelectuais e emocionais dos quais dispunha?

---

4   Frase de Terêncio (*c.* 195 a.C.-159 a.C).

Freud destaca que Platão dizia que o homem virtuoso se contenta em sonhar o que o homem perverso executa. É claro que há uma diferença fundamental entre as duas posições, mas temos de reconhecer que a distância entre o homem virtuoso e o perverso não é tão definitiva quanto gostaríamos que fosse.

61. Olhos para ver a pequena macaca, de Edgar Degas[1]

Um filme como *Cisne negro* apresenta o balé da maneira como estamos habituados, isto é, uma refinada forma de arte em que o corpo transcende sua materialidade, expressando elevados sentimentos enquanto evolui ao som da música. De seus praticantes é exigido um severo treinamento, o que lhes dá uma aura ascética especial.

Essa imagem elevada e estetizante do balé é reforçada pela pintura de Edgar Degas, que mostra, em inúmeras telas, cenas de bailarinas do Opéra de Paris em bastidores, ensaios e apresentações no palco. E ainda por sua escultura *A pequena bailarina de 14 anos*, um dos destaques da exposição *Obsessões da Forma*, que iniciou a programação deste ano do Museu de Arte de São Paulo Assis Chateaubriand (Masp). Nela, vemos a pequena bailarina de

---

1 Publicado no "Caderno 2", do jornal *O Estado de S. Paulo*, em 2 de abril de 2011.

tutu, em posição característica, evocando com realismo a imagem familiar de muitas menininhas de hoje que têm no balé uma extensão de suas atividades escolares.

Ficamos surpresos ao saber que era outra a visão que a sociedade francesa tinha do balé na época de Degas e que suas pinturas visavam não só exaltar a beleza do movimento implícito na dança. Por meio delas, o artista mostrava a exploração do trabalho infantil, já que o balé era uma atividade remunerada praticada por meninas vindas do baixo proletariado e, quase sempre, confundida com prostituição. Assim, os contemporâneos de Degas, ao ver esses quadros, defrontavam-se com uma realidade vergonhosa.

Os homens da alta burguesia, os sócios do Jockey Club, supostos protetores e financiadores do balé do Opéra de Paris, usavam tal posição para garantir serviços sexuais das desprotegidas meninotas e moças. E isso era de conhecimento geral. Eles eram os ricos *abonnés*, que tinham camarotes cativos perto do palco, frequentavam o salão de ensaio e tinham acesso aos camarins, onde escolhiam as dançarinas para seu desfrute sensual. Ali, os corpos das bailarinas nada tinham de transcendentes ou espiritualizados. Eram peças disputadas no comércio sexual, expostas em roupas reveladoras – lembremos como as mulheres se vestiam de maneira pudica naquela época. As jovens bailarinas eram conhecidas como "pequenos ratos do Opéra", denominação depreciativa que as culpabilizava pela miséria que as expunha a exploração e prostituição.

Um eco disso é a própria *A pequena bailarina de 14 anos*, obra hoje unanimemente aclamada, mas que, ao ser apresentada, foi recebida com grandes restrições. A maioria dos críticos a rejeitou e alguns a chamaram de "pequena macaca", pois acreditavam ver em suas faces traços simiescos, grosseiros, brutais. Se você for ver a obra no Masp e observá-la com cuidado, verá que não estavam equivocados. Ainda mais porque essa opinião coincidia com as ideias do próprio Degas, que escolhera uma forma pouco usual de expor sua escultura: colocou-a dentro de uma caixa de vidro, assemelhando-a aos espécimes animais exibidos nos museus de biologia. Isso expressava o preconceito com o qual eram vistos os "pequenos ratos do Opéra", tidos como "degenerados",[2] o que "justificaria" sua moralidade frouxa, isto é, a prostituição. A escultura não mostrava uma representação idealizada da juventude, mas sim do corpo degenerado de uma pequena prostituta.

Pesquisadores identificaram a menina que posou para Degas. Filha de imigrantes belgas, Marie van Goethem logo ficou órfã de pai, tendo a mãe sobrevivido como lavadeira, profissão comum entre as mães das bailarinas do Opéra. Ela e sua irmã, também bailarina, dedicaram-se à prostituição. Alguns autores dizem que Degas tinha com ambas um relacionamento "discutível", talvez como os *abonnés*. Ele era um conservador e assumiu posições abertamente antissemitas no caso Dreyfus. No entanto, seu conservadorismo político não o impediu de mostrar suas cenas de balé impregnadas de sensualidade e ligadas a uma incômoda realidade social.

A história da arte está repleta de exemplos que mostram que a forma como os contemporâneos veem uma obra nem sempre coincide com o que se pensará dela na posteridade. A diferença pode ser radical, constituindo o estereótipo do gênio incompreendido, só reconhecido postumamente. No caso de Degas, essa diferença é menos gritante. Como artista, alcançou pleno reconhecimento em vida. Ainda assim, constatamos que o modo como seus contemporâneos viam seus quadros e sua escultura não é igual ao

---

2   A degeneração era a teoria científica predominante na época para explicar transtornos mentais e comportamentais.

modo como os vemos hoje. A forte sensualidade e a questão social que pensava mostrar neles perderam-se para os espectadores de hoje, que só tomam conhecimento disso por meio do estudo, e esse desconhecimento em nada diminui o prazer estético diretamente proporcionado pelas obras.

As alterações na forma como a obra de arte é compreendida no correr do tempo refletem as mudanças socioculturais ocorridas, tornando irrelevantes questões que foram candentes ou que possibilitam a apreciação de aspectos anteriormente ignorados ou desprezados.

O interessante é que aquilo que foi denunciado por Degas nos quadros e na escultura está longe de ser uma questão obsoleta. A exposição da sensualidade e a exploração sexual de menores permanecem muito atuais. Não as enxergamos na obra desse artista, porque hoje seus signos são outros. Em tempos em que a pornografia circula livremente, não procuramos a visão de corpos femininos em dançarinas de balé, tampouco detectamos a exploração sexual de menores na ribalta de antigos teatros franceses. Ela nos é mostrada pela televisão, como fez o *Fantástico* da semana passada, ao cruzar as estradas do país de norte a sul e registrar que nelas meninas prostitutas atendem rotineiramente a motoristas, sem que ninguém se importe muito com isso.

62. Tartamudos, retóricos, oradores e escritores[1]

O discurso do rei, premiado filme de Tom Hooper, é centrado em um episódio: a transmissão radiofônica da fala de George VI para o Império britânico, em um importante momento histórico, estabelecendo um paralelo entre a guerra pessoal do rei contra sua gagueira e a grande guerra mundial que se armava. A bem-sucedida locução é celebrada com euforia, como se os problemas de fala do rei tivessem sido resolvidos de uma vez por todas. Porém, as coisas não são bem assim, como todo gago sabe muito bem. A dificuldade não arrefece, continua surgindo nos momentos mais inconvenientes, perturbando a capacidade de falar e criando incessantes constrangimentos.

A fala é o selo que nos diferencia dos outros animais. Implícita no conceito de palavra está a possibilidade de simbolização e re-

---

1   Publicado no "Caderno 2", do jornal *O Estado de S. Paulo*, em 19 de março de 2011.

presentação das realidades externa e interna. A palavra permite a expressão de nossos sentimentos mais evanescentes, bem como a transmissão da informação e do conhecimento, viabilizando o entendimento e a aproximação com nossos semelhantes. Contudo, a palavra ainda pode ser uma arma poderosa, afastando ou rompendo relações.

Dito isso, fica clara a dimensão do impedimento sofrido pelo gago.

Sabe-se que 5% das crianças com menos de 5 anos apresentam problemas de fala que desaparecerão na adolescência, com exceção das 25% que persistirão gagas na vida adulta, perfazendo 1% da população adulta mundial. Não é pequena a lista de pessoas famosas que sofreram com esse problema e o superaram por completo ou não. Podemos citar algumas: Julia Roberts e seu irmão Eric Roberts, Marilyn Monroe, Bruce Willis, James Stewart, Nicole Kidman, Emily Blunt, Carly Simon, Anthony Quinn, Harvey Keitel, príncipe Albert II (Mônaco), Tiger Woods, Rowan Atkinson, Nat King Cole, Noel Gallagher, Nelson Gonçalves e B. B. King.

As causas da gagueira não estão estabelecidas. Decorreriam da interação de fatores constitucionais com o meio ambiente, ou seja, com a dinâmica das relações familiares em que a criança está imersa. Para a psicanálise, aconteceria quando o próprio ato de falar ou o conteúdo da fala adquirem um significado inconsciente inaceitável, expressando desejos proibidos. Nesse caso, as palavras e a fala assumiriam uma conotação extremamente perigosa, tornando-as capazes de seduzir e controlar os que as ouvissem, ou ainda, recuperando a força mágica das antigas pragas, imprecações e maldições, poderiam ferir e destruir aqueles a quem se dirigissem.

Essa compreensão psicanalítica aproxima os gagos de retóricos, oradores e escritores, na medida em que estão todos ocupados com a mesma questão, ou seja, o extraordinário poder da palavra. A proximidade pode ser ilustrada com o caso clássico de Demóstenes, o gago que se transformou no maior dos oradores. A diferença é que o gago, em sua fantasia, levaria ao pé da letra a crença nos aspectos destrutivos da palavra, deixando de lado sua dimensão metafórica.

Como disse Carlos Drummond de Andrade, lutar com palavras é a luta mais vã. Seria duplamente vã a luta travada pelos escritores gagos? Sim, eles existem e são da melhor estirpe, como provam os nomes de Machado de Assis, Lewis Carroll, Washington Irving, Charles Darwin, Henry James, W. Somerset Maugham, Jorge Luis Borges, Philip Larkin e John Updike.

Margaret Drabble especula se o estilo barroco de Henry James, cheio de digressões, poderia ser aproximado das manobras usadas por muitos gagos, que fazem circunvoluções na fala, com o intuito de evitar determinadas palavras ou grupos consonantais especialmente desafiadores, dando a seus discursos um caráter dispersivo. O estilo terso e elegante de Machado de Assis desautoriza a generalização dessa argumentação.

Um escritor gago parece uma contradição em termos. Entretanto, ele apenas mostra que o domínio da palavra escrita não garante o mesmo no que diz respeito à palavra falada. E essa questão não se restringe aos escritores gagos, pois nem todo escritor é um bom orador.

Gagos, escritores, oradores e retóricos apontam para as diferenças entre a palavra falada e a palavra escrita, um antigo tema filosófico. Segundo Jacques Derrida, a metafísica ocidental apoia-se na crença de que a palavra falada é a privilegiada sede da razão e a palavra escrita, apenas sua pobre e humilhada irmã bastarda, tese que se empenha em desconstruir. Talvez ecoando aquela crença, a língua diz que quem tem o dom da palavra não é o escritor, mas o orador.

Ainda falando de palavras, devo dizer que, apesar de tê-las usado até agora, "gago" e "gagueira" não me parecem palavras circunspectas o suficiente para expressar a seriedade do problema por elas designado. Evocam zombaria, descambam para o terreno escorregadio das piadas. "Pselismo" ou "disfemia", os termos técnicos consagrados, são frios demais, distantes do sofrimento implícito àquilo que se referem. Talvez "tartamudo" e "tartamudez" transmitam condignamente o peso da condição representada, esse estado que lembra a mudez, o silêncio forçado, com tudo o que isso pode representar de fechamento e impossibilidade. Apropriadamente dão conta da grandeza da luta que uma parcela da humanidade é forçada a empreender diariamente, sem alardear a coragem e a determinação exigidas para tanto.

Ao contrário da maioria dos filmes, que trata a tartamudez como um elemento de comicidade, *O discurso do rei* devolve-lhe a dignidade e o respeito. Nos Estados Unidos e na Inglaterra, o filme motivou escritores, jornalistas e críticos com problemas de fala a escrever artigos nos quais dão testemunho de suas vivências na batalha sem fim que travam contra o impedimento e o estigma que os acompanham.

63. Oscar / Godard / Carnaval[1]

Na dúvida se escrevo sobre o Oscar ou sobre o Carnaval, opto pelos dois. Ao contrário da mãe salomônica, não me importo em cortar pela metade esses filhos para acomodá-los no espaço possível. Sacrifico parte do conteúdo, é verdade, mas os textos não morrem por causa disso.

* * *

Da boa safra desse Oscar, meu preferido foi *Cisne negro*, de Darren Aronofsky, filme que mostra uma relação fusional entre mãe e filha, que é a bailarina Nina, papel pelo qual Natalie Portman ganhou o prêmio de melhor atriz. Dessa relação, está excluída a figura do pai, o que abre a porta para a eclosão da psicose, ocorrida justamente quando Nina consegue o papel principal que tanto almejara.

---

1 Publicado no "Caderno 2", do jornal *O Estado de S. Paulo*, em 5 de março de 2011.

É uma boa ilustração da descoberta freudiana de que há aqueles que fracassam com o êxito. Sim, você leu corretamente. Indo além do senso comum que afirma que o fracasso destrói as pessoas, Freud mostrou que há os que sucumbem diante do êxito. Isso acontece quando o êxito é vivido como um triunfo vingativo sobre antigos desafetos, o que gera culpa e temores de retaliação, fazendo o vencedor não tolerar suas próprias conquistas. No caso de Nina, o triunfo se dá sobre a mãe, bailarina frustrada que abandonara a carreira para cuidar de forma exclusiva da filha.

Entretanto, o fato mais interessante desse Oscar foi a premiação honorária de Jean-Luc Godard, que não compareceu à cerimônia, ao contrário de Eli Wallach, Kevin Brownlow e Francis F. Coppola, os demais agraciados. Foi uma grande deferência da indústria cinematográfica a um de seus maiores críticos. A discussão entre Godard e Hollywood remete a questões mais amplas, como as ligações entre a cultura erudita e a popular, a relação de ambas com o mercado, a discriminação entre arte e entretenimento, a política etc.

Embora Hollywood realize obras de fôlego, como *Cisne negro*, grande parte de seu investimento vai para a produção lucrativa de entretenimento. Tal tipo de cinema visa a criar um refúgio temporário para o espectador, que ali esquece por uma centena de minutos a dor (e a alegria) de viver. Isso não é um mal em si, mas a proposta de Godard é outra. Ele quer retirar o espectador de sua zona de conforto, quer incomodá-lo, causar-lhe estranheza. Sua provocação faz alguns preferirem acreditar que seus filmes carecem de estrutura narrativa, em vez de se darem ao trabalho de procurar entendê-la.

Sua obra mais recente, *Filme socialismo*, que estava em cartaz ainda há pouco e pode ser encontrada em DVD, ilustra bem isso.

Ali, a sociedade europeia é representada pelos passageiros de um transatlântico em um cruzeiro pelo Mediterrâneo, um típico turismo de massa. Multidões seguem as programações padronizadas, lotam restaurantes, boates e piscinas, riem e aplaudem quando o mestre de cerimônias manda, visitam cidades das quais desconhecem a história e o patrimônio cultural. Infiltrados na massa, estão aqueles que preservaram a capacidade de pensar, mantêm as questões filosóficas e éticas, cuidam do legado da história, lembram o nazismo, o fascismo, o comunismo, o colonialismo e seus muitos e terríveis crimes. A imagem recorrente de cardumes de peixes assustados com a presença ameaçadora de grandes tubarões talvez ilustre a ideia de que as massas estão sempre submetidas e dominadas por tiranos predadores, evidenciando as "ilusões perdidas" de Godard ante toda e qualquer utopia ideológica.

Filme socialismo, porém, não é inteiramente desesperador. Restam a beleza do mar, o movimento das ondas, a possibilidade da resistência e a crença no futuro a ser construído pelas novas gerações.

* * *

Mudaria o Carnaval ou mudei eu? A resposta é óbvia. Festas como Carnaval e Natal não mudam. São marcos culturais estáveis com os quais nos encontramos ciclicamente, o que nos proporciona um reforço de nossa identidade e nos dá oportunidade de constatar o quanto mudamos (ou não) no tempo.

Remotamente, em Fortaleza, o Carnaval me era anunciado pelos ensaios dos blocos de maracatu, cuja batida soturna e hipnótica enchia-me de pavor toda vez que a ouvia ao longe, quebrando o silêncio da noite. Saíamos para a calçada, meus pais e irmãos, para vermos o maracatu descendo lentamente nossa rua. Primeiro, vinham as alas dos índios , com seus cocares e saiotes de penas.

Depois, as figuras com o rosto pintado de preto retinto, trajando vestidos brancos com longas saias rodadas e girando devagar ao som do ritmo grave e solene. Algumas delas empunhavam estandartes, outras levavam cestos com frutos e flores. No centro de tudo, debaixo de baldaquino, com pompa e dignidade, dançava a rainha, abanando-se com um grande leque de penas e fazendo gentis mesuras para o público mirrado que estava na rua.

Assustado, eu temia que aquelas figuras de cara preta saíssem da formação e me levassem definitivamente para o misterioso mundo que habitavam e do qual só saíam uma vez por ano, repetindo aqueles mesmos gestos rituais, dançando compassadamente, rodopiando, girando as grandes saias brancas, balançando de forma cadenciada os braços e as cabeças com turbantes brancos. O ruflar dos tambores ficava mais forte, pois agora passavam os músicos encerrando o cortejo. Então, voltávamos para dentro de casa, enquanto o maracatu se dirigia para seu destino encantado. Aos poucos, o som ia se perdendo na noite escura, deixando um rastro de enigmática tristeza. Tudo voltava ao normal e eu ia para a cama, aliviado por ter escapado mais uma vez.

Às vésperas de mais um Carnaval, tão distante das figuras do maracatu, percebo que, talvez até mais forte, persiste em mim o temor de ser arrebatado para os mundos sombrios dos quais o retorno é impossível.

64. O divã e a bolha financeira[1]

A grande crise econômica de 2008, tida por muitos como a maior da história e cujos desdobramentos continuam em expansão, pegou a todos de surpresa por ter passado inadvertida pelas instâncias reguladoras que, supostamente, deveriam detectá-la. Assim, ficou evidenciada a necessidade de serem revistos protocolos e procedimentos e elaboradas novas abordagens que permitam maior entendimento da própria economia.

Com esse objetivo, foi criado o Institute for New Economic Thinking (Inet), graças à doação de 50 milhões de dólares feita por George Soros. Sediado em Nova York, o instituto procura proporcionar parcerias acadêmicas e grupos de trabalho interdisciplinares que possibilitem novos enfoques sobre economia, alargando ou ultrapassando os atuais paradigmas que a regem. Seu programa inaugural de bolsas de pesquisa, dotado com uma verba de 7 milhões de dólares, recebeu mais de quinhentas propostas de

---

1 Publicado no "Caderno 2", do jornal *O Estado de S. Paulo*, em 19 de fevereiro de 2011.

especialistas e estudiosos provenientes do mundo inteiro, das quais 34 foram selecionadas em dezembro último e serão implementadas a partir deste ano.

Entre elas, merece especial atenção a intitulada "A proposal to develop an emocional finance" (em tradução livre, "Proposta para desenvolver uma finança emocional"), de David Tuckett, membro do Instituto de Psicanálise de Londres e professor visitante de psicanálise na University College London. Tuckett afirma em sua proposta que, por mais sofisticadas que possam parecer, as teorias econômicas sobre os mercados financeiros são bastante fantasiosas quando vistas a partir de uma perspectiva interdisciplinar. Afinal, é humanamente impossível saber o quanto valerão no futuro os ativos manipulados pelo mercado financeiro. Porém, aqueles que trabalham com isso são forçados a agir como se tivessem tal conhecimento, criando conjecturas fictícias com as quais constroem um futuro imaginário, minimizando a intrínseca incerteza na qual está imerso.

Tuckett diz ser fundamental reconhecer e aceitar essa incerteza, pois os ativos financeiros são abstratos, oscilam com facilidade em altas e baixas e provocam alterações no estado mental dos gestores que lidam com eles, deixando-os excitados quando ganham ou em pânico quando perdem. Mais ainda, não pode ser negado que o estado mental dos gestores pode oscilar, independentemente dos fatos do mercado.

Na pesquisa financiada pelo Inet, Tuckett pretende mostrar que as tomadas de decisão no mercado financeiro são baseadas não em conclusões racionais e lógicas, mas sim em estados emocionais de gestores e em narrativas fantasiosas criadas por eles mesmos. Caso suas hipóteses se comprovem, os responsáveis pelo mercado financeiro terão maior consciência da vulnerabilidade que cerca suas decisões.

O conceito de "finança emocional" tem sido trabalhado pelo psicanalista desde 2006, quando recebeu uma bolsa da Leverhulme Research para pesquisar o comportamento dos mercados financeiros sob o ponto de vista psicanalítico, procurando entender a razão da instabilidade desses mercados, de tão desastrosas e amplas consequências para a humanidade. Mostra como a compra, a posse e a venda de ativos financeiros, em condições de intrínsecas instabilidade e ambiguidade, necessariamente levam os envolvidos nessas transações a desenvolver uma forte ambivalência emocional com elas e inúmeras fantasias inconscientes.

A hipótese de Tuckett é que são justamente as fantasias inconscientes dos gestores, as oscilações em seu estado mental e o funcionamento da psicologia de grupo que podem explicar a formação das bolhas financeiras, um grave problema para o qual as teorias econômicas convencionais não oferecem explicações satisfatórias. Supõe que no processo de tomada de decisão financeira ocorre o mecanismo inconsciente de cisão, em função do qual ficam separados e expulsos da consciência os pensamentos que provocam emoções dolorosas, como a dúvida, a angústia e o medo. Isso impede uma avaliação mais realística da situação, aumentando o risco de futuras instabilidades financeiras, com funestas e globalizadas consequências. Uma teoria interdisciplinar que integre os conhecimentos psicanalíticos pode ser mais útil para os agentes econômicos que as teorias vigentes, pois contrastam as tomadas de decisão entre racionais e irracionais, levando em conta apenas o pensamento lógico consciente.

Dessa forma, Tuckett pretende criar uma nova abordagem teórica sobre a economia dos mercados financeiros, salientando a importância de inevitáveis pressões e conflitos emocionais decorrentes da responsabilidade de gerir grandes ativos, o que pode ter sérias consequências sobre o estado psíquico dos próprios gestores e a estabilidade do mercado como um todo. Tais ideias estão expostas em seu livro *Minding the market: an emotional finance view of financial instability*, a ser lançado em junho próximo pela editora Palgrave-Macmillan, em Londres e Nova York.

Depois de Karl Marx, não é possível ignorar a importância central da economia na sociedade. Saber que uma instituição como o Inet escolheu a proposta de Tuckett entre tantas outras é um reconhecimento da vitalidade do pensamento psicanalítico, imprescindível para a compreensão dos fenômenos humanos.

65. O pai no Édipo e na horda primitiva[1]

É inequívoco o teor político de *Inimigos*, trabalho de Gil Vicente agora exposto na Bienal.[2] São "autorretratos" do artista matando Lula, FHC, rainha Elizabeth, papa Bento XVI, Kofi Annan, Eduardo Campos, George Bush, Ariel Sharon, Jarbas Vasconcelos.

A dimensão polêmica da exposição da obra fica potencializada por coincidir com o momento pré-eleitoral. De fato, as circunstâncias dão mais força a algumas imagens, como a de Lula sendo garroteado e prestes a ser degolado pelo artista. Não poderia ser mais gritante o contraste que estabelece com a tão apregoada popularidade do presidente, que lhe garante 80% de aprovação dos eleitores.

Poderíamos ver esse contraste como um exemplo da diferença entre o funcionamento psíquico próprio das massas em oposição à

---

1 Publicado no caderno "Aliás", do jornal *O Estado de S. Paulo*, em 25 de setembro de 2010, com o título "Desejo edipiano projetado na política".

2 29ª Bienal de São Paulo, 2010.

forma de pensar do sujeito fora das massas. A psicologia das massas caracteriza-se por sua identificação com um líder que ocupa o lugar de figuras paternas idealizadas. Isso faz as massas adotarem uma postura infantilizada perante o líder, que é visto como um "pai" ou uma "mãe" que as protege e conduz. Tal fantasia inconsciente muitas vezes é deliberadamente manipulada pelo poder. Já o sujeito fora das massas – e ninguém melhor que o artista para representar essa condição – mantém o espírito crítico perante o líder e, apesar de não estar isento de nele também fazer projeções, pode vê-lo com mais objetividade. Para esse sujeito, tais "pais" ou "mães" são vistos como "inimigos" a serem "eliminados". Isso significa que, para o artista, a sociedade não deve ser regida por "pais" e "mães" onipotentes, mas por cidadãos como ele, a quem delega temporariamente o poder e de quem exigirá uma prestação de contas em seu devido tempo.

No caso brasileiro, à primeira vista, podemos pensar que a posição infantil, dependente e acrítica das massas deve-se a sua indiscutível ignorância. Tal ideia logo mostra-se insustentável ao lembramos que essa mesma atitude foi tomada pelas massas letradas e instruídas da Europa diante de Benito Mussolini e Adolf Hitler. A popularidade do líder depende dos elementos psíquicos inconscientes já mencionados, reforçados por fatores advindos da realidade socioeconômico e cultural.

No entanto, a dimensão política de *Inimigos* não pode ser confundida com uma estreita atitude panfletária ou partidária. O variado espectro ideológico dos líderes "assassinados" pelo artista mostra que aquilo que está em jogo é algo maior: a revolta crítica contra o poder instituído e seus infindáveis desmandos, o cansaço e a saudável intolerância com embustes e fraudes que se escondem nas pompas e circunstâncias que envolvem os mandatários.

A identificação daqueles que estão no exercício do poder com figuras paternas faz a observação de *Inimigos* evocar nos espectadores a fantasia do assassinato do pai. Tal fantasia ocupa lugar central na teoria psicanalítica, sendo detalhadamente explorada nas elaborações sobre o complexo de Édipo, processo que estrutura o sujeito, e em *Totem e tabu*, o mito antropológico de larga envergadura criado por Freud para explicar a gênese da cultura. De certa forma, podemos dizer que nesses dois momentos o assassinato do pai tem conotações diferentes. No complexo de Édipo, o pai é rival diante do objeto de desejo (mãe) e agente da interdição do incesto, o que possibilita o crescimento do filho, sendo também para ele um modelo identificatório. Com relação ao mito antropológico, exposto em *Totem e tabu*, o pai da horda primitiva é a encarnação da onipotência narcísica, que impede o desenvolvimento dos filhos, vistos por ele como rivais a serem eliminados. Se o assassinato do pai teria efeitos catastróficos no complexo de Édipo, na teoria de *Totem e tabu* é a condição necessária para o aparecimento da lei, da religião, da moral e da organização social, pois ao assassinato se sucede a culpa dos filhos, o que leva à internalização da lei do pai morto.

Se temos esse modelo freudiano em mente, a obra de Gil Vicente proporcionaria ao espectador uma dupla gratificação. Satisfaria seus desejos edipianos de matar o pai enquanto rival diante da mãe, ao mesmo tempo que remete ao assassinato do pai primevo, o tirano possessivo e violento que impõe seu desejo sem restrições, pois a lei só é instaurada após – e em função de – sua morte.

Poderíamos dizer que os poderosos que Gil Vicente "assassina" não são "pais edipianos", portadores e mantenedores da lei. Os políticos estão bem mais próximos dos "pais da horda primitiva", onipotentes e vorazes usurpadores que se colocam em um espaço acima da lei e veem o poder como a oportunidade para dar vazão ao narcisismo mais predatório.

66. A *psicanálise e o religioso,* de Philippe Julien[1]

A perda de referenciais estáveis trazida pela modernidade faz a psicanálise e a religião serem procuradas como meios de reencontrar o sentido perdido. Em seu livro *A psicanálise e o religioso: Freud, Jung, Lacan,* Philippe Julien procura estabelecer as aproximações e diferenças entre esses dois campos, a partir da visão de Freud, Jung e Lacan.

Freud procura mostrar as raízes inconscientes universais que alimentam a necessidade da religião, que decorreria da vivência de desamparo da criança, a qual, exposta a todos os perigos e incapaz de defender-se deles, necessita da proteção e do amor dos pais para sobreviver. As religiões vêm da permanência no inconsciente do desejo infantil de proteção por parte de um pai todo-poderoso. Assim, são uma criação do homem, não uma revelação divina.

---

1 Publicado no suplemento "Sabático", do jornal *O Estado de S. Paulo,* em 28 de julho de 2010.

Julien pensa que essa interpretação de Freud seria aplicável às religiões mais arcaicas e pagãs, nas quais prevalecem deuses onipotentes, não se adaptando ao judaísmo nem ao cristianismo. Como um avanço diante daquelas, o judaísmo teria exercido uma dessacralização do mundo ao abolir imagens e representações visuais de Deus, restringindo-o à palavra, à linguagem. Por sua vez, o cristianismo teria ido mais além, ao encenar a morte de Deus na figura de Cristo, dando margem à concepção de um deus não mais onipotente, mas exposto a vicissitudes e fragilidades humanas, ou rompendo definitivamente a distância entre deuses e homens, na medida em que o Espírito Santo encontrar-se-ia entre nós.

Para o autor, a psicanálise e a religião cristã afirmam a morte do pai (deus) todo-poderoso e falam da necessidade de elaborar o luto. No entanto, divergem na forma como esse luto seria feito. Tal divergência transparece nas posições de Jung e Lacan. O primeiro, em completa oposição a Freud, entende a modernidade como um recalcamento da religiosidade, tida como evidência do sagrado criado por Deus no psiquismo humano; o segundo vê a modernidade como um desdobramento do Iluminismo, que a psicanálise deve desenvolver à sua maneira.

O pequeno mas denso livro de Julien não é para leigos. Para justificar sua complexidade, o autor lembra o que Freud disse em *A questão da análise leiga*, texto no qual defendia a ideia de que, para exercer a profissão, o psicanalista não precisava ser médico:

> *Freud demonstra que, diferentemente da medicina, o ensino analítico envolve história da civilização, mitologia, psicologia das religiões e literatura. Sem uma boa orientação nesses campos, o analista não consegue entender grande parte do material que a ele se apresenta.*[2]

---

2   Philippe Julien. *A psicanálise e o religioso*: Freud, Jung, Lacan. Rio de Janeiro: Zahar, 2010. p. 10.

67. *Represálias selvagens,* de Peter Gay[1]

Em *Represálias selvagens: realidade e ficção na literatura de Charles Dickens, Gustave Flaubert e Thomas Mann,*[2] Peter Gay, prolífico historiador, mostra que, por ser de ficção, um texto não está impossibilitado de expor profundas verdades humanas e, por ser realista, não está isento de expressar a mais intensa subjetividade do autor. Para tanto, estabelece as diferenças entre o realismo e o romantismo, escola literária que o antecede.

No realismo é dada grande importância à verossimilhança. Cenários, situações e personagens devem parecer "reais", plausíveis, situados o mais próximo possível da vida comum e distantes dos excessos imaginativos da visão romântica. Apesar de o romance

---

1   Artigo publicado no suplemento "Sabático", do jornal *O Estado de S. Paulo,* em 10 de julho de 2010.

2   Peter Gay. *Represálias selvagens*: realidade e ficção na literatura de Charles Dickens, Gustave Flaubert e Thomas Mann. São Paulo: Companhia das Letras, 2010.

realista oferecer ao historiador uma grande massa de informação sobre os costumes, a moral, as formas dos relacionamentos pessoais e a organização social, não se deve esquecer que o realismo literário não é sociologia nem estudo histórico, pois nele estão presentes as inevitáveis alterações produzidas pela fantasia do autor.

As antinomias entre o realismo literário e a realidade atingem um ponto de tensão máxima no chamado romance histórico, no qual os personagens não são criações arbitrárias do autor e, supostamente, devem respeitar os fatos verídicos. Gay mostra como isso não ocorre em William Shakespeare (*Ricardo III*) nem em Tolstói (*Guerra e paz*), que terminam por distorcer os personagens históricos em função dos interesses estéticos da obra.

O autor contrapõe os escritores realistas voltados aos relatos de fatos, costumes e ações de personagens àqueles que denomina "novos realistas", influenciados por James Joyce, Marcel Proust e Virginia Woolf, que privilegiam o psiquismo de seus personagens, muitas vezes detectando neles a dinâmica inconsciente. Assim, poderíamos dizer que tais escritores praticam um realismo voltado para a realidade psíquica de seus personagens. Gay, então, cita o importante ensaio *Mr. Bennett and Mrs. Brown*, de Woolf, no qual afirma que a função precípua do romance é a análise do caráter dos personagens, e não "pregar doutrinas, cantar canções ou celebrar as glórias do Império Britânico".[3]

Para que se examine a presença da realidade na ficção e da ficção na história, é necessário, lembra Gay, reconhecer a existência de um mundo externo real, deixando de lado as formulações do idealismo filosófico que trata tal mundo como algo criado ou inventado pela mente. Partindo dessa posição, aponta dois tipos

---

3   Idem, p. 27.

de crítica que recebem os historiadores em sua pretensão de estabelecer a verdade dos fatos em seus trabalhos. A mais antiga delas diz que romancistas e poetas são observadores mais acurados do que os historiadores, pois detectam os aspectos mais relevantes dos acontecimentos humanos. A objeção mais recente provém dos pós-modernistas, que consideram veleidades de romancistas e historiadores as afirmações concernentes à veracidade de qualquer fato, pela simples razão de não haver uma verdade. O que existem são interpretações e reinterpretações de fatos.

Como mostra Jacques Derrida, os textos não têm uma identidade estável, sendo sempre susceptíveis a releituras. Levando esse raciocínio às últimas consequências, não haveria diferença entre um texto de ficção e um de história.

Para desenvolver esses interessantes temas, Gay analisa *Casa sombria*, de Charles Dickens, *Madame Bovary*, de Gustave Flaubert, e *Os Buddenbrooks*, de Thomas Mann. Ao mostrar os desmandos do Tribunal de Chancery, de *Casa sombria*, Dickens denuncia o sistema judiciário inglês que, em virtude de corrupção, ineficácia e morosidade, destrói os demandantes em sua busca por justiça, crítica que curiosamente poderia parecer familiar a ouvidos brasileiros de hoje. Em *Madame Bovary*, Flaubert desanca o prosaísmo filisteu da pequena burguesia provinciana, e Thomas Mann traça em sua obra analisada um largo painel da decadência de uma família de aristocráticos mercadores da Liga Hanseática, cedendo espaço ao advento dos modernos e vulgares capitalistas.

Tais textos, segundo Gay, mostram como o realismo não pode ser confundido com neutralidade objetiva no trato dos temas, na medida em que decorrem de questões íntimas dos autores. São verdadeiras "vinganças" apaixonadas contra situações e circunstâncias por eles vividas. Como tal, não fazem justiça à realidade social que pretendem retratar fielmente. Por essas razões, *Represá-lias selvagens* é um saboroso livro para os que amam literatura, historiadores, escritores e homens de letras em geral que, de acordo com Gay, "não têm medo de Freud".[4]

---

4 Idem, p. 28.

68. Freud e Sauerwald, uma surpreendente aliança[1]

O estudo da vida de Freud tem conotações especiais. Se há um grande número de biografias já publicadas, novas pesquisas ficam dificultadas, pois uma pequena parte dos dados permanece inacessível aos estudiosos. O Arquivo Freud, instituição que detinha as informações, doou-as à Biblioteca do Congresso dos Estados Unidos, impondo que, por questões de confidencialidade, os arquivos só poderão ser liberados em datas futuras distantes, que alcançam o ano de 2057. Tal decisão tem desencadeado críticas e polêmicas.

Por essa razão, suscita curiosidade quando aparece novo material biográfico, como é o caso do livro de David Cohen intitulado *The escape of Sigmund Freud*.[2] Na obra, o autor propõe focali-

---

1 Publicado no caderno "Cultura", do jornal *O Estado de S. Paulo*, em 1º de maio de 2010, com o título "Uma viagem aos seus últimos anos".

2 David Cohen. *The escape of Sigmund Freud*. London: JR Books, 2009. (Há uma tradução brasileira do livro chamada *A fuga de Freud*. Rio de Janeiro: Editora Record, 2011.)

zar os últimos seis anos de vida de Freud. Ater-se a esse único período não é fácil, pois é necessário remetê-lo a muitos e conhecidos episódios da vida do criador da psicanálise. Talvez venha daí a forma um tanto desorganizada como Cohen expõe o material.

Ao pesquisar sobre os parentes de Freud que imigraram para a Inglaterra e estabeleceram-se em Manchester, o autor, em um golpe de sorte, encontrou na biblioteca daquela cidade anotações do psicanalista norte-americano Leslie Adams, que, em 1952, planejou escrever uma biografia de Freud, projeto que por algum motivo abandonou, deixando lá depositados seus estudos, até então ignorados por todos. Além disso, Cohen pôde examinar com vagar as 258 cartas de Freud para o sobrinho Sam, filho de seu irmão Emanuel.

Ao pesquisar esse material, pôde colher mais pistas sobre o episódio envolvendo o oficial nazista Anton Sauerwald, de importância capital para Freud conseguir escapar de Viena e transferir-se para Londres. Sauerwald guardou consigo as provas, especialmente as ligadas às contas de Freud em bancos suíços, que, se expostas, dificultariam ainda mais as negociações em torno de sua liberação. O episódio, que não era de todo desconhecido, porque, apesar de ignorado por Peter Gay, é mencionado rapidamente por Max Schur, é apresentado por Cohen com riqueza de dados. Um deles é a retribuição de Anna Freud, cujo testemunho foi definitivo para libertar Sauerwald nos tribunais do pós-guerra.

Embora essa seja sua peça de resistência, o livro de Cohen está recheado de informações sobre a família de Freud, que, na opinião do autor, se assemelha com as atuais famílias reconstituídas após divórcios de pais e convivência entre meios-irmãos. Cita uma bibliografia a seu ver pouco recorrida por não estar traduzida do alemão, como a correspondência entre Freud e Minna, cunhada com quem teria tido uma intimidade suspeita aos olhos de alguns; o texto de Anna Bernays-Freud, irmã de Freud, que demorou cinquenta anos para ser publicado; o relato de Paula Fichtl, a fiel empregada, que traz detalhes do cotidiano da família Freud.

O autor surpreende-se com o que encontra sobre Sauerwald e Harry Freud, considerando uma omissão dos estudiosos da vida de Freud, já que os papéis estão arquivados em separado na Biblioteca do Congresso. Harry era o sobrinho de Freud que se envolveu profunda e equivocadamente com Sauerwald, sendo responsável direto por sua perseguição e prisão. Ele foi contido por Anna Freud, que lhe explicou que Sauerwald não foi o ladrão do patrimônio familiar, mas sim o salvador de todos.

Cohen mostra como o final da vida de Freud é pouco ressaltado nas biografias mais conhecidas, o que não lhe parece justo. Apesar das circunstâncias extraordinariamente adversas, como o caos social trazido pelos nazistas e pela perseguição aos judeus, o sofrimento físico provocado pelo câncer e os transtornos decorrentes da mudança de cidade e país, Freud, de forma quase inacreditável, continuou trabalhando, atendendo a pacientes – como a poeta Hilda Doolittle, que deixou um interessante registro de suas sessões,[3] e mantendo uma produção teórica importante. Foi justamente nessa ocasião que escreveu "Análise terminável e interminável", "Moisés e o monoteísmo", "Woodrow Wilson" (em coautoria com William Bullitt) e "Esboço de psicanálise".

Vida e obra de Freud se confundem e continuam despertando grandes paixões. No momento, na França, o filósofo Michel Onfray ataca ambas em seu livro *O crepúsculo de um ídolo, a fábula*

---

3   Ver, neste livro, o Capítulo 30, "Hilda Doolittle e os relatos de sua temporada no divã".

freudiana, sendo rebatido por autores como Elisabeth Roudinesco e Julia Kristeva. Talvez seja mais fácil defender Freud dos frequentes ataques decorrentes de ignorância ou má-fé, como os de Onfray, do que o defender da idealização que muitos dedicam a ele, privando-o da cota de falibilidade, imperfeições e limitações à qual, enquanto humanos, todos temos direito.

69. Freud como no original[1]

Recentemente colocada em domínio público, a obra de Freud já começa a chegar às livrarias com novas roupagens, como a providenciada pela Companhia das Letras. A editora planeja lançar a obra completa de Freud, traduzida diretamente do alemão pelo germanista Paulo César de Souza.

O projeto editorial, organizado em vinte volumes, respeita a sequência cronológica dos textos, mas lança inicialmente as obras publicadas por volta de 1915, ou seja, os textos de um período em que o pensamento freudiano estava consolidado e em franca expansão teórica. Desse modo, das *Obras completas*, aparecem agora o volume 10, com os textos "Observações psicanalíticas sobre um caso de paranoia relatado em autobiografia ('O caso Schreber')" e "Artigos sobre técnica e outros textos" (1911-1913); o 12, que apresenta "Introdução ao narcisismo" e "Ensaios de metapsicologia e outros textos" (1914-1916); e o 14, que contém "História de uma

---

[1] Artigo publicado no suplemento "Sabático", do jornal *O Estado de S. Paulo*, em 26 de março de 2010.

neurose infantil ('O homem dos lobos')", "Além do princípio do prazer e outros textos" (1917-1920).

Temos aí trabalhos teóricos e técnicos da maior importância e dois dos famosos casos clínicos de Freud: o caso Schreber e o Homem dos Lobos, que certamente encantarão o leitor curioso. Schreber foi um importante magistrado alemão que escreveu um registro biográfico em que expôs com riqueza de detalhes, embora a família tenha censurado grande parte do texto, a transformação de seu corpo masculino em feminino, para ser a mulher de Deus e engendrar com ele uma nova raça de homens. A partir desse livro, Freud retraça as origens e os significados do delírio, mostrando como até as ideias mais loucas e descabidas podem ser compreendidas, desde que remetidas à lógica própria do inconsciente. O mesmo pode ser dito sobre o Homem dos Lobos, que era um jovem russo rico que perambulava pela Europa atrás de quem o curasse de suas angústias. Aos 4 anos, ele tivera um sonho em que via uma árvore em cujos galhos estavam sentados alguns lobos (razão do apelido pelo qual ficou conhecido), o que permitiu que Freud realizasse uma controvertida construção.

Concomitantemente às obras de Freud, a editora relança a tese de doutorado do tradutor, intitulada *As palavras de Freud: o vocabulário freudiano e suas versões*, centrada no exame das dificuldades apresentadas na tradução de determinados termos técnicos fundamentais na teoria freudiana. São eles: *Ich* (ego), *Es* (id), *Besetzung* (catexia), *Verdrängung* (repressão), *Vorstellung* (representação), *Angst* (angústia), *Nachtraglichkeit* (posterioridade), *Verneinung* (negação), *Verwerfung* (forclusão), *Zwang* (obsessão), *Trieb* (pulsão ou instinto) e *Versagung* (frustração).

Esse tema poderia ter resultado em um texto árido, o que não ocorre, pois, para desenvolver a discussão filológica dos termos,

Souza parte das duas grandes traduções paradigmáticas da obra freudiana que o antecederam: a inglesa *Standard Edition*, de James Strachey, e *Oeuvres Complètes*, o projeto francês ainda em curso dirigido por Jean Laplanche. Essas obras oferecem um rico panorama de contextos históricos e institucionais dos textos de Freud.

Seguimos com interesse o percurso da obra *Standard Edition*, durante décadas considerada o padrão-ouro das traduções dos textos freudianos. Seu prestígio diminuiu com as críticas de Bruno Bettelheim, publicadas, certamente não por coincidência, logo após a morte de Anna Freud, defensora de Strachey, o que mostra a influência dos fatores políticos no trato da obra freudiana. Da mesma forma, tomamos conhecimento das grandes polêmicas que ainda hoje cercam a tradução francesa, vazada, na opinião de alguns, em um extravagante "laplanchês".

No capítulo sobre estilo e terminologia de Freud, Souza resume as análises estilísticas de Walter Muschg, Walter Schönau, François Roustang, Robert Holt, Patrick Mahony e Uwe Pörksen. Disseca os aspectos formais do texto freudiano, que oscila entre a prosa artística e a prosa científica, usando com desenvoltura tropos e figuras de retórica.

Ao estender-se sobre a conhecida discussão em torno das palavras *instinkt* (instinto) e *trieb* (pulsão), que estamos habituados a discriminar com tanto cuidado, Souza faz a surpreendente afirmação de que, nesse particular, somos mais realistas do que o rei, pois o próprio Freud não estabelecia uma distinção tão rígida sobre elas. Se *instinkt* efetivamente evoca padrões próprios do mundo animal, não era um problema para Freud, que, como Friedrich Nietzsche, não negava a dimensão animalesca do homem.

O autor do estudo faz uma observação com a qual qualquer leitor de textos psicanalíticos imediatamente concorda:

338   FREUD COMO NO ORIGINAL

> *Quem observar, ainda que panoramicamente, a produção e o modo de atuar dos meios psicanalíticos estrangeiros, constata um divórcio entre a prosa direta, sem adornos e apegada à referência clínica, própria da psicanálise nos países de expressão inglesa, e a prosa mais refinada e um tanto vaga, cônscia de si mesma e autorreferente, peculiar a boa parte do movimento psicanalítico francês.[2]*

Nesse aspecto, os autores de língua inglesa, mesmo sem o talento literário de Freud, estão mais próximos de sua didática clareza, pois ele procurou sempre se afastar das esfumaçadas formulações em que tão facilmente se abriga a falsa profundidade.

---

2   Paulo César de Souza. *As palavras de Freud*: o vocabulário freudiano e suas versões. São Paulo: Companhia das Letras, 2010. p. 67.

70. Freud em domínio público[1]

A propriedade intelectual é protegida por convenções internacionais, às quais os países aderem de forma variada. Uma decorrência importante da propriedade intelectual é sua cessação, momento em que a obra entra em domínio público, podendo ser livremente utilizada. Na maioria dos países ocidentais, as obras entram em domínio público setenta anos após o falecimento de seus autores. É o que ocorre desde 1º de janeiro (Dia do Domínio Público) de 2010 com a obra de 563 autores, entre eles, Sigmund Freud, W. B. Yeats, Osip Mandelstam e Ford Madox Ford.

A questão do domínio público é de grande relevância. A internet só fez aumentá-la de forma exponencial, pois com ela, coisa inédita na história da humanidade, permite-se que um grande número de pessoas tenha acesso gratuito à informação e ao conhecimento.

No caso da obra de Freud, sua entrada em domínio público implica, de imediato, que qualquer editora do mundo pode provi-

---

[1] Publicado no caderno "Cultura", do jornal *O Estado de S. Paulo*, em 13 de fevereiro de 2010.

denciar novas traduções sem pagar direitos autorais. Tampouco é obrigada a qualquer tipo de controle ou supervisão, como ocorria antes, quando instituições psicanalíticas davam sua chancela para determinadas editoras e tradutores, configurando "versões autorizadas" da obra freudiana. É justamente aqui que reside o nó do problema. Como ficaria a leitura descontextualizada dos escritos de Freud? Até que ponto traduções descuidadas deturpariam um acervo de inestimável valor? Como preservar o complexo edifício teórico que Freud nos legou sem o mumificar em dogmas? Seria necessário um *nihil obstatur* e um *imprimatur* das instituições, partindo-se do fato de que a obra freudiana, para ser plenamente compreendida, deve ser lida de forma cronológica, pois conceitos se modificam e se reorganizam no correr do tempo?

A obra de Freud, escrita em alemão, foi traduzida do original e publicada integralmente em apenas outras quatro línguas: inglês, italiano, espanhol e japonês. Nas quase sessenta outras línguas em que foram publicados, os textos de Freud foram traduzidos do inglês, tendo como base principal a famosa *Standard Edition*, de James Strachey, publicada entre 1943 e 1974.

Ligado ao grupo Bloomsbury, do qual participava Virginia Woolf, Strachey fez uma tradução extraordinária, organizando um sistema de referências cruzadas que permitem ao leitor seguir a evolução dos conceitos e linhas de pensamento. Entretanto, substituiu termos corriqueiros da língua alemã por neologismos inexistentes na obra original e no inglês, como "catexia", "ego", "id" etc. Em semelhante equívoco incorreria, atualmente, a equipe liderada por Jean Laplanche, na França, que afirma que, em vez de alemão, Freud usou um "freudianês", uma língua especial, levando sua equipe a criar neologismos em francês para dar conta de tais supostas peculiaridades.

Elisabeth Roudinesco critica tais distorções, dizendo que Laplanche está produzindo uma "versão patológica da obra freudiana".[2] Tais distorções são compreensíveis. Mestre da língua, Freud recebeu o Prêmio Goethe, maior honraria literária para escritores de língua alemã. Sua obra está vazada em um alemão escorreito, acessível a qualquer leitor culto. Entretanto, ao ser levada para outras línguas, os tradutores pensam que sua rica linguagem deixa pouco "sérias" algumas construções teóricas, o que os faz providenciar formulações mais "técnicas", que julgam mais adequadas para apresentá-las ao mundo "científico".

Essas distorções são sintomáticas, mostrando como o estatuto da obra escrita de Freud reflete as ambiguidades do lugar que a própria psicanálise ocupa no campo do saber. Literatura ou texto científico? Arte ou ciência? Qual o caráter de cientificidade da psicanálise? Como aferir a veracidade de seus conceitos, de seus resultados terapêuticos? São questões epistemológicas que já preocupavam Freud e que permanecem de máxima importância. Sabemos que a psicanálise produz conhecimento, que suas hipóteses teóricas têm coerência interna. Entretanto, como era de se supor, em função da matéria com a qual trabalha – isto é, a singularidade do psiquismo e a sensibilidade –, sua prática não pode ser mensurável nem replicável como nas ciências naturais.

Talvez sem o engessamento institucional nem o peso das versões "oficiais", os leitores sintam-se menos intimidados de aproximar-se de Freud, podendo descobrir a beleza de seu estilo, a fluência de seu discurso, a força convincente de sua argumentação. Ao contrário do que ocorre com a escrita de alguns de seus discípulos,

---

2   Elisabeth Roudinesco. Freud, une passion publique. *Le Mondes des Livres*, 7 jan. 2010.

342 FREUD EM DOMÍNIO PÚBLICO

como Melanie Klein e Jacques Lacan, seu texto é de uma clareza cristalina. Estabelece um permanente diálogo com o leitor, que tem sua curiosidade intelectual despertada e o acompanha prazerosamente no desdobrar de seus raciocínios.

Como mostra a forma transparente e pedagógica com a qual compôs sua obra, Freud tinha o maior interesse em torná-la acessível a todos, em divulgar seu pensamento. Com esse explícito objetivo, escreveu vários textos, como as conferências pronunciadas em 1909 na Clark University, nos Estados Unidos, que receberam o título de "Cinco lições de psicanálise"; o verbete "Psicanálise" da *Enciclopédia Britânica* (1926); e as 35 "Conferências introdutórias" (1917 e 1932).

Ainda hoje, alguns temem que a divulgação da psicanálise a tenha banalizado ou tornado superficial. Vemos que não é o que pensaria o próprio Freud. É preferível a divulgação do conhecimento, mesmo correndo risco de vulgarização, do que o reter e deixar prevalecer a ignorância e o desconhecimento. Desse modo, espera-se que as futuras traduções arregimentem novos amigos para Freud, reforçando a defesa de seu pensamento, permanentemente atacado por ter mostrado a dimensão inconsciente do psiquismo, e fazendo desmoronar certezas até então tidas como inabaláveis.

71. *Derrida, um egípcio,* de Peter Sloterdijk[1]

Assim como o filósofo judeu franco-argelino Jacques Derrida (1930-2004) escreveu elogios fúnebres a seus amigos pensadores Emmanuel Levinas e Paul de Man, o alemão e também filósofo Peter Sloterdijk lhe presta as devidas homenagens póstumas em seu livro pequeno e instigante, a começar pelo título, *Derrida, um egípcio: o problema da pirâmide judia.* "Egito" aqui diz respeito ao lugar de cativeiro do povo judeu, de onde fugiu sob o comando de Moisés em busca da Terra Prometida, onde se instalaria a nova aliança com o deus único. Para o povo judeu, Egito era o inimigo, o estrangeiro, o algoz, isto é, aquilo de que se deve se libertar. Egito era o Outro, em sua mais intensa alteridade.

---

1   Publicado no caderno "Cultura", do jornal *O Estado de S. Paulo,* em 22 de novembro de 2009. Trata-se de uma resenha do livro *Derrida, um egípcio: o problema da pirâmide judia,* de Peter Sloterdijk (São Paulo: Estação Liberdade, 2009).

Para Sloterdijk, Freud reverte completamente essa perspectiva em seu desconcertante *Moisés e o monoteísmo*, publicado em 1939, ocasião em que o judaísmo vivia seu momento mais difícil em razão do nazismo. Ali, afirma que Moisés era egípcio e que o próprio monoteísmo, tido pelos judeus como sua prerrogativa, era também uma prática religiosa egípcia criada por Akhenaton. Com isso, Freud despoja os judeus de Moisés, sua figura maior, e também desconstrói o mito do êxodo. O egípcio Moisés e as ideias monoteístas faziam o êxodo, transplantadas no povo judeu. Os egípcios – ou seja, os estrangeiros, o Outro – foram internalizados pelos judeus e constituem o cerne de sua própria identidade. O texto de Freud, que suscitou tanta resistência por parte dos próprios judeus ao ser lançado e que durante todas essas décadas tem sido pouco compreendido, seria uma hipótese psicanalítica sobre a formação da identidade do povo judeu, que ilustraria, por sua vez, os mecanismos mais amplos da constituição do sujeito forjada na relação com o Outro.

Egito, explica Sloterdijk, também é a expressão mais acabada das civilizações ditas "imortalistas", segundo a classificação do pensador austríaco de esquerda Franz Borkenau, em oposição às "mortalistas". Sua proposição indica que as civilizações se sucedem como elos de uma cadeia, cada uma se colocando em posição oposta à anterior no que se refere à forma como encara a morte e a imortalidade. No Egito, o Estado girava em torno da negação da morte de um único ser, o faraó, com a consequente elaboração de uma doutrina sobre a imortalidade. A civilização que a sucedeu, a greco-romana, estava mais voltada para a aceitação da morte, e os esforços da coletividade eram dirigidos para valores seculares, como a política e a melhoria da qualidade de vida neste mundo. Desde então, seria dessa forma, na sequência formada por cristianismo, renascimento e modernidade.

Ainda, Egito é o lugar da pirâmide, evidência incontornável da materialidade do signo, a representação do divino em irremovíveis e inabaláveis monumentos de pedra. É o contrário do deus inventado pelos judeus, um deus portátil que habita o livro, um deus não mais representado por monumentos intransponíveis (pirâmides), mas sim por documentos (o texto sagrado). Essa nova versão de deus joga inesperada luz sobre toda uma problemática ligada a meios, transportabilidades e migrações. Se não é possível transportar deuses que moram em pirâmides ou templos colossais, é bem mais fácil transportar um deus que habita um texto, por mais sagrado que seja. É assim que Regis Debray, filósofo e ex-guerrilheiro, mostra como as rotas de transporte adquirem uma importância religiosa até então insuspeitada.

Se a pirâmide em si não pode ser transportada, poderíamos dizer o mesmo sobre seu lugar mais sagrado, aquele onde repousa a múmia do faraó? Esse espaço não poderia ser, como afirma Boris Groys, filósofo russo e grande crítico contemporâneo de arte, reconstituído em qualquer local, como os museus, onde estão recolhidos objetos culturais a serem conservados, reverenciados, transformados em fonte de recolhimento e introspecção?

Egito é a localidade onde um jovem judeu subiu ao mais alto círculo do poder como intérprete de sonhos do faraó, história retomada por Thomas Mann em seu grande romance *José e seus irmãos*.

A relação entre judeus e egípcios, com todos os desdobramentos decorrentes, é o artifício usado magistralmente por Sloterdijk para homenagear a multifacetada obra de Derrida, articulando-a com as produções de Niklas Luhmann (tido como um dos pensadores mais importantes da atualidade), Sigmund Freud, Thomas Mann, Franz Borkenau, Regis Debray e Boris Groys. Dessa forma, consegue expor de maneira compreensível conceitos e temas caros a Derrida, como a *différance*, a indecidibilidade e a importância do encontro com o Outro. Ao afirmar que Derrida é um sucessor de José e Freud, representando a "terceira onda de interpretação de sonho",[2] Sloterdijk reconhece que a desconstrução, procedimento derridiano, é um legítimo desdobramento da psicanálise

Ao terminar a leitura desse estimulante livro, ficamos desejosos de saber mais da obra de Derrida e entendemos que, como ele, de certa forma, somos todos "egípcios", isto é, descentrados, habitados pelo Outro, oscilando entre sonhos de imortalidade e o apelo realístico do *carpe diem.*

---

2   Peter Sloterdijk. *Derrida, um egípcio*: o problema da pirâmide judia. São Paulo: Estação Liberdade, 2009. p. 37.

72. A psicanálise hoje[1]

A inquietante e dolorosa vacilação humana entre o bem e o mal, a razão e a irracionalidade, enigma sobre o qual se debruçam filosofia e religiões há séculos, foi entendida por Freud como decorrente da divisão estrutural do psiquismo em diversas instâncias, cujo funcionamento percebeu ser regido por um conflito permanente entre forças opostas.

Foi com as histéricas que Freud descobriu a dimensão inconsciente do psiquismo. Entretanto, logo a reconheceu nos demais quadros psicopatológicos e no funcionamento mental dos ditos "normais". É quando passa a fazer o levantamento dessa forma de funcionamento psíquico que escapa totalmente à consciência e à lógica racional e usa uma linguagem cifrada, até então incompreensível a ponto de lhe ser negado qualquer sentido. Daí a necessidade de interpretá-la ao se manifestar em sintomas, sonhos, atos falhos, fantasias e desejos.

---

1   Publicado no "Caderno 2", do jornal *O Estado de S. Paulo*, em 20 de setembro de 2009, com o título "Refletir sobre o conflito humano".

Freud constata que o inconsciente pode ser detectado em toda e qualquer manifestação do psiquismo humano, desde as mais simples e rudimentares até as mais complexas produções culturais, como a arte, a religião, a filosofia. Por isso mesmo, desde o início, Freud estabeleceu que a psicanálise não se restringe a seu aspecto terapêutico e procurou aproximá-la dos demais domínios do espírito. Desse modo, é grande o número de textos que dedicou a assuntos artísticos e culturais. Essa linha de trabalho culminou com obras magistrais, nas quais estuda a gênese da lei (*Totem e tabu*, 1913), a questão da psicologia das massas e da liderança (*Psicologia de grupo e a análise do ego*, 1921), a religião (*O futuro de uma ilusão*, 1927) e a própria civilização (*O mal-estar na civilização*, 1930).

O pensamento sociológico e cultural de Freud, que, durante certo tempo e por vários motivos, foi deixado em segundo plano, recebeu uma grande revitalização a partir dos trabalhos de Jacques Derrida. Ele convoca os psicanalistas a retomar seu posto na pólis e a participar, como Freud fez, mais intensamente dos debates que envolvem as grandes questões da atualidade. Confirma Derrida o que já é sabido desde o aparecimento dos primeiros trabalhos de Freud: o mundo é hostil à psicanálise e a ela oferece grande resistência. Mas, continua ele, é necessário reconhecer que a psicanálise, por sua vez, também "resiste" ao mundo, e, o que é mais grave, resiste a si mesma, recusando-se a continuar expandindo o campo de saber criado por Freud. Derrida lamenta a ausência da psicanálise no enfrentamento de questões em que sua contribuição é imprescindível, como nos campos da ética, da política e do jurídico.

O mal-estar na civilização é um texto extraordinário em que Freud analisa os impasses decorrentes do fato de o homem ter saído da natureza e ingressado no campo da cultura. Ali, afirma ser necessário conter os desejos agressivos e sexuais para tornar possível a vida em comum. Como conciliar isso com o objetivo terapêutico maior da psicanálise, que propõe justamente combater a repressão e tornar conscientes os conteúdos agressivos e sexuais que ela afastava da consciência? Essa aparente contradição é desfeita quando lembramos que a superação da repressão e a integração no psiquismo dos conteúdos até então reprimidos não devem ser confundidas com a realização concreta desses desejos na realidade.

O levantar da repressão dá ao sujeito maior conhecimento sobre si mesmo, fortalece seu ego e faz que deixe de atribuir à outra pessoa, via projeção, desejos e fantasias que são de sua própria lavra. Cabe ao sujeito, agora de posse de seus desejos antes reprimidos, avaliar a adequação e a oportunidade de colocá-los em prática ou reconhecer que deve renunciá-los de uma vez por todas. Isso implica o reconhecimento da lei e a aceitação de limites, um abandono do narcisismo onipotente infantil e uma aceitação do princípio da realidade.

O fato de Freud entender a civilização como valioso apanágio da humanidade, a ser protegido contra a barbárie sempre à espreita, não impede que a psicanálise exerça sobre ela uma crítica sistemática. Isso a coloca em uma posição muitas vezes contrária ao consenso geral, despertando resistências e hostilidades.

Nos tempos iniciais, Freud e a psicanálise opunham-se à hipocrisia com que a sociedade tratava a sexualidade, reprimindo-a maciçamente, fazendo-a manifestar-se no corpo contorcido, paralisado e convulsivo da histérica. A psicanálise ajudou a mudar esse panorama, e o que vemos hoje em dia é o oposto do que ocorria no tempo de Freud.

Ao contrário da censura, da repressão e do impedimento superegoico contra a sexualidade, prevalece agora a imposição do gozo ininterrupto. A ordem é gozar. Exige-se de todos uma vida

350 A PSICANÁLISE HOJE

sexual intensa e variada, sendo discriminados aqueles que não cumprem com tal imperativo. A sexualidade se exibe às escâncaras nos meios de comunicação, que ininterruptamente confundem o público e o privado.

Enquanto os anseios eróticos eram vigiados e reprimidos na era vitoriana, agora o mercado está atento a todo e qualquer desejo para transformá-lo em um objeto de consumo, oferecido pela enganosa publicidade como passaporte para a felicidade instantânea. O que aconteceu? Teriam desaparecido os impedimentos e a repressão? É claro que não. A psicanálise entende que a repressão se desloca para outras áreas, por exemplo, impedindo a manifestação da genuína intimidade afetiva.

Ao apontar as falácias da sociedade de consumo, o vazio decorrente do narcisismo desenfreado, a negação da falta e da incompletude, a liberdade equivocada que leva as fobias e ataques de pânico, a psicanálise mais uma vez está na contramão.

No próprio campo terapêutico, o espírito do tempo volta a ficar contra a psicanálise. Ela é desmerecida como algo ultrapassado pela neurociência (que reduz o funcionamento mental ao equilíbrio dos neurotransmissores cerebrais) e pelo cognitivismo (teoria psicológica herdeira do behaviorismo, baseada em processos cognitivos conscientes, que ignora, consequentemente, o inconsciente freudiano e tenta aproximar o funcionamento da mente ao processamento de dados por um computador). Nesse contexto, é reconfortante que um pensador do calibre de Derrida tenha reafirmado a radical novidade do inconsciente freudiano, que continua descentrando e desafiando o saber humano baseado no *cogito*, na razão, na consciência.

73. Dois relatos pessoais de desestruturação psíquica[1]

Enquanto todos os outros animais são "irracionais", apenas o homem é um animal "racional". Porém, o que acontece quando esse animal "racional" enlouquece e perde justamente a razão? Volta a ser um animal "irracional" como os outros ou passa a ser um ente possuído por demônios e espíritos maléficos? É longo o trajeto que a loucura fez até ser compreendida como uma doença e, como tal, ter suas causas estudadas e seus tratamentos estabelecidos. Mesmo assim, a doença mental continua sendo vista como algo inquietante e assustador, gerando medo e preconceitos.

Dois livros recentemente lançados ajudam na compreensão do transtorno psíquico, ao descrevê-lo de dentro, como experiência pessoal, pois seus autores o vivenciaram diretamente.

---

1   Publicado, com pequenas alterações, no caderno "Cultura", do jornal *O Estado de S. Paulo*, em 29 de agosto de 2009, com o título "Uma trama feita de genética e afetos".

Um deles é *À espera do sol*, de Michael Greenberg, que, publicado no ano passado nos Estados Unidos por uma pequena editora, foi um inesperado sucesso, logo traduzido para dezesseis línguas. O autor, crítico literário de jornais de prestígio e ficcionista, relata com sensibilidade e acuidade psicológica o impacto causado em sua família pelo violento surto psicótico de Sally, sua filha de 15 anos, no verão nova-iorquino de 1996.

O livro trata dos primeiros quatro meses em que se desenrolam a instalação do quadro, a perplexidade e a negação diante da estranheza dos sintomas, a necessidade de uma internação hospitalar e as angústias relacionadas com a alta. Em um curto pós-escrito, o autor dá notícias da evolução do transtorno bipolar da filha, atualizando os dados até o presente. Nesse delicado relato, ressalta um aspecto importante e de frequente ocorrência nas circunstâncias ali descritas: o sentimento de culpa que aguilhoa os familiares do paciente em surto psicótico. Greenberg evoca Joyce, que, como tantos outros pais, se culpava pela loucura de sua filha Lucia.

O outro livro sobre o tema é *Bem que eu queria ir*, de Allen Shawn, no qual relata suas inúmeras e graves fobias. Compositor e pianista, o autor é filho de William Shawn, editor da prestigiada *The New Yorker* por 35 anos, e irmão do ator e dramaturgo Wallace Shawn. Em seu livro, intercala material informativo sobre as causas da fobia com trechos autobiográficos, nos quais reflete sobre sua vida marcada pela existência de uma irmã gêmea autista e pela vida dupla do pai, que tinha outra mulher. Apoiando-se em Charles Darwin, Shawn estabelece a diferença entre medo e fobia, apresentando as crises de fobia, atualmente denominadas crises de pânico, como a emergência inadequada e extemporânea de arcaicas reações de ataque e fuga ante perigos concretos que nos afligiram durante nosso longo trajeto evolutivo filogenético. Tal compreensão dos mecanismos fisiológicos presentes nos ataques fóbicos ou de pânico, desencadeados por situações não mais perigosas, desemboca nos tratamentos cognitivos, em que os pacientes aprendem a lidar com a emergência dessas descargas e a adotar medidas para superá-las.

Ao discorrer sobre as causas do transtorno da filha, Greenberg fica incomodado com a posição que julga ver nos psiquiatras, pois, ao mesmo tempo que afirmam que a doença decorre de fatores genéticos condicionadores de alterações químicas no cérebro e pouca importância dão à história de vida do paciente e seus relacionamentos afetivos importantes, sub-repticiamente terminam por atribuir aos pais a responsabilidade pela doença dos filhos.

Faz algum sentido a queixa de Greenberg. Talvez reflita alguns mal-entendidos decorrentes da dupla causalidade da doença mental.

Sabe-se que os transtornos psíquicos se devem a dois fatores determinantes que não se excluem, pelo contrário, potencializam-se. Por um lado, existe a carga genética, que determina o desequilíbrio dos neurotransmissores cerebrais, provocando alterações no funcionamento mental; por outro, há o meio ambiente, que propicia ou não o desenvolvimento dessas tendências genéticas. O meio ambiente, por sua vez, pode ser entendido de duas maneiras. A primeira é a somatória das experiências concretas efetivamente vividas pelo sujeito na realidade externa e que o marcarão, eventualmente produzindo sintomas. A segunda, própria da psicanálise, entende que, além da realidade externa, na qual o trauma adquire conotações objetivas, deve-se levar em conta prioritariamente a realidade psíquica, geradora de traumas fantasmáticos, decorrentes dos conflitos inconscientes próprios do fluxo pulsional. São de máxima importância as relações primárias com a mãe e o pai, em que os desejos inconscientes de ambas as partes (pais e filhos) jogam papel determinante.

Ao contrário do que acontecia alguns anos atrás, o aporte psicanalítico à compreensão da clínica foi deixado em segundo plano pela psiquiatria norte-americana. Por essa razão, deixou-se de procurar entender os quadros psíquicos à luz da história do paciente e de suas experiências emocionais e relacionais mais significativas, atribuindo-os quase que exclusivamente às alterações dos neurotransmissores cerebrais, geneticamente determinadas. A abordagem psicoterapêutica preferencial desse enfoque psiquiátrico é a cognitiva, baseada na dimensão consciente do psiquismo e na informação racional dos dados sobre a doença aos pacientes, treinando-os para conter seus sintomas. Vê-se que é uma forma diferente da abordagem psicanalítica, que parte do pressuposto de uma dimensão inconsciente da mente, organizada pela introjeção das relações primárias objetais (mãe, pai etc.), razão do caráter simbólico, deslocado e descentrado do sintoma, que necessita ser interpretado.

Por isso, é muito interessante que Greenberg e Shawn, quase à revelia dos psiquiatras, que não se interessavam pela história, pelas relações afetivas em jogo nem pelo conteúdo simbólico dos sintomas, estabeleçam uma clara ligação entre a sintomatologia e as perturbações que constatavam nas relações familiares.

No caso de Greenberg, somos informados de que Steve, seu irmão, tem sérios problemas mentais. Quando sua filha Sally entra em surto, ele teme ver nisso a evidência de uma predisposição genética familiar. Na ocasião da internação de Sally, a mãe de Greenberg, com quem ele tinha uma relação difícil, passa a cuidar da neta e faz a ele confidências inusitadas. Ao tentar afastar o fantasma de uma predisposição hereditária, assegura-lhe que o caso de Sally nada tem a ver com o de Steve, pois sabe exatamente o que provocou a doença dele. Então, revela ter rejeitado Steve, que teria nascido em um momento difícil de seu casamento, motivo pelo qual não encontrou disposição emocional para abrigar aquele filho indesejado. Chegara ao extremo de "esquecer" o bebê no relento em um inverno rigoroso, em uma clara tentativa (inconsciente?) de deixá-lo morrer.

Ao deslocar o foco da doença da filha Sally para a do irmão Steve e dar uma explicação tão taxativa sobre as origens da doença dele, ou seja, a ênfase na relação patógena da criança com a mãe, deixando em segundo plano a eventual predisposição genética, Greenberg abre a possibilidade de se pensar o mesmo em relação a Sally. Indiretamente, reconhece que na instalação da doença da filha foram importantes os conflitos familiares, a ruptura de seu casamento e as características da mãe de Sally, sua ex-esposa, uma mulher mística, fantasiosa, voltada às concepções *new age* e declaradamente incapaz de lidar com a filha.

Da mesma forma, Shawn, em sua introspecção, chega a conclusões parecidas. Transcendendo as explicações etológicas, neuroquímicas e cognitivistas, mostra a dimensão simbólica de seus sintomas ao ligá-los a sua história, suas fantasias, suas identificações com os pais também fóbicos. Sem nenhuma preparação prévia, sua irmã autista fora levada de casa para uma instituição psiquiátrica e nunca mais voltou. Esse era um assunto sobre o qual não se podia falar em sua casa, um a mais entre os muitos outros segredos familiares; eram "áreas perigosas" pelas quais não podia transitar, justamente como acontecia com a agorafobia, seu sintoma mais importante. É muito significativo que Shawn termine o livro com o relato da visita que fez à irmã, vencendo uma fobia que o impediu de vê-la por 27 anos, apesar de estar internada em uma instituição próxima de sua cidade.

Assim, podemos dizer que os dois autores reafirmam aquilo que Freud tinha estabelecido sobre os escritores, ao atribuir-lhes uma fina percepção da dinâmica dos conflitos inconscientes. O reconhecimento da importância da dinâmica familiar na evolução da enfermidade mental é uma questão delicada, que deve ser manejada com cuidado para não ser, precipitada e erroneamente, entendida como uma acusação que confirmaria os sentimentos de culpa dos pais.

Aqueles que se interessarem pelos livros de Greenberg e Shawn seguramente vão tirar proveito de *Uma mente inquieta*, de Kay Redfield Jamison.[2] A autora é uma brilhante psiquiatra norte-americana que sofre de transtorno bipolar. De maneira muito vívida, descreve suas vivências maníacas e depressivas. Quem domina a leitura em inglês também se beneficia de *Darkness visible: a memoir of madness*, do escritor norte-americano William Styron.

---

2 Publicado pela Martins Fontes, em 2004.

74. "Cocô, volte aqui!"[1]

Um menino de cerca de 2 anos e meio faz cocô e, ao dar descarga, fica inconsolável com o desaparecimento dele. Chora muito, abraça o vaso sanitário e diz: "Cocô, volte aqui!". A cena se repete algumas vezes, mostrando o quanto a criança se desespera, enquanto um homem que filma a cena – seria o pai? – tenta consolar o menino.

Em linhas gerais, esse é o conteúdo do vídeo que a família do menino colocou no YouTube. Chamou a atenção dos internautas e do programa de TV *Pânico*, que o apresentou em longa matéria em um desses domingos. Na entrevista, a mãe da criança diz que a cena do banheiro se repetia muitas vezes em sua casa e que, como era "muito engraçada", resolveu filmá-la e colocá-la nas redes sociais, inicialmente com a intenção de mostrá-la a familiares e amigos. Porém, se surpreendeu com o interesse que despertou em milhares de pessoas, como mostra o número de acessos do vídeo.

---

1 Publicado em *Psychiatry on line Brasil*, v. 19, n. 3, maio 2014.

Além de exibir o vídeo original, a matéria do *Pânico* mostra o menino em meio a seus amigos e familiares, recebendo os presentes que a produção do programa preparou para ele: um boneco de pelúcia com formato de "cocozão" e um *show* musical em que um cocô dança desajeitadamente. Uma mostra característica do tipo de humor desse programa televisivo.

As crianças, muitas vezes, apresentam comportamentos que os adultos não conseguem entender, o que os leva a considerá-los como bobagens sem sentido. O fato de a mãe achar "engraçado" o patente desespero do filho é um exemplo disso. Sua reação poderia ser tributada a uma defesa maníaca contra a angústia que teria surgido nela ao ver-se impotente para dirimir o sofrimento do filho. Além do mais, a angústia do filho poderia ter reavivado na mãe arcaicos sentimentos semelhantes àqueles que o filho experimentava naquele momento.

A psicanálise tem provado ser um extraordinário instrumento para a compreensão da mente humana, adulta ou infantil. O comportamento da criança inconsolável em relação ao cocô que vai embora ilustra com perfeição os elementos da fase anal. Esse período sucede a fase oral, na qual a criança tem uma relação simbiótica fusional com a mãe. Na fase anal, fica mais claro que ela e a mãe não são um todo uniforme e indiviso, mas sim dois seres separados e autônomos. Nesse momento, sob vários aspectos, as fezes são muito valorizadas pela criança, pois são uma criação dela mesma, sua primeira obra da qual muito se orgulha. Pode, assim, fazer das fezes uma oferenda ou um presente para a mãe e também se negar a presenteá-la com elas.

Desse modo, as fezes estão no centro do processo de aquisição de novos hábitos higiênicos que permitem que a fralda seja abandonada. Esse aprendizado fortalece a discriminação da criança em relação à mãe, pois percebe como a mãe vê as fezes de forma diferente. Por outro lado, a criança considera as fezes pedaços de si mesma, uma valiosa parte de seu corpo. Assim, a separação das fezes, isto é, sua perda, pode simbolizar qualquer separação, geralmente associada à mãe, pois, como vimos, nesse momento a criança está deixando a crença de fazer um todo fusional com a mãe. As fezes, como um pedaço destacável de si mesma, são o precursor da fantasia de castração, quando outro valioso pedaço do corpo, o pênis, pode ser desprendido, de forma violenta, e perdido.

Dizendo de outra forma, na fase anal a criança, mergulhada no mundo simbólico, lança mão dos limitados recursos que tem à sua disposição – no caso, as fezes – para representar e expressar os conflitos que vive. Poderíamos, então, entender que a criança, ao ficar tão angustiada com a perda de seu cocô, está expressando a dor que sente ao se reconhecer distinta da mãe, separada dela, podendo perdê-la para sempre. O angustiado apelo "Cocô, volte aqui!" poderia significar "Mamãe, volte aqui; não se vá, não me deixe sozinho".

Que tudo isso esteja exposto na internet e na televisão mostra bem a mistura entre público e privado, tão característica de nosso momento cultural. O desejo de aparecer nas telas grandes e pequenas é o sonho corrente de milhões de anônimos moradores das grandes metrópoles do mundo inteiro. Mostra, ainda, a incompreensão do adulto perante o mundo infantil. Se os pais tivessem uma compreensão da significação simbólica do comportamento do filho, seguramente, teriam agido de forma diferente.

75. William Shakespeare na atualidade[1]

"Parece-me que, se viesse a conhecer Shakespeare, eu explodiria de medo", escreveu Gustave Flaubert em uma carta para sua amada Louise Colet.[2] A confissão de Flaubert, feita quase 250 anos após a morte do Cisne de Avon, dá uma boa imagem da vitalidade e força intimidadora de William Shakespeare inclusive entre seus pares mais poderosos, como é o caso do autor de *Madame Bovary*. É provável que a maioria dos grandes escritores de qualquer época não hesitasse em subscrever tal afirmação.

Tal fato mostra a posição excepcional de Shakespeare na cultura. Suas peças continuam sendo representadas no mundo inteiro em grande escala. Isso significa que seus personagens e as situações por eles vividas continuam emocionando espectadores e leitores de épocas bem diversas e latitudes variadas, fazendo-os se

---

1 Artigo publicado na revista *E*, Sesc São Paulo, n. 159, ago. 2010.
2 Peter Gay. *Represálias selvagens*. São Paulo: Companhia das Letras, 2010. p. 77.

identificarem com eles, reconhecendo neles suas emoções mais fundas e secretas.

Quem nos deu uma explicação sobre isso foi Freud, ao mostrar que os grandes artistas entendem com acuidade a realidade psíquica. Por esse motivo, transcendem as circunstâncias temporais e espaciais, pois remetem aos eternos conflitos de amor e ódio que regem as relações humanas, presentes desde os primeiros momentos vitais no seio da família, quando se organizam no contato com pais e irmãos, estabelecendo modelos que marcam os vínculos sociais a serem mantidos no futuro. Segundo ele, os artistas têm uma facilidade especial para entrar em contato com seu próprio psiquismo inconsciente, o que não ocorre com a maioria das pessoas, que veem essa possibilidade vedada pela repressão. Desse contato com o inconsciente, os criadores retornam com uma obra que expressa verdades internas logo reconhecidas por todos que dela se aproximam.

Se esse é um dom comum a todos os artistas, não se pode negar que, entre eles, Shakespeare ocupa um lugar único. Em sua obra conjugam-se a perfeita compreensão dos recantos mais escuros da mente humana e uma extraordinária linguagem poética, cuja beleza e magnificência arrebatam o leitor ou espectador. É por isso que, ao contrário do que ocorre com a obra de muitos dramaturgos, o prazer obtido com a leitura das tragédias de Shakespeare é semelhante àquele proporcionado ao assistir à sua encenação.

A linguagem esplendorosa de Shakespeare devolve ao drama humano sua real dimensão, retirando-o da banalização com a qual defensivamente envolvemos nossa existência, na vã tentativa de manter ao largo a percepção de nossa desconcertante irracionalidade, da gravidade de nossos embates com os semelhantes, da rápida consumação do tempo que nos aponta a finitude.

A compreensão da alma humana por parte de Shakespeare se evidencia de modo exemplar quando mostra seus personagens em ruminações consigo mesmos, ocasião em que fica exposta a trama de seus pensamentos e sentimentos, transpondo as barreiras da moralidade e da habitual repressão da consciência e alcançando a mais recôndita dimensão inconsciente. Falstaff, Hamlet e Edmundo, em seus solilóquios, mostram possuir um admirável entendimento de suas próprias emoções, comparável apenas àquele obtido após anos de psicanálise bem-sucedida.

Os personagens de Shakespeare vivem no topo da pirâmide social, fazem parte da nobreza, são reis e rainhas, os poderosos do mundo. Tolstói, um dos poucos grandes da literatura a censurar Shakespeare, viu essa escolha como uma falha, um desprezo ao homem comum, à multidão e à classe operária. Entretanto, o que poderia ser entendido como uma limitação decorrente das contingências históricas que cercavam o autor, nas mãos de Shakespeare, transforma-se em um precioso instrumento de análise dos impasses próprios da condição humana. Ao centrar a urdidura das grandes tragédias em uma classe social em que os problemas da sobrevivência imediata são inexistentes, Shakespeare parece dizer que os conflitos específicos do ser humano, focados na busca da felicidade e do amor, no manejo do ódio e no enfrentamento com a morte, podem ali ser vistos em sua forma mais depurada. Isso quer dizer que somente os ricos e poderosos vivem efetivamente tais conflitos? Claro que não. Eles são inerentes à condição humana, afligindo a todos: pobres e ricos, senhores e escravos. Entretanto, esses conflitos podem ficar encobertos e mascarados por várias circunstâncias.

Tomemos um cidadão comum, preso a limitações econômicas concretas, relacionadas com casa, comida, saúde, filhos, inseguranças quanto ao futuro etc. Facilmente, atribuirá sua infelicidade, sua insatisfação e sua sensação de incompletude às carências reais que o perturbam. Porém, ao atribuir sua infelicidade a tais necessidades, equivoca-se, pois acredita que bastaria ter aqueles bens materiais que lhe faltam para ter garantida a felicidade, como se os ricos fossem felizes por terem acesso a tudo o que o dinheiro pode comprar.

É nesse sentido que a luta pela sobrevivência encobre os problemas mais específicos do ser humano. Eles ficam mais visíveis quando as necessidades básicas estão satisfeitas e garantidas. Somente assim aparece claramente aquilo que é a marca da natureza humana, isto é, a impossibilidade de satisfazer o desejo, a percepção de uma incompletude estrutural, de um vazio que, em vão, se procura preencher durante a vida.

Shakespeare mostra isso com seus reis e rainhas, com seus donos do mundo. Apesar de tudo terem, continuam mergulhados em angústias e culpas, são prisioneiros de compulsões, movidos por loucas ambições, arquitetos ensandecidos de seus próprios infortúnios. É nessa paisagem sombria que vamos encontrar o ciúme assassino de Otelo, a perfídia de Iago, a insaciável vontade de poder de Lady Macbeth, as dúvidas paralisantes de Hamlet, o desespero de Lear ante a velhice e a morte.

Por essa via, também fica clara a discriminação entre as necessidades conscientes – reais, concretas e objetivas – e os desejos inconscientes – irrealísticos, fantasiosos, anacrônicos – em sua tentativa de refazer a onipotência narcísica infantil.

A genialidade de Shakespeare é tão impactante que custa a crer que o filho de um modesto luveiro, sem educação formal bem definida, possa ser o autor de peças tão brilhantes, nas quais desfilam personagens da mais elevada estirpe e possuidores de alta cultura, discorrendo com desembaraço sobre temas sutis e complexos. Por esse motivo, levantou-se a hipótese de que algum nobre da corte elisabetana seria o verdadeiro autor das peças e que, para proteger sua identidade contra o estigma social que então cercava o teatro, teria usado o nome de Shakespeare, um humilde ator e diretor de companhia teatral. Entre os supostos autores escondidos sob o nome de Shakespeare, os mais importantes são Francis Bacon e Edward de Vere, conde de Oxford, que teve um grande número de defensores, ditos "oxfordianos" – entre eles está Freud.

Hoje em dia, tais suspeitas são desconsideradas. De qualquer forma, homem humilde ou nobre cortesão, o autor das obras excelsas que têm deslumbrado incontáveis gerações continua nos assombrando como a maior e mais genuína manifestação de genialidade literária. Por tudo isso, Shakespeare é considerado por Harold Bloom, crítico literário norte-americano, como o ápice do cânone ocidental, ou seja, do conjunto dos grandes escritores da civilização judaico-cristã. Para Bloom, Shakespeare estabelece o padrão e os limites da literatura.

76. A literatura como o *Doppelgänger* da psicanálise – a relação de Freud com Schnitzler[1]

Freud tinha grande admiração por escritores. Dizia que, enquanto trabalhava duro para descobrir os mecanismos inconscientes em sintomas, queixas e comportamentos de seus pacientes, os escritores tinham um conhecimento intuitivo deles, o que lhes possibilitava, na construção de suas obras literárias, dar a seus personagens uma complexa constituição psíquica, compatível com seus atos e comportamentos.

Em *O delírio e os sonhos na* Gradiva (1907), Freud explicita muitas de suas observações sobre a criatividade literária e a intimidade do escritor com o inconsciente. Afirma que o "campo mais legítimo" da atuação de um escritor é a "descrição da mente

---

1   Artigo publicado em *Psychiatry on line Brasil*, v. 14, n. 6, jun. 2009.

humana", coisa que tem feito desde tempos imemoriais.[2] É por essa via que constata a proximidade de seu trabalho com o do escritor. Entretanto, reconhece que, se ambos trabalham com o mesmo objeto, seus métodos são bem diferentes. Enquanto o psicanalista observa os processos mentais de outras pessoas para pesquisar as leis que os regem, o escritor volta-se para sua própria mente, perscrutando-a em suas sutilezas e oscilações, dando-lhes clara expressão em suas obras em vez de reprimir tais processos ou censurá-los.

Hoje em dia, diríamos que, tal como o escritor descrito por Freud, o psicanalista também vasculha sua própria mente para poder entender o que se passa no psiquismo da pessoa por ele analisada. A diferença fundamental entre o psicanalista e o escritor está no fato de que o psicanalista se preocuparia em apreender as regras do funcionamento mental, tanto o seu como o de seu paciente, visando obter resultados terapêuticos. O escritor, por sua vez, seguindo ou rompendo os cânones estéticos de sua época, integra aquilo que sua percepção lhe fornece em termos de funcionamento psíquico na construção de seus personagens e na organização da estrutura de sua obra. Posteriormente, ao ler a obra, o psicanalista surpreende-se com a acuidade com a qual o escritor apreendeu as secretas regras do funcionamento psíquico inconsciente, e o leitor comum, ao se identificar com personagens e situações ali descritas, alcança uma compreensão interna melhor de si mesmo.

A proximidade da literatura com a psicanálise já se impusera a Freud quando escreveu seus primeiros casos clínicos em *Estudos sobre a histeria* (1895). Para provar que os sintomas tinham um significado oculto apenas desvendado por meio da análise, Freud viu-se obrigado a fazer longos relatos sobre o passado e o presente

---

2   Sigmund Freud. Delírios e Sonhos na Gradiva de Jensen (1906). Rio de Janeiro: Imago, 1969. (*Standard Edition*, v. IX). p. 50.

de suas pacientes. Esses relatos eram semelhantes a textos literários, algo muito diferente dos registros de casos médicos com os quais estava acostumado. Tal semelhança o incomodava, pois temia que isso o desacreditasse nos meios científicos nos quais ansiava introduzir o novo campo de saber que desbravava.

Se, no início, Freud procurava encontrar nas obras literárias confirmações sobre suas descobertas do inconsciente, depois procurou conhecer as lembranças e experiências pessoais do autor, bem como os processos internos conscientes e inconscientes por ele utilizados que faziam com que elas se transformassem em uma obra de arte.

Em *Escritores criativos e devaneios* (1908), Freud mostra como o escritor entra em contato com suas próprias fantasias inconscientes e as usa como matéria-prima para sua obra. Dessa maneira, por meio da linguagem escrita, lhes dá uma representação simbólica, possibilitando que outras pessoas, os leitores, identifiquem-se com elas. Assim, o escritor faz o contrário do neurótico, cujas fantasias e desejos produzem sintomas incompreensíveis para o próprio sujeito, sendo necessário um trabalho analítico para desvendar seu significado.

Essa admiração ampla e generalizada que Freud tinha para com a literatura e os escritores toma uma conotação muito concreta e, de certa forma, assustadora na figura de Arthur Schnitzler. Ambos tinham muito em comum. Viviam na Viena do final do império dos Habsburgo, um período muito especial. Eram judeus de classe média, embora Schnitzler fosse filho de um médico de grande sucesso e Freud, filho de um modesto comerciante de lã. Ambos estudaram medicina com os mesmos mestres e interessaram-se pelas incipientes investigações sobre o psiquismo possibilitadas pelo uso médico da hipnose. No entanto, Schnitzler, que logo abandonou a medicina e dedicou-se inteiramente à literatura, foi sempre um *bon-vivant*, aproveitando ao máximo os privilégios de sua classe social e de seu sexo, tendo uma vida sexual intensa e comentada, ao contrário do monógamo e discreto Freud. E ambos provocaram escândalo na moral e nos costumes da sociedade a que pertenciam.

De acordo com Allan Janik e Stephen Toulmin:

> *Na sociedade habsburguesa como um todo, artificialidade e fingimento eram nesse momento mais a regra do que a exceção, e em todos os aspectos da vida o que importava eram as aparências e os adornos apropriados. Ninguém percebeu isso melhor, ou o retratou melhor em sua obra do que Arthur Schnitzler.[3]*

De fato, Schnitzler produziu uma literatura que desmascarava duramente a hipocrisia social e expunha a importância fundamental do sexo.

Freud, por sua vez, causava espanto com suas teorias revolucionárias sobre a descoberta do inconsciente e a importância da sexualidade. No início, com a teoria da sedução, provocou forte abalo na figura respeitável do *pater familias* burguês, ao atribuir a causa da histeria a reminiscências de uma experiência traumática sexual sofrida na infância e perpetrada por um adulto da família, geralmente o pai. Depois, ao abandonar essa teoria e pôr em evidência as características de uma sexualidade infantil, desfez uma crença até então inabalada: a da inocência das crianças.

---

3   Allan Janik e Stephen Toulmin. *A Viena de Wittgenstein*. São Paulo: Campus, 1991. p. 58-59.

Sentia-se tão próximo de Schnitzler que chegou ao ponto de confessar-lhe que o considerava seu *Doppelgänger*, seu duplo, seu outro. Por esse motivo, apesar de muito admirá-lo, temia uma aproximação maior e preferia manter uma distância.

A crença no *Doppelgänger* (o outro ou o duplo) está presente em muitas culturas e foi explorada em várias obras literárias, como *O elixir do diabo*, de E. T. A. Hoffmann; *O duplo*, de Fiódor Dostoiévski; *William Wilson*, de Edgar Allan Poe; *Horlá*, de Guy de Maupassant. O *Doppelgänger* é o ente misterioso que, como uma sombra, estaria ligado de modo inextricável a cada ser humano e em tudo se lhe assemelha, mas que, ao contrário da sombra, permanece-lhe habitualmente oculto e desconhecido. Seu inesperado aparecimento é sempre um evento traumático, causando espanto e desconcerto no sujeito que o vê, pois ao mesmo tempo nele se reconhece e nele percebe uma radical estranheza. O assustador encontro com o duplo é tido como um anúncio da morte, um sinal de que a vida está prestes a se apagar. Freud coloca a figura do *Doppelgänger* como um bom exemplo de *Unheimich*, o *estranho familiar*, a extraordinária mescla de familiaridade e radical estranheza, sentimento característico que acompanha qualquer surgimento de um conteúdo inconsciente, que, driblando a repressão, chega à consciência de forma sempre inopinada e inoportuna. A estranheza causada pelo aparecimento de conteúdos inconscientes reprimidos é tal que o sujeito sente-se como que habitado por "outro" desconhecido, sobre o qual tudo ignora e que lhe foge do controle. É um assustador encontro com o duplo.

Segundo Freud:

> O tema do "duplo" foi abordado de forma muito completa por Otto Rank. Ele penetrou nas ligações que o

"duplo" tem com reflexos em espelhos, com sombras, com os espíritos guardiões, com a crença na alma e com o medo da morte; mas lança também um raio de luz sobre a surpreendente evolução da ideia. Originalmente, o "duplo" era uma segurança contra a destruição do eu, uma "enérgica negação do poder da morte", como afirma Rank; e, provavelmente, a alma "imortal" foi o primeiro "duplo" do corpo... Tais ideias, no entanto, brotaram no solo do amor próprio ilimitado, do narcisismo primário que domina a mente da criança e do homem primitivo. Entretanto, quando essa etapa está superada, o "duplo" inverte seu aspecto. Depois de haver sido uma garantia de imortalidade, transforma-se em estranho anunciador da morte. A ideia do "duplo" não desaparece necessariamente ao passar o narcisismo primário, pois pode receber novo significado nos estágios posteriores do desenvolvimento do ego. Forma-se ali, lentamente, uma atividade especial, que consegue resistir ao resto do ego, que tem a função de observar e de criticar o eu e de exercer uma censura dentro da mente, e da qual tomamos conhecimento como nossa "consciência".[4]

Isso significa que, quando Freud diz que Schnitzler era seu *Doppelgänger*, seu duplo, podemos entender sua afirmação como a declaração do susto que lhe causava a percepção da excessiva proximidade existente entre eles. Esse susto não era novo. Como vimos, ao escrever seus primeiros casos, Freud se incomodava com a constatação da semelhança que havia entre eles e as produções

---

4   Sigmund Freud. O estranho (1919). Rio de Janeiro: Imago, 1969. (*Standard Edition*, v. XVII). p. 293-294.

literárias, pois isso poderia privá-los da "seriedade" própria da ciência que neles gostaria de imprimir.

Se Freud se preocupava com a semelhança entre seus casos clínicos e os contos literários, desde então há uma grande produção ficcional que muito se assemelha à descrição de casos da clínica psicanalítica, a começar com textos do próprio Schnitzler e de Stefan Zweig. Isso levanta uma interessante questão que apenas citamos, pois foge ao nosso tema central.

Freud falava do *conhecimento intuitivo sobre o inconsciente* que todo escritor demonstra ao produzir sua obra. Com a extraordinária divulgação do saber psicanalítico, muitos escritores passaram a ter também um *conhecimento teórico sobre o inconsciente e sobre a prática psicanalítica, na medida em que muitos se submeteram a uma psicanálise.* Esse conhecimento seguramente teria fornecido elementos formais e temáticos aos escritores, que logo os incorporaram em suas obras. Assim, seria possível falar em uma literatura especificamente pós-freudiana, pós-psicanalítica. *Ulisses*, de James Joyce, seria uma longa associação livre, da mesma forma que *O complexo de Portnoy,* de Philip Roth, cuja obra está impregnada pela psicanálise; sua novela *The breast* parece uma ficcionalização direta dos conceitos de Melanie Klein. E o que dizer da influência que a psicanálise realizada com Wilfred Bion teve sobre o estilo e a temática de Samuel Beckett?

Voltando a Freud e Schnitzler, podemos dizer que a posteridade tratou de forma diferente esses dois homens que estiveram tão próximos durante a vida. Se a obra de Freud, apesar de permanentemente atacada por diferentes razões, atingiu reconhecimento universal, ampliando-se e ramificando-se na produção de seus discípulos e seguidores, o mesmo não se pode dizer de Schnitzler. Apesar de ter sido traduzida a vários idiomas e originado diversos filmes, como *A ronda* (1950), de Max Ophuls, e *De olhos bem fechados* (1999), de Stanley Kubrick, sua obra persiste basicamente na língua alemã. O próprio Schnitzler, muitas vezes, é lembrado mais como um personagem característico do grande cenário vienense montado no desmoronar do império austro-húngaro, da grande *débâcle* do mundo burguês que culminou com a Primeira Grande Guerra.

De qualquer maneira, a curiosa relação estabelecida entre Freud e Schnitzler aponta para aquilo que a psicanálise e a literatura efetivamente têm em comum, isto é, a importância central que a linguagem ocupa em seus campos e a "descrição da mente humana", na qual tem grande relevo a dimensão do inconsciente. A literatura e a psicanálise representam, simbolizam, criam sentidos e significados onde antes reinava o inarticulado, o silêncio, a falta. Assim, talvez pudéssemos ampliar a afirmação de Freud, pois, se ele reconhecia Schnitzler como seu *Doppelgänger*, não poderíamos dizer que a literatura é o *Doppelgänger* da psicanálise? Respeitando a precedência cronológica, não seria possível afirmar que a psicanálise é o *Doppelgänger* da literatura?

77. Psicanálise, uma anticonfissão[1]

Em 1996, a Suprema Corte norte-americana estabeleceu legislação permitindo que psicoterapeutas se recusem a expor dados de pacientes em procedimentos judiciais.[2] O vínculo terapeuta-pa-

---

1   Publicado em *Nova realidade do direito de família*, organizado por Sergio Couto (Rio de Janeiro: Editora Jurídica, 1999. tomo 2, p. 121-122).

2   "Considerando que o sigilo profissional na psicoterapia atende tanto aos interesses públicos como aos privados, a Suprema Corte legislou hoje que as Cortes Federais devem permitir que psicoterapeutas e outros profissionais da área da saúde mental se recusem a expor dados de pacientes em procedimentos judiciais.

Com a votação de 7 a 2, a Corte criou um novo *evidentiary privilege*, tanto em casos civis como criminais, semelhante ao dos privilégios entre advogado e cliente e entre marido e mulher, há anos reconhecidos pelas Cortes Federais.

A decisão, escrita pelo juiz John Paul Stevens, alinha as Cortes Federais de cinquenta estados, todas reconhecendo algum tipo de privilégio na relação terapeuta-paciente.

A nova lei da Corte, que agora faz parte da Lei 501 das leis federais de evidência, é mais inclusiva que alguns dos privilégios estaduais, protegendo mais os trabalhadores sociais clínicos.

376   PSICANÁLISE, UMA ANTICONFISSÃO

ciente passou a ter o mesmo *status* da relação advogado-cliente ou marido-mulher, há muito protegida legalmente. Os legisladores consideram ser de interesse público a existência de um lugar em que se possa falar livremente e em total confiança, sem temer que aquilo seja divulgado ou venha a ser usado contra si mesmo.

Nós, que trabalhamos na área, não temos dúvida quanto ao benefício social trazido pelo espaço sigiloso dos consultórios psi. Sabemos como a simples catarse, o mero expurgar por meio da livre expressão das conflitivas fantasias agressivas e sexuais, geradoras de tensão e inquietação, traz um grande alívio a seus portadores e possibilita uma intervenção que pode impedir sua atuação na realidade, o que acarretaria inevitável e elevado custo individual e social.

Esse reconhecimento, por parte do Estado, da importância e da utilidade pública do espaço sigiloso psicoterapêutico poderia fazer crer que as terapias agiriam, em última instância, como instrumentos de acomodação social, preconizadoras da obediência acrítica às leis, trabalhando no interesse do Estado. Confirmar-se-ia uma antiga suspeita levantada por alguns, que veem as terapias como formas de enquadramento, de impedimento de qualquer pensamento questionador e inovador, seja no âmbito pessoal, seja no social. A resolução da Suprema Corte norte-americana compreensivamente gera certa suspeita, pois a linha que discrimina o interesse público do interesse do Estado é sutil e só é clara e definida em Estados plenamente democráticos. Apenas nestes, é possí-

---

Esta decisão demonstra amplamente a importância de garantir a confidencialidade dos aconselhamentos aos indivíduos. Se esse privilégio fosse rejeitado, as conversas confidenciais entre psicoterapeutas e seus pacientes estariam certamente comprometidas" (Linda Greenhouse. The Supreme Court: Confidentiality; Justices Uphold Patient Privacy with Therapist. *The New York Times*, 13 jun. 1996).

vel a existência de cidadãos educados, conscientes de sua cidadania, capazes de defenderem seus direitos e dispostos a isso, forçando a máquina estatal a ter como objetivo principal e razão de ser a procura do bem comum. Não sendo plenamente democrático o Estado, seu interesse maior é a simples manutenção do *status quo*, em que o bem público é ignorado ou apenas uma peça a ser manipulada, para que a estrutura de poder não se altere e seus detentores permaneçam entronizados para sempre.

Por isso, há uma compreensiva desconfiança ante o aparato legal. Teme-se a lei como um instrumento autoritário e autocrático, proveniente de uma estrutura que não tem outra meta além de se perpetuar em um poder cristalizado e entrópico. É difícil ver que a lei pode e deve ser um instrumento que beneficie a sociedade, enquanto regulação necessária das relações humanas.

Se existe lei, com ela vem a possibilidade de infringi-la, desencadeando as penalidades previstas – também pela lei – para tais ocorrências. Nesse processo, desempenha papel importante a instituição da confissão, peça necessária para a configuração do crime e a aplicação da punição adequada.

A confissão tem o registro leigo, dentro das leis do Estado, como já falamos, e um registro religioso, envolvendo as leis divinas e as autoridades religiosas. A confissão do crime pode pôr em jogo toda a violência do aparato repressor do Estado, zeloso de seu poder. A confissão religiosa envolve a admissão da culpa pela desobediência aos mandamentos e, com ela, a recepção do perdão, em troca de uma penitência simbólica que possibilita o restabelecimento da ligação entre pecador e criador.

A confissão leiga, regida pelo Estado, habitualmente lida com crimes já cometidos, cabendo a ele a aplicação rigorosa e exemplar da punição, em nome da manutenção da ordem e de seu poder. A confissão religiosa também lida com desobediências já realizadas, mas tem a possibilidade de intervir em atos futuros, na medida em que o pecador admite seus desejos presentes e futuros, que, se levados avante, desembocariam em atos condenáveis. Nesse momento, o confessor, usando de seus poderes para aconselhá-lo e orientá-lo, exerce uma atuação preventiva, evitando a concretização de atos passíveis de penalidade leiga e religiosa.

Os dois tipos de confissão estão fundidos no Estado religioso, do qual estamos há tanto tempo afastados que esquecemos como ele nos ameaça por meio dos mais diversos fundamentalismos, desde aquele que medra no islã até aquele que se insinua no centro do império norte-americano, alimentado pelos pastores eletrônicos da televisão, constituindo um negócio de milhões de dólares e uma força política perigosa e inquestionável.

É importante não esquecermos a diferença entre o Estado leigo moderno e a teocracia. Nesta, estando a religião mancomunada com o Estado, estando as leis divinas misturadas com as do Estado, as confissões estarão necessariamente a serviço dos interesses do Estado, podendo ser utilizadas diretamente no controle das massas, visando a manutenção do *status quo*. A legislação da Suprema Corte norte-americana é significativa enquanto evidência exemplar das possibilidades de um Estado moderno democrático, que pensa no bem comum, no bem público, defendendo a privacidade de seus cidadãos e reconhecendo que o respeito à liberdade e à privacidade individuais têm um retorno social positivo. Aqui, vemos o Estado regulando e legislando sobre um espaço *em que ele mesmo não pode nem deve intervir*. Tudo isso é o oposto das produções de um Estado teocrático ou não democrático.

Essa pequena digressão sobre o Estado, a lei e a confissão é necessária porque as terapias guardam, no imaginário popular, certa proximidade com a confissão. Mais ainda porque, de fato, a psicanálise tem uma estreita relação com a lei, como logo veremos.

Quando mencionamos a utilidade pública da psicoterapia, abordamos estritamente seu aspecto catártico, entendido como descarga, verbalização de desejos e sentimentos e pensamentos. Trata-se de um elemento comum a qualquer procedimento de aconselhamento psicoterápico ou religioso. Não é preciso dizer que, atualmente, há grande número de diferentes abordagens terapêuticas, muitas devedoras, em maior ou menor grau, do acervo teórico da psicanálise. O que vamos doravante desenvolver diz respeito exclusivamente à psicanálise.

A psicanálise, partindo da catarse, transcende-a completamente, desvendando outra dimensão do psiquismo, o inconsciente, em que se encontram as moções e os desejos que se organizam em fantasias a serem descobertas, interpretadas e analisadas, dando nova dimensão à experiência humana.

A psicanálise tem uma relação muito especial com a lei. Não se trata da lei do Estado nem da lei religiosa, mas da lei primordial, aquela que dá origem a todas as demais. Trata-se da lei simbólica – o *nome do pai*, no vocabulário lacaniano –, aquela que faz que o pequeno animalzinho se transforme em um ser humano, saindo da natureza e entrando na cultura, submetido à perda da Coisa, à interdição do incesto, ao processo que permite a simbolização e a linguagem.

A psicanálise acompanha os percursos de implantação e internalização da lei sobre os desejos da criança, que tem de abandonar a realização alucinatória de seus desejos e aprender a tentar concretizá-los na realidade. Para tanto, é necessário abandonar a onipotência e reconhecer a existência de um mundo externo movido por regras que independem de seu próprio desejo. No jogo inter-subjetivo que vai forjar a personalidade de cada um de nós, devemos atravessar os desfiladeiros narcísicos e edipianos.

Com isso, a psicanálise faz o analisando estabelecer uma discriminação entre sua vida fantasmática infantil e a vida "real". Possibilita discriminar sua insatisfação decorrente da ofensa narcísica ou da revolta edipiana daquela advinda de aspectos realmente criticáveis e perversos da realidade.

Tal discriminação é imprescindível para que possa atuar na realidade de maneira crítica, modificando-a de acordo com seus objetivos e metas, podendo ser um agente de construção de seu próprio destino e da sociedade em que vive, rompendo com a mesmidade da compulsão à repetição.

Assim, ao contrário de ser uma arma de acomodação social, a psicanálise cria condições para uma atuação mais efetiva e eficaz na realidade.

De certa forma, a psicanálise dá um novo sentido à antiga confissão. Ela é uma anticonfissão, pois, em vez de punir ou perdoar, faz o sujeito entender e questionar a culpa inconsciente que o leva à compulsão a confessar-se, fazendo-o ver a confissão como a realização de um ato de submissão a um pai cuja lei foi desafiada e transgredida na fantasia.

Desse modo, a psicanálise só pode florescer em um Estado laico e livre, constituindo-se necessariamente em ameaça a qualquer Estado totalitário, como sabemos que ocorreu na URSS e na Alemanha nazista, bem como nos atuais Estados islâmicos teocráticos.